厚積薄發

以厚積薄發四字篆印一方
贈高等教育出版社

李嵐清
二〇〇七年初秋

生也有涯

学無止境

任继愈

教育部哲学社会科学研究后期资助项目

中国法人小微企业研究 (2016)

Research on China Corporate Small and
Micro Enterprises (2016)

○ 甘犁　吴雨　秦芳　著

高等教育出版社·北京

图书在版编目（ＣＩＰ）数据

中国法人小微企业研究. 2016 / 甘犁，吴雨，秦芳
著. -- 北京：高等教育出版社，2022.9
ISBN 978-7-04-058206-2

Ⅰ. ①中… Ⅱ. ①甘… ②吴… ③秦… Ⅲ. ①中小企
业-企业法人-研究-中国-2016 Ⅳ.
①D922.291.914

中国版本图书馆CIP数据核字（2022）第027498号

ZHONGGUO FAREN XIAOWEI QIYE YANJIU（2016）

策划编辑	张　召	责任编辑	张　召	封面设计	张　志	版式设计	马　云
责任绘图	于　博	责任校对	吕红颖	责任印制	朱　琦		

出版发行	高等教育出版社	咨询电话	400-810-0598	
社　　址	北京市西城区德外大街 4 号	网　　址	http://www.hep.edu.cn	
邮政编码	100120		http://www.hep.com.cn	
印　　刷	涿州市京南印刷厂	网上订购	http://www.hepmall.com.cn	
开　　本	787 mm×1092 mm　1/16		http://www.hepmall.com	
印　　张	12.75		http://www.hepmall.cn	
字　　数	200 千字	版　　次	2022 年 9 月第 1 版	
插　　页	2	印　　次	2022 年 9 月第 1 次印刷	
购书热线	010-58581118	定　　价	42.00 元	

本书如有缺页、倒页、脱页等质量问题，请到所购图书销售部门联系调换
版权所有　侵权必究
物 料 号　58206-00

总　序

　　哲学社会科学是探索人类社会和精神世界奥秘、揭示其发展规律的科学，是我们认识世界、改造世界的有力武器。哲学社会科学的发展水平，体现着一个国家和民族的思维能力、精神状态和文明素质，其研究能力和科研成果是综合国力的重要组成部分。没有繁荣发展的哲学社会科学，就没有文化的影响力和凝聚力，就没有真正强大的国家。

　　党中央高度重视哲学社会科学事业。改革开放以来，特别是党的十六大以来，党中央就繁荣发展哲学社会科学作出了一系列重大决策，党的十七大报告明确提出："繁荣发展哲学社会科学，推进学科体系、学术观点、科研方法创新，鼓励哲学社会科学界为党和人民事业发挥思想库作用，推动我国哲学社会科学优秀成果和优秀人才走向世界。"党中央在新时期对繁荣发展哲学社会科学提出的新任务、新要求，为哲学社会科学的进一步繁荣发展指明了方向，开辟了广阔前景。在全面建设小康社会的关键时期，进一步繁荣发展哲学社会科学，大力提高哲学社会科学研究质量，努力构建以马克思主义为指导，具有中国特色、中国风格、中国气派的哲学社会科学，推动社会主义文化大发展大繁荣，具有十分重大的意义。

　　高等学校哲学社会科学人才密集，力量雄厚，学科齐全，是我国哲学社会科学事业的主力军。长期以来，广大高校哲学社会科学工作者献身科学，甘于寂寞，刻苦钻研，无私奉献，开拓创新，为推进马克思主义中国化，为服务党和政府的决策，为弘扬优秀传统文化、培育民族精神，为培养社会主义合格建设者和可靠接班人作出了重要贡献。

本世纪头 20 年，是我国经济社会发展的重要战略机遇期，高校哲学社会科学面临着难得的发展机遇。我们要以高度的责任感和使命感、强烈的忧患意识和宽广的世界眼光，深入学习贯彻党的十七大精神，始终坚持马克思主义在哲学社会科学的指导地位，认清形势，明确任务，振奋精神，锐意创新，为全面建设小康社会、构建社会主义和谐社会发挥思想库作用，进一步推进高校哲学社会科学全面协调可持续发展。

哲学社会科学研究是一项光荣而神圣的社会事业，是一种繁重而复杂的创造性劳动。精品源于艰辛，质量在于创新。高质量的学术成果离不开严谨的科学态度，离不开辛勤的劳动，离不开创新。树立严谨而不保守，活跃而不轻浮，锐意创新而不哗众取宠，追求真理而不追名逐利的良好学风，是繁荣发展高校哲学社会科学的重要保障。建设具有中国特色的哲学社会科学，必须营造有利于学者潜心学问、勇于创新的学术氛围，必须树立良好的学风。为此，自 2006 年始，教育部实施了高校哲学社会科学研究后期资助项目计划，旨在鼓励高校教师潜心学术，厚积薄发，勇于理论创新，推出精品力作。原中央政治局常委、国务院副总理李岚清同志欣然为后期资助项目题字"厚积薄发"，并篆刻同名印章一枚，国家图书馆名誉馆长任继愈先生亦为此题字"生也有涯，学无止境"，此举充分体现了他们对繁荣发展高校哲学社会科学事业的高度重视、深切勉励和由衷期望。

展望未来，夺取全面建设小康社会新胜利、谱写人民美好生活新篇章的宏伟目标和崇高使命，呼唤着每一位高校哲学社会科学工作者的热情和智慧。让我们坚持以马克思主义为指导，深入贯彻落实科学发展观，求真务实，与时俱进，以优异成绩开创哲学社会科学繁荣发展的新局面。

教育部社会科学司

前　言

西南财经大学中国家庭金融调查与研究中心于 2015 年在全国范围内开展了独立的中国小微企业调查（CMES），调查对象为全国具有独立法人资格的小型企业和微型企业，样本涵盖全国 28 个省（自治区、直辖市）的 80 个县（区）的 5 497 家法人小微企业，调查内容包括企业基本信息、生产经营、人力资源管理、企业融资、财务与税费、研发和创新等。本书基于 2015 年中国小微企业调查数据库（CMES2015）的资料，对小微企业的基本生存现状以及面临的问题进行多维度分析，包括概况、企业治理、盈利能力、税费负担、公司治理、人力资源管理、信贷融资和企业研发等，并以专题形式适度增加研究性探讨，力求用详尽客观的调查数据，为读者全面展示中国小微企业的现状和发展中存在的问题，判断、展望中国小微企业的发展趋势。

当前，中国经济发展进入新常态，中国经济发展方式和质量正在经历深度变化。小微企业是国民经济的重要组成部分，在提供就业岗位、促进经济发展和维护社会稳定方面发挥着越来越重要的作用。小微企业占我国企业总数的 90% 以上，它的健康发展有利于我国经济发展和社会稳定。本书希望借助微观数据分析中国小微企业发展现状，让社会各界更好地认识小微企业发展的制约因素、小微企业的经济社会效应、小微企业信贷等，为中国小微企业的发展和政策的制定提供重要参考。

在写作过程中，西南财经大学中国家庭金融调查与研究中心主任甘犁对本书的结构设计和内容安排进行了详细的指导，副主任吴雨提出了许多建设性的建议。本书的主要撰写团队为中心的博士研究员秦芳、路晓蒙、何青、彭嫦燕。此外，特别感谢中心数据核查部王靖、研究助理邱伟松在基础数据处理上的工作，以及项目组成员张超的出版协调工作。

目　　录

1 导论

党的十九大报告指出："我国经济已由高速增长阶段转向高质量发展阶段，正处在转变发展方式、优化经济结构、转换增长动力的攻关期，建设现代化经济体系是跨越关口的迫切要求和我国发展的战略目标。"[①]要实现我国经济从高速增长向高质量发展转换，建设与高质量发展阶段相适应的现代化经济体系，大力发展小微企业是应有的题中之义。

近年来，国家出台多项政策扶持小微企业发展，如进一步简政放权、推进税费改革、深化金融服务。然而，由于缺乏微观数据，社会各界对小微企业发展的制约因素、经济社会效应、信贷等方面认知不足。因此，非常有必要借助微观数据分析中国小微企业的发展现状，为中国小微企业的发展和相关政策的制定提供重要参考。

西南财经大学中国家庭金融调查与研究中心（简称中心）于2011年开始在全国范围内开展中国家庭金融（CHFS）调查，调查每两年进行一次。第一轮调查于2011年开展，数据样本共包含全国范围内80个县（区、市）、320个社区的8 438户家庭的微观数据，其中包含1 124户个体工商户的微观数据。第二轮调查于2013年开展，共收集了分布在全国267个县（区、市）、1 048个社区的28 141户家庭的微观数据，其中包含4 000户个体工商户的微观数据。2015年完成了第三轮调查，共收集全国351个县(区、市)、1 396个社区的40 000多户家庭的微观数据，其中包含6 016户个体工商户的微观

---

①《习近平谈治国理政》第3卷，外文出版社2020年版，第23页。

1

数据。

中国家庭金融调查关于个体工商户的问题都是嵌入住户调查问卷中的，不能够全面反映小微企业的信息。并且，个体工商户是小微企业的一部分，仅仅依靠中国家庭金融调查的数据不足以全面了解中国小微企业的发展现状。基于此，中心于2015年在全国范围内开展独立的中国小微企业调查（CMES），调查对象为全国具有独立法人资格的小微企业。中国小微企业调查最终覆盖全国28个省（自治区、直辖市）、80个县（区、市）、240个街道的5 497家法人小微企业，具备了较好的全国代表性。调查内容包括企业基本信息、生产经营、人力资源管理、企业融资、财务与税费、研发和创新等。

依托中国小微企业调查数据库，中心构建了以实地调研为基础、多方数据来源为参考的，多维度、高质量中国小微企业数据体系。在此数据体系基础上，中心围绕小微企业发展、税收政策、社会价值与服务、评估指数等方面，开展了多项政策或学术研究，发布了一系列相关研究报告，获得了良好的社会反响。

本研究基于2015年中国小微企业调查数据库（CMES2015），对小微企业的基本生存现状及所面临的问题进行多维度分析，包括小微企业概况、小微企业治理、盈利能力、税费负担、公司治理、人力资源管理、信贷融资和企业研发等，并适度增加前沿性探讨，以全面了解小微企业现状和存在的问题，深入揭示中国小微企业的发展趋势。

导论就小微企业的定义和界定、问卷模块、调查设计、数据采集过程和质量控制、数据可靠性等方面，对"中国小微企业调查2015"（CMES2015）进行详细介绍。最后，对本研究的研究思路和框架结构进行简要阐述。

1.1　小微企业的界定

在原国家工商行政管理总局2014年发布的《全国小型微型企业发展情况报告》中，小微企业被定义为除大中型企业以外的各类小型、微型企业的统称。工业和信息化部、国家统计局、国家发展和改革委员会、财政部2011年6月18日联合发布的《关于印发中小企业划型标准规定的通知》，根据企业从业人员、营业收入、资产总额等指标，结合行业特点对中型、小型、微型企业进行了界定，中国小微企业调查的对象就是符合该标准规定的小型、微型企业。

根据《关于印发中小企业划型标准规定的通知》，各行业划型标准具体如下：

（1）农、林、牧、渔业。营业收入 20 000 万元以下的为中小微型企业。其中，营业收入 500 万元及以上的为中型企业，营业收入 50 万元及以上的为小型企业，营业收入 50 万元以下的为微型企业。

（2）工业。从业人员 1 000 人以下或营业收入 40 000 万元以下的为中小微型企业。其中，从业人员 300 人及以上，且营业收入 2 000 万元及以上的为中型企业；从业人员 20 人及以上，且营业收入 300 万元及以上的为小型企业；从业人员 20 人以下或营业收入 300 万元以下的为微型企业。

（3）建筑业。营业收入 80 000 万元以下或资产总额 80 000 万元以下的为中小微型企业。其中，营业收入 6 000 万元及以上，且资产总额 5 000 万元及以上的为中型企业；营业收入 300 万元及以上，且资产总额 300 万元及以上的为小型企业；营业收入 300 万元以下或资产总额 300 万元以下的为微型企业。

（4）批发业。从业人员 200 人以下或营业收入 40 000 万元以下的为中小微型企业。其中，从业人员 20 人及以上，且营业收入 5 000 万元及以上的为中型企业；从业人员 5 人及以上，且营业收入 1 000 万元及以上的为小型企业；从业人员 5 人以下或营业收入 1 000 万元以下的为微型企业。

（5）零售业。从业人员 300 人以下或营业收入 20 000 万元以下的为中小微型企业。其中，从业人员 50 人及以上，且营业收入 500 万元及以上的为中型企业；从业人员 10 人及以上，且营业收入 100 万元及以上的为小型企业；从业人员 10 人以下或营业收入 100 万元以下的为微型企业。

（6）交通运输业。从业人员 1 000 人以下或营业收入 30 000 万元以下的为中小微型企业。其中，从业人员 300 人及以上，且营业收入 3 000 万元及以上的为中型企业；从业人员 20 人及以上，且营业收入 200 万元及以上的为小型企业；从业人员 20 人以下或营业收入 200 万元以下的为微型企业。

（7）住宿和餐饮业。从业人员 300 人以下或营业收入 10 000 万元以下的为中小微型企业。其中，从业人员 100 人及以上，且营业收入 2 000 万元及以上的为中型企业；从业人员 10 人及以上，且营业收入 100 万元及以上的为小型企业；从业人员 10 人以下或营业收入 100 万元以下的为微型企业。

（8）信息传输业。从业人员 2 000 人以下或营业收入 100 000 万元以下的为中小微型企业。其中，从业人员 100 人及以上，且营业收入 1 000 万元及以上的为中型企业；从业人员 10 人及以上，且营业收入 100 万元及以上的为小型企业；从业人员 10 人以下或营业收入 100 万元以下的为微型企业。

（9）软件和信息技术服务业。从业人员 300 人以下或营业收入 10 000 万元以下的为中小微型企业。其中，从业人员 100 人及以上，且营业收入 1 000 万元及以上的为中型企业；从业人员 10 人及以上，且营业收入 50 万元及以上的为小型企业；从业人员 10 人以下或营业收入 50 万元以下的为微型企业。

（10）仓储业。从业人员 200 人以下或营业收入 30 000 万元以下的为中小微型企业。其中，从业人员 100 人及以上，且营业收入 1 000 万元及以上的为中型企业；从业人员 20 人及以上，且营业收入 100 万元及以上的为小型企业；从业人员 20 人以下或营业收入 100 万元以下的为微型企业。

（11）邮政业。从业人员 1 000 人以下或营业收入 30 000 万元以下的为中小微型企业。其中，从业人员 300 人及以上，且营业收入 2 000 万元及以上的为中型企业；从业人员 20 人及以上，且营业收入 100 万元及以上的为小型企业；从业人员 20 人以下或营业收入 100 万元以下的为微型企业。

（12）房地产开发经营业。营业收入 200 000 万元以下或资产总额 10 000 万元以下的为中小微型企业。其中，营业收入 1 000 万元及以上，且资产总额 5 000 万元及以上的为中型企业；营业收入 100 万元及以上，且资产总额 2 000 万元及以上的为小型企业；营业收入 100 万元以下或资产总额 2 000 万元以下的为微型企业。

（13）物业管理业。从业人员 1 000 人以下或营业收入 5 000 万元以下的为中小微型企业。其中，从业人员 300 人及以上，且营业收入 1 000 万元及以上的为中型企业；从业人员 100 人及以上，且营业收入 500 万元及以上的为小型企业；从业人员 100 人以下或营业收入 500 万元以下的为微型企业。

（14）租赁和商务服务业。从业人员 300 人以下或资产总额 120 000 万元以下的为中小微型企业。其中，从业人员 100 人及以上，且资产总额 8 000 万元及以上的为中型企业；从业人员 10 人及以上，且资产总额 100 万元及以上的为小型企业；从业人员 10 人以下或资产总额 100 万元以下的为微型企业。

（15）其他未列明行业。从业人员 300 人以下的为中小微型企业。其中，从业人员 100 人及以上的为中型企业，从业人员 10 人及以上的为小型企业，从业人员 10 人以下的为微型企业。

根据上述划分标准，我国中小微企业的具体划分标准见表 1-1。

表 1-1　我国中小微企业划分标准

行业名称	指标名称	中型企业	小型企业	微型企业
农、林、牧、渔业	营业收入 / 万元	500~20 000	50~500	50 以下
工业	从业人员数 / 人	300~1 000	20~300	20 以下
	营业收入 / 万元	2 000~40 000	300~2 000	300 以下
建筑业	营业收入 / 万元	6 000~80 000	300~6 000	300 以下
	资产总额 / 万元	5 000~80 000	300~5 000	300 以下
批发业	从业人员数 / 人	20~200	5~20	5 以下
	营业收入 / 万元	5 000~40 000	1 000~5 000	1 000 以下
零售业	从业人员数 / 人	50~300	10~50	10 以下
	营业收入 / 万元	500~20 000	100~500	100 以下
交通运输业	从业人员数 / 人	300~1 000	20~300	20 以下
	营业收入 / 万元	3 000~30 000	200~3 000	200 以下
住宿和餐饮业	从业人员数 / 人	100~300	10~100	10 以下
	营业收入 / 万元	2 000~10 000	100~2 000	100 以下
信息传输业	从业人员数 / 人	100~2 000	10~100	10 以下
	营业收入 / 万元	1 000~100 000	100~1 000	100 以下
软件和信息技术服务业	从业人员数 / 人	100~300	10~100	10 以下
	营业收入 / 万元	1 000~10 000	50~1 000	50 以下
仓储业	从业人员数 / 人	100~200	20~100	20 以下
	营业收入 / 万元	1 000~30 000	100~1 000	100 以下
邮政业	从业人员数 / 人	300~1 000	20~300	20 以下
	营业收入 / 万元	2 000~30 000	100~2 000	100 以下
房地产开发经营业	营业收入 / 万元	1 000~200 000	100~1 000	100 以下
	资产总额 / 万元	5 000~10 000	2 000~5 000	2 000 以下
物业管理业	从业人员数 / 人	300~1 000	100~300	100 以下
	营业收入 / 万元	1 000~5 000	500~1 000	500 以下
租赁和商务服务业	从业人员数 / 人	100~300	10~100	10 以下
	资产总额 / 万元	8 000~120 000	100~8 000	100 以下
其他未列明行业	从业人员数 / 人	100~300	10~100	10 以下

注：上述行业中，如存在两项评价标准，只要满足其中一项评价标准即可。工业包括采矿业，制造业，电力、热力、燃气及水的生产和供应业；交通运输业不含铁路运输业；信息传输业包括电信、互联网和相关服务；其他未列明行业包括科学研究和技术服务业，水利、环境和公共设施管理业，居民服务、修理和其他服务业，社会工作，文化、体育和娱乐业等。

1.2 调查内容

在通用问卷的基础上，针对重点关注的制造业、批发业、零售业、交通运输业、仓储业、住宿和餐饮业、农业、建筑业、软件和信息技术服务业，CMES 调查问卷根据行业特征设计了详细的行业子模块（见图 1-1）。

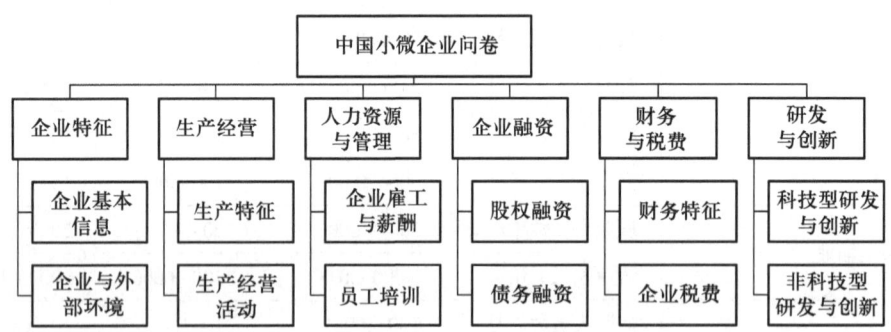

图 1-1　中国法人小微企业问卷结构

最终形成的 CMES 数据库包含的指标达上千个，每个指标都有相对应的标签进行说明，并且支持 Excel、Stata、纯文本等多种输出格式。随着时间的推进，数据库也在不断地加入其他地区和最新的法人小微企业信息数据。

1.3 抽样设计

在保证全国代表性的前提下，为了充分利用既有资源，且便于取得末端样本，本次小微企业调查抽样设计需满足三个方面的要求：一是东、中、西部地理分布相对均匀；二是小微企业密集分布的地方（如省会城市）占比相对较高；三是充分利用 2013 年家庭金融调查过程中中心与其他机构建立的合作关系，以节约调查成本。

综合上述要求，本次小微企业调查使用了分层、三阶段与规模度量成比例（PPS）的抽样设计。第一阶段抽样在 2013 年家庭调查样本具有全国代表性的 261 个县级行政区划（含县、区、县级市，后同）中，以人口为权重，按照 PPS 的方法抽选；第二阶段在县级行政区划中按照等距的方法抽选乡/镇；第三阶段在乡/镇中抽选小微企业。

最终完成的调查样本覆盖了全国除青海省、新疆维吾尔自治区、西藏自治区和港、澳、台地区以外（全书同）的 28 个省（自治区、直辖市）、80 个县（区、市）、240 个街道，有效样本达 5 497 个，具有较好的全国代表性。

1.3.1 第一阶段抽样

第一阶段抽样需要从 261 个县（区、市）中抽选 80 个样本，要求 80 个县（区、市）地理分布均匀，且尽可能多地包含省会城市样本。为达到上述目的，我们将 261 个县（区、市）分别按照地区（东部、中部、西部）、省、是否为省会城市、人均 GDP 四个层级进行排序。以人口为权重，按照 PPS 的方法进行等距抽样，得到的第一阶段的样本区域分布与总体接近（见表 1-2）。

表 1-2 第一阶段抽样结果的地区分布

地区	总体		抽样结果	
	频数 单位 / 个	百分比 单位 /%	频数 单位 / 个	百分比 单位 /%
东部	86.2	33.0	30.8	38.5
中部	84.4	32.4	25.3	31.6
西部	90.4	34.6	23.9	29.9
总计	261	100	80	100

注：①中心 2013 年调查覆盖的具有全国代表性的 261 个县级行政区划。②由于行政区域的重新划分，2013 年抽样的 261 个县级行政区划在本书编写时已经被重新划分为 267 个。

小微企业状况与地区发展水平息息相关，本次调查采用地区生产总值作为衡量地区发展水平的指标，并将总体与样本进行对比，检验第一阶段抽样的代表性。从人均地区生产总值分布来看，80 个县（区、市）样本与总体分布大致相近，可以认为抽取样本具有良好的全国代表性（见表 1-3）。

表 1-3 80 个县（区、市）样本人均地区生产总值分布与总体的比较

	均值	标准差	中位数	Q25	Q75	峰度	偏度
总体	46 561	39 582	30 722	20 337	62 578	9.21	2.22
样本	47 579	41 318	28 713	25 114	55 884	6.81	2.00

注：Q25 和 Q75 分别表示 25% 和 75% 分位数。

1.3.2 第二阶段抽样

在得到了第一阶段抽选的 80 个县（区、市）样本后，针对每一个被抽中的县（区、

市），将每个县（区、市）内部所有的街道/乡镇按照其统计代码进行排序，以等距的方法从每个县（区、市）中抽选3个街道/乡镇，加总后在全国得到240个街道/乡镇。其中，省会城市下辖的街道/乡镇105个，加权后占总体的34.5%，高于以261个县（区、市）衡量的水平（29.7%），符合尽量多抽选省会城市的要求（见表1-4）。

表1-4　抽样结果在省会城市的分布情况　　　　　　　　单位/%

地区	总体1		总体2		抽样	
	非省会城市	省会城市	非省会城市	省会城市	非省会城市	省会城市
东部	64.8	35.2	58.1	41.9	63.6	36.4
中部	79.8	20.2	78.8	21.2	74.4	25.6
西部	66.3	33.7	64.4	35.6	56.6	43.4
全国	70.3	29.7	68.1	31.9	65.5	34.5

注：总体1为2013年家庭调查的261个县（区、市）下辖的4 623个街道/乡镇；总体2为第一阶段抽选的80个县（区、市）下辖的1 600个街道/乡镇。

在抽中的240个样本中，其行政单位类型及分布比例如下：以街道和镇为城镇地区样本的代表，合计184个，占76.7%；以乡为农村地区样本的代表，共36个，占15.0%；另外，样本覆盖了乡镇/街道一级的其他单位，如林场、园区、管理局等，占总样本量的8.3%（见表1-5）。

表1-5　乡镇一级样本类型分布比例

类型	频数　单位/个	比重　单位/%	累计　单位/%
街道	72.0	30.0	30.0
镇	112.0	46.7	76.7
乡	36.0	15.0	91.7
其他	20.0	8.3	100

1.3.3　第三阶段抽样

1.3.3.1　制作末端抽样框

与第一、第二阶段不同，由于不能直接获取第三阶段小微企业的抽样清单，需采用绘制小微企业分布地图的方式来获取末端抽样框。

CMES的末端抽样建立在绘制小微企业分布图及制作住户清单列表的基础上，借助"小微企业分布地理信息"作为抽样框来进行末端抽样。末端抽样框的精度很大程度上取决于实地绘图的精度，因此，有效地提高绘图精度成为关键。

CMES 的绘图采用项目组自行研发的地理信息抽样系统，借助 3G（遥感、GPS、GIS）技术解决了目标区域空间地理信息的采集问题。借助地理信息研究所提供的高精度数字化影像图和矢量地图，绘图员在野外通过电子平板仪加上全球定位系统（GPS）获取高精度的测量电子数据，并直接输入计算机系统，从而获得高质量矢量底图。考虑到地图数据的时效性，项目组通过后期实地核查、人工修正的方式对空间地理数字模型进行调整，建立起与现实地理空间对应的虚拟地理信息空间。

该系统除了使绘图工作人员能直接在电子地图上绘制小微企业分布图，还能储存小微企业分布信息，辅助完成末端抽样工作，最大限度地提高工作效率，减少绘图和末端抽样误差。此外，使用电子地理信息抽样系统有利于保存小微企业的信息资料，为进一步深化和改进项目工作奠定基础。该部分核心流程如图 1-2 所示。

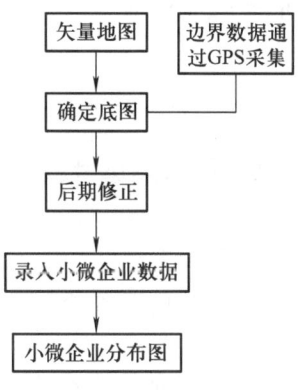

图 1-2　绘图核心处理流程

1.3.3.2　抽取调查样本

基于小微企业分布地图列出包含该街道 / 乡镇下所有小微企业的清单列表，采取等距抽样的方法进行末端抽样。具体操作步骤如下。

第一，计算抽样间距，即每隔多长距离抽选一个法人小微企业。其计算公式为：

$$抽样间距 = 小微企业清单总数 \div 设计抽取数（向上取整）$$

若某乡镇 / 街道下有小微企业 100 家，计划抽取 30 家，$100 \div 30 = 3.33$，则抽样间距为 4。

第二，确定随机起点。随机起点为抽样开始时钟上分针所处位置的个体数值。如此时时间为 15:34，则随机起点为 4。

第三，确定抽中法人小微企业。随机起点所指示的法人小微企业为第一个被抽中的样本。在上述例子中，随机起点为 4，则第一个被抽中的是编号为 4 的法人小微企业，其他被抽中的法人小微企业的编号依次为 8、12、16、20 等，依此类推，直至抽满 30 家为止。

1.3.4　抽样权数

在 CMES2015 抽样设计中，由于每家小微企业被抽中的概率不同，因此每家小微企业代表的中国小微企业数量也就不同。项目组需要通过调整权重来真实准确地反映每家样本小微企业代表的小微企业数量，以获得对总体的正确推断。中国小微企业调查的所有计算结果都经过抽样权重的调整。抽样权重的计算方法如下：根据每阶段的抽样分别计算出调查县（区、市）被抽中的概率 $P1$、调查社区（村）在所属县（区、市）被抽中的概率 $P2$，以及调查样本在所属社区（村）被抽中的概率 $P3$，分别计算出三阶段的抽样权重 $W1=1÷P1$、$W2=1÷P2$、$W3=1÷P3$，最后得到的该样本的抽样权重为 $W=W1×W2×W3$。

1.4 数据采集过程

1.4.1 CAPI 系统介绍

CMES 项目组借鉴了国际上通用的计算机辅助面访系统（Computer-assisted Personal Interviewing，简称 CAPI）框架和设计理念，研发了具有自主知识产权的面访系统和配套管理平台。该系统能够全面实现以计算机为载体的电子化入户访问，能够有效减少人为因素所造成的非抽样误差，例如对问题的值域进行预设，减少人为数据录入错误，减少逻辑跳转错误，并能较好地满足数据的保密性和实时性要求，从而显著提高调查数据的质量。

1.4.2 访员选拔和培训

CMES 的访员大多为西南财经大学优秀的本科生和研究生，由博士生担任访问督导。由于所有访员均受过良好的经济学、金融学教育，因此能够比较深刻地理解问题的含义并较好地向受访者传达和解释问题。在正式入户访问前，项目组对选拔出的访员进行了系统培训。培训内容包括以下几点。

第一，访问技巧。在访问前如何确定合格的受访对象，如何获得受访者的信任和配合；在访问时如何向受访者准确、无偏地传达问题的含义，并记录访问中遇到的特殊问题；在访问后如何将数据传回并遵守保密准则。

第二，熟悉问卷内容。以小班授课的方式对问卷内容进行熟悉和理解；通过幻灯片、视频等多媒体手段讲解；以课堂模式模拟访问，以加深印象并发现不足。

第三，熟悉 CAPI 电子问卷系统和访问管理系统。在课堂上向访员发放上网本。上网本已经安装 CAPI 电子问卷系统和中心自主研发的访问管理系统。通过实际操作，引导访员熟悉操作系统，尤其是在访问过程中备注信息的使用和各种快捷操作。

第四，实地演练。课堂培训结束后，组织访员进行实地演练，即小范围入户访问，以考核访员对访问技巧和问卷内容的掌握情况，查漏补缺。

CMES 的绘图员培训经历五轮，培训绘图员 232 人次，人均培训学时为 42 小时；访员培训分为两轮，培训访员 1 400 余人次，人均培训 80 小时。在培训完成后，CMES 还对访员进行了严格的考核评分，对考核表现不理想的访员进行再培训或者取消其访问资格。而对博士生督导，中心对其进行了更为严格的培训。每个合格的督导不仅需要参加完整的访员培训，而且必须接受 8 天的督导培训，要求其熟练掌握督导管理系统、样本分配系统和 CAPI 问题系统。

上述严格的培训和考核保证了 CMES 的访问督导质量和访员质量，为高质量调查访问数据的收集奠定了坚实基础。

1.4.3　联系街道和实地调查

小微企业访问的一大困难是取得受访企业的信任和理解，因此通过熟悉当地情况的街道或乡镇工作人员带领，向受访者说明项目实施的背景和目的，在受访者合作程度不高时进行解释和说服，能够在很大程度上降低项目的拒访率。

1.4.4　质量控制和数据清理

数据质量是调查的生命，质量的保证不仅要求有合理的样本设计和可靠的调查问卷，还必须针对数据收集过程本身即调查实施过程制定一套严格的质量标准，并系统地监测每次调查过程。

在使用计算机辅助调查（CAPI）模式采集数据的基础上，中心进行了全新维度的数据质量监控，通过将计算机辅助调查系统与质量监控系统相连接，执行严格的换样规则，并对实时回传的访问数据及相关的并行数据（包括调查录音、键盘操作记录、调查时长、图片等）进行实时监控与分析，实现全方位监测每次调查过程、有效核查每个样本数据、准确清理所出现的异常数值，保证质量监控与实地访问工作相对同步，及时发现并纠正访员在调查中出现的各种错漏。

1.4.5　换样审核

为保证 2015 年中国小微企业调查样本的代表性及数据的科学性，中心在前期准备阶段进行了科学抽样（详见抽样），并要求访员尽一切努力访问到抽中的村组及样本户，换样质量监控人员要严格审核失败样本，最大限度地减少访员更换样本对样本代表性造成的影响。

中心参考在往期调查中出现的各种样本接触情况，依据预设情景制定严格的替换样本规则，分别针对受访户地址错误、空户、无人应答、拒访、不符合访问条件及其他情况，制定相应的换样规则。对地址错误、空户、无法找到受访对象等情况，必须经过中心后台联络等各种方式追寻无果后，方可申请换样；对无人应答、拒访两种情况，必须寻求当地联络人协助，且经过六次上门无人应答、三次拒访后，方可申请换样。

在实地访问阶段，中心安排专人负责审核访员提交的每一个换样申请，严格查看访员每一次实地接触样本情况，包括样本访问失败原因、接触次数、每次接触时间等，根据接触情况判断样本是否仍可争取，以及是否达到申请换样的既定标准。具体换样流程如图 1-3 所示。

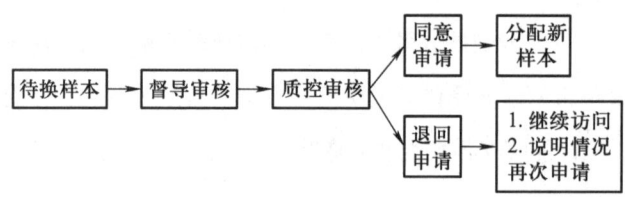

图 1-3　换样审核流程

1.4.6　调查访问规范

在调查过程中，带队督导严格监督和管控访员访问行为，从源头开始，有效避免收集不达标的调查数据或资料。访员在调查过程中需严格遵守以下工作规范。

（1）访员严格按照调查要求进行访问，工作细致、严谨、耐心，熟练运用相关访问技巧，保证调查数据及资料的完整性。

（2）访员对问卷、访谈提纲理解透彻，对问题题意、填答要求把握精准，准确、忠实记录受访者的回答，保证调查数据及资料的准确性。

（3）访员保持中立、客观的态度，不受任何外界因素干扰，不诱导或暗示受访者填答，保证调查数据及资料的客观性。

（4）访员严格按照抽中样本开展访问，不得出现任意挑选受访企业、更换受访者、自问自答、臆答等弄虚作假行为，保证调查数据及资料的代表性和可靠性。

1.4.7 质控与数据核查流程

中心对每个访问成功样本均实时监测调查过程，严格审核调查数据质量。监测及审核合格的样本方可收入调查数据库。审核方式包括：电话核查、录音核查、数据核查、GPS 核查、图片核查、重点核查（利用各项核查中异常样本交集与敏感数据缺失情况重点监测）等。在监测与审核过程中，如发现访问问题，中心会对相关访员进行及时指导，以纠正访员不规范访问行为；如发现异常数据或错误数据，中心会进行有效清理，以提高调查数据质量。质量控制流程如下。

（1）计算机辅助调查系统回传成功样本访问数据及相应并行数据。

（2）核查人员通过质量监控系统监测访问过程、多维度核查样本数据。

（3）根据监测核查结果评估每个样本的调查质量，及时清理异常数据。

（4）汇总、反馈调查中出现的问题，并指导访员进行纠正。

（5）针对访问行为不端样本、数据质量不合格样本，及时提出补访方案。

1.4.8 电话核查

对调查成功样本进行电话回访，主要目的为核实访员是否真实接触抽中样本并认真完成了访问，保证访问样本的准确性及调查过程的真实性。回访时，主要核实三个方面信息：询问受访企业身份或地址，确保访员准确访问了抽中样本；询问受访者对访员工作的评价，确认访员是否认真完成访问；询问两三个客观问题，与调查回传数据进行对比，防止出现弄虚作假现象。

1.4.9 录音监控

为保障调查过程及填答规范、准确，在受访企业知晓并同意的前提下，调查系统对每个样本问答过程进行同步录音，并随同数据一并回传至后台。核查员通过听取访问录音，全程监控样本访问过程，及时发现并更正错误填答、纠正访员不规范访问行为及其他访问偏误。

录音监控务必保证每位访员均会有样本被抽中核查，具体规则为：对每个访员第一份同意录音的成功访问样本进行录音核查；每个访员剩余其他同意录音的成功样本按一定比例随机抽选进行录音核查。抽查要保证样本覆盖到每位访员，且同一访员的抽核样本在访问时间分布上尽量分散。

录音核查结果需及时向访员反馈，并提醒访员需注意的问题。在访问结束后对每个访员进行质量控制评分。

1.4.10 数据核查

数据核查是对样本的数据逻辑、阈值标准、无效比率情况、键盘记录等方面进行分析，识别异常样本和异常数据。核查重点主要包括四个方面："不知道"或"拒绝回答"率核查、访问时长核查、异常值核查、数值题目检验。对核查标示的异常数值，须通过录音监听、电话回访等方式核实，并对异常数值作出"修改""删除"或"保留"判断。中心主要从以下几个方面对数据质量进行评估审核。

（1）"不知道"或"拒绝回答"率

在调查访问的过程中，对受访者不了解或触及其隐私的问题，允许回答"不知道"或"拒绝回答"，样本数据中这两个选项出现的比例在一定范围内属于正常情况。当"不知道"和"拒绝回答"出现的比例过高时，则极有可能是受访者敷衍作答或访员消极访问导致的。因此，可以计算每份问卷中"不知道"和"拒绝回答"的频率，判断出可疑样本数据。

（2）访问时长

① 时长过短。调查系统将自行记录每题进入和退出的时间点，故核查阶段可计算得到每个样本在访问过程中的耗时情况。通过对比分析所有成功访问样本的时长分布，根据预设置信水平，标示出时长过短的异常样本。

② 时长波动。不同问题的难度系数具有明显的差异，理论上其答题时长也会有明显区别。若样本每题的答题时长几乎无波动，则该份问卷数据质量可疑。故可使用样本答题时长的标准差与离散系数来衡量时长波动情况，将标准差或离散系数小于1%分位数的样本单独列出，标示出时长波动异常样本。

③ 时长差异。为避免访员通过延长、缩短答题时间掩饰作弊行为，可采用时长差异作为核查标准，选取每题答题时长的中位数作为该题的标准答题时长，将核查样本的对应题目与标准答题时长进行对比，根据95%分位数设定异常题目的标准。最后，统计该样本中异常题目数量，利用99%分位数将异常样本标示出来。

（3）异常值核查

异常值核查主要采用3σ准则，即拉依达准则。该准则认为数值分布在$(\mu-\sigma, \mu+\sigma)$的概率为68.27%，数值分布在$(\mu-2\sigma, \mu+2\sigma)$的概率为95.45%，数值分布在$(\mu-3\sigma, \mu+3\sigma)$的概率为99.73%。其中，$\mu$为一组数据均值，$\sigma$为该组数据标准差，即数据有极大概率落在均值与三倍标准差之间。若数值不在该区间范围内，则可认为该数据异常。因此，对数值类题目异常值的处理，可将取值大于或小于样本均值三倍标准差的部分标记为异常，并计算异常值比例，由 99% 分位数设定异常值判别标准，标示出异常样本。

（4）本福德检验

本福德定律（Benford's Law），也称第一数字定律，描述日常生活中自然数 1 到 9 的使用频率，其公式为 $F(d) = \log[1+(1/d)]$，d 为对应自然数。其具体频率分布如表 1-6 所示。

表 1-6 本福德标准分布

N	1	2	3	4	5	6	7	8	9
频率	0.301	0.176	0.125	0.097	0.079	0.067	0.058	0.051	0.046

在样本量足够的情况下，若样本数据首位数字的频率分布与标准分布差异较大，则可认为该地区样本疑似存在虚假信息，可标示为异常样本。

1.4.11　GPS 核查

GPS 核查工作主要是充分利用监测访员 GPS 行走轨迹和调查系统记录的键盘数据，识别异常样本。理论上，调查访问的样本可能会集中于某些位置，但不应过分集中。故可以统计调查地区所有 GPS 点，并计算样本集中情况（每个 GPS 点完成的样本量），作为调查质量评价判断因素之一。

1.4.12　图片核查

图片核查主要核实访员是否准确寻找到受访企业。在末端绘图抽样期间，绘图员会对每一个样本企业外观进行拍照，并回传图片。访问期间，要求访员同样对受访企业外观进行拍照。此外，访员在调查时应尽量与受访者合影。

核查员通过对比绘图员和访员拍摄样本企业经营场所外观照片，及对比追踪调查与基线调查两次拍摄受访者合影，判断本次访问的准确性和真实性。

1.4.13　重点核查

将上述各项核查中提取出来的异常样本取交集，同时根据敏感数据缺失情况进行重点核查，尽可能保证调查数据的高质量。

对成功访问的样本进行上述多维度的核查，并通过实时核查、数据清理获得较为真实的数据，从而实现研究目标，最终形成系统的数据服务。

1.4.14　质量评估和数据清理

在调查执行结束后，中心根据项目整体检测、核查情况，对调查数据质量进行整体评估，以核查报告形式，对调查数据质量进行详细阐释和总结，并对采集到的调查数据进行及时高效的数据清理。

数据清理主要包括修改变量名、添加变量标签、样本合并、数据拆分、多选拆分、清除无效变量等。访问结束后将使用核查后导出的数据，校正读取备注的信息、主动报备的情况（包括题目反馈、sid 反馈等）、二次核查的情况等未录入系统的数据。处理后重新编码、插值、切割检查数据，编写数据使用手册，随数据一并交付。

1.5　数据质量

在本节中，我们从调查拒访率及数据的代表性、真实性和可靠性这几个角度对调查的一些关键问题作出解释。关于数据代表性的说明将介绍调查的样本量与抽样误差、社区分布与权重调整等；关于数据真实性的说明将介绍调查问卷的逻辑呼应、样本企业的收入水平及收入数据比较等；关于数据可靠性的说明将介绍学生访员的工作特点、样本企业的关系维护等。

1.5.1　调查拒访率

小微企业调查采用两种标准统计拒访率。

标准一为宽口径拒访率，拒访样本包括拒访及不符合访问条件。拒访率 1 的计算公式为：

$$\text{拒访率 }1=\frac{\text{拒访}+\text{不符合访问条件}}{\text{拒访}+\text{不符合访问条件}+\text{接受访问}}$$

标准二为窄口径拒访率，拒访样本只包括拒访企业。拒访率 2 的计算公式为：

$$\text{拒访率 }2=\frac{\text{拒访}}{\text{拒访}+\text{接受访问}}$$

表 1-7 进一步列出了小微企业调查拒访率在东、中、西部地区的空间分布。

表 1-7　小微企业调查拒访率的空间分布　　　　　单位 /%

	总体	东部	中部	西部
拒访率 1	34.8	37.4	26.1	34.3
拒访率 2	24.7	26.5	15.6	26.5

1.5.2　样本选取的随机性

统计分析是对从总体样本中抽取的样本进行建模、计算和分析。通常，由于经费和时间的限制，样本仅是从总体样本中抽取的一部分。统计分析的结果能否反映总体的真实情况，主要取决于样本是否为随机抽取，而不是样本量的大小。

样本量的真正作用是决定统计分析结果的误差，在严格随机抽样的前提下，抽样误差随样本量的增加以几何级数递减。样本量需要多大，这与需要反映的总体标准差有关。样本量的大小既不是"能很好地反映总体情况"的必要条件，也不是它的充分条件。

本次调查，我们在全国范围内随机抽取 80 个县（区、市）；第二阶段在县（区、市）等距的前提下抽选乡、镇、街道和工业园区。第三阶段在抽中的乡、镇、街道和工业园区中随机抽取小微企业。在乡、镇、街道和工业园区内以原工商行政管理局和街道统计的小微企业名单为基础进行扫街（企业名称、地址、规模和地理信息等），做出抽样清单等距抽样。抽样严格按照随机过程进行设计，调查实施也严格按照随机抽样原则更换样本，因此所抽取的样本都足以正确推断总体情况。

1.5.3　数据真实性和可靠性

CMES 设计调查问卷时加入了前后逻辑呼应的考量，防止受访企业有意识乱报数据或者无意识错报数据。当前后呼应的问题答案出现矛盾时，系统会自动提醒访员注意，访员会再次向受访者核实答案，确保数据的真实性。

CMES 访员绝大部分是由西南财经大学学生和全职员工担任，另有少部分国内外其他高校的学生积极参与。学生访员以极大的勇气和智慧、极高的责任心和创造力、极强的意志品质和执行力，克服了巨大困难，出色地完成了调查访问工作。他们成功地打动了受访企业，得到了受访企业的积极配合。

CHFS 长期与样本企业保持联系并建立有效的沟通渠道。随着调查的长期开展，中心与受访企业之间的信任日益加深，我们相信调查的可靠性、数据的真实性都会得到不断的提高。

1.6 研究思路与框架结构

本报告主要通过介绍小微企业的概况，分析影响小微企业经营的因素，探索小微企业的盈利能力，并对小微企业的融资现状（融资需求、融资约束及财务风险）进行深入剖析，了解小微企业的研发创新，对我国小微企业的发展状况进行客观评价。

第一章简要介绍中国小微企业项目情况，对调查设计及数据的质量控制进行简单说明；讨论小微企业的界定，明确本报告中小微企业的范围；最后对报告的结构和内容进行简要说明。

第二章描述小微企业的基本情况，分析小微企业的特征，对小微企业的区域、行业、组织形式、企业性质等进行分析。

第三章介绍小微企业的治理情况，首先介绍小微企业的企业主特征，其次分析小微企业的治理制度。

第四章通过对营业收入、利润总额和应收应付款等指标的介绍，分析小微企业的经营状况，比较不同行业、不同经营状态、不同科技分类等小微企业经营状况的差异。

第五章对小微企业的盈利能力进行分析，比较不同行业、不同经营状态、不同科技分类等小微企业盈利能力的差异，分析企业主特征和治理制度对小微企业盈利能力的影响。

第六章首先分析小微企业的纳税情况，包括整体税费、营业税、增值税和其他税费；其次进一步分析小微企业的税收优惠情况；最后分析税费负担对小微企业发展和再投资的影响。

第七章分析小微企业的银行信贷可得性，从不同行业和地区角度介绍小微企业的信贷可得情况和信贷约束情况。

第八章分析小微企业的借债行为，并对比行业和地区借债的比例、规模、成本、担保情况和需求及满足度情况。从资产负债率、债务收入比和债务风险角度分析小微企业的债务负担。

第九章分析小微企业的人力资源情况，分别从雇工、薪酬、保险、福利等方面分析小微企业的人力资本结构，研究最低工资与企业招聘和企业绩效的关系。

第十章分析小微企业的研发创新情况，分别从研发投入、研发产出、其他创新和研发优惠政策等方面分析小微企业的研发创新状况。

2 小微企业基本情况

本章从地域分布、行业分布、企业性质等方面简要分析小微企业的基本情况。数据分析表明，小微企业有地区分布集中、行业分布集中和经营期限较短等特征。

具体来看，超五成的小微企业分布在东部地区，占比为53.9%；近五成的小微企业集中在制造业和批发零售业，大多数小微企业依然集中于以产品初加工、低层次服务为主的传统行业；51.9%的小微企业组织形式为有限责任公司；超九成的小微企业为私人或私营企业，占比为93.0%；约半数的小微企业经营年限在5年以下，小微企业经营年限普遍较短。

2.1 区域分布

图2–1刻画了小微企业在各地区的分布情况。东部地区小微企业数量占比为53.9%，超过一半的法人小微企业分布在东部地区；值得注意的是，西部地区的法人小微企业占比排名第二，为25.6%，高于中部地区5.1%。

表2–1刻画了小微企业在各省（自治区、直辖市）的分布情况。10.1%的小微企业分布在北京，位列全国第一。紧随其后的是浙江，该地区的小微企业数量占9.9%。值得一提的是，西部部分地区小微企业数量较多，小微企业表现出良好的发展形势，特别是四川的小微企业以超过7%的占比位列第三；重庆的小微企业占6.7%，位列第四。上海、

21

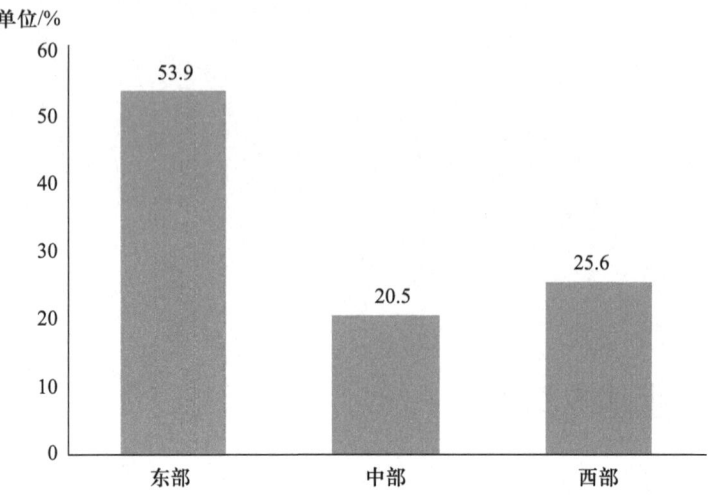

图 2-1　小微企业各地区分布

表 2-1　小微企业各省（自治区、直辖市）分布

序号	省（自治区、直辖市）	小微企业占比 /%
1	北京	10.1
2	浙江	9.9
3	四川	7.5
4	重庆	6.7
5	上海	6.1
6	山东	5.6
7	湖南	4.8
8	辽宁	4.6
9	湖北	4.6
10	江苏	4.4
11	贵州	3.5
12	天津	3.5
13	福建	3.3
14	广东	3.2
15	甘肃	2.6
16	河南	2.6
17	黑龙江	2.6
18	云南	2.6
19	江西	1.9
20	宁夏	1.9

序号	省（自治区、直辖市）	小微企业占比 /%
21	广西	1.9
22	安徽	1.6
23	山西	1.2
24	吉林	0.9
25	陕西	0.9
26	河北	0.8
27	海南	0.5
28	内蒙古	0.2

注：调查地区不包括青海、新疆、西藏和港、澳、台地区。

山东、湖南、辽宁、湖北、江苏、贵州、天津、福建、广东的小微企业占比都超过 3%。而甘肃、河南、黑龙江、云南等省的小微企业占比相对较少，特别是吉林、陕西、河北、海南和内蒙古的小微企业占比均低于 1%，与排名靠前的省（市）差距较大。

2.2 行业分布

图 2-2 描述了小微企业从事行业的差异。从事制造业是小微企业的首要选择，有高达 22.6% 的小微企业从事该行业。然后，从事批发零售业是小微企业的第二选择，从事该行业的小微企业占比达到 22.4%，与从事制造业的小微企业数量差距较小。此外，从事租赁和商务服务业及农、林、牧、渔业的小微企业分别位居第三和第四，但是这些行业的小微企业数量远低于批发零售业或者制造业的小微企业。例如，从事批发零售业的小微企业超过从事农、林、牧、渔业的小微企业 13.4%，超过从事租赁和商务服务业的小微企业 12.5%。从事建筑业、软件和信息技术服务业、交通运输和仓储业、信息传输业及金融业的小微企业数量相对较少，占比均未超过 5%。而从事邮政业、采矿业、房地产开发经营业、物业管理业，以及电力、热力、燃气及水的生产和供应业的小微企业占比最少，都没有超过 1%。除此以外的行业都归入其他，共占 11.9%。可以看出，鉴于小微企业自身的特点，大多数小微企业集中于以产品初加工、低层次服务为主的传统行业。

表 2-2 描述了东、中、西部地区小微企业从事行业的差异。从东部地区来看，从事制造业的小微企业占比最高，为 26.0%。从事批发零售业的小微企业紧随其后，占比为

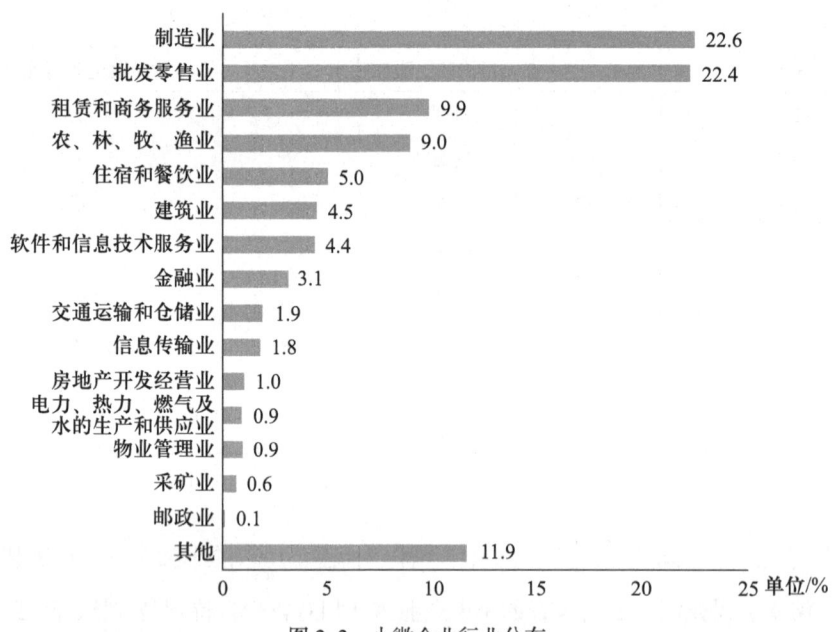

图 2-2　小微企业行业分布

表 2-2　东、中、西部地区小微企业的行业分布　　　　　单位 /%

所属行业	东部占比	中部占比	西部占比
制造业	26.0	18.0	19.2
建筑业	3.4	5.4	6.1
批发零售业	23.5	21.3	20.7
住宿和餐饮业	6.0	4.2	3.5
软件和信息技术服务业	4.7	3.6	4.4
交通运输和仓储业	1.6	3.0	1.6
邮政业	0.1	0.1	0.1
采矿业	0.3	0.5	1.5
房地产开发经营业	1.0	0.6	1.3
租赁和商务服务业	10.5	6.7	11.3
物业管理业	1.0	0.7	0.9
信息传输业	1.5	2.9	1.5
电力、热力、燃气及水的生产和供应业	0.7	1.2	1.3
农、林、牧、渔业	6.0	15.6	10.1
金融业	3.3	3.2	2.5
其他	10.4	13.0	14.0

23.5%，与从事制造业的小微企业占比仅差 2.5%；排名第三的行业为租赁和商务服务业，仅占 10.5%。从中部和西部地区来看，从事批发零售行业的小微企业占比最高，分别达到了 21.3% 和 20.7%；然后为制造业，分别为 18.0% 和 19.2%。而排名第三的小微企业从事的行业则存在不同，中部地区为农、林、牧、渔业，占比为 15.6%。西部地区为租赁和商务服务业，占比为 11.3%。

2.3　组织形式分布

图 2-3 描绘了小微企业组织形式的分布。有限责任公司是小微企业最主要的组织形式。如图 2-3 所示，51.9% 的小微企业组织形式为有限责任公司；27.7% 的小微企业是独资企业；9.0% 的小微企业是合伙企业；5.3% 的小微企业是股份公司；4.9% 的小微企业是农民合作社。此外，其他组织类型的企业占 1.2%。

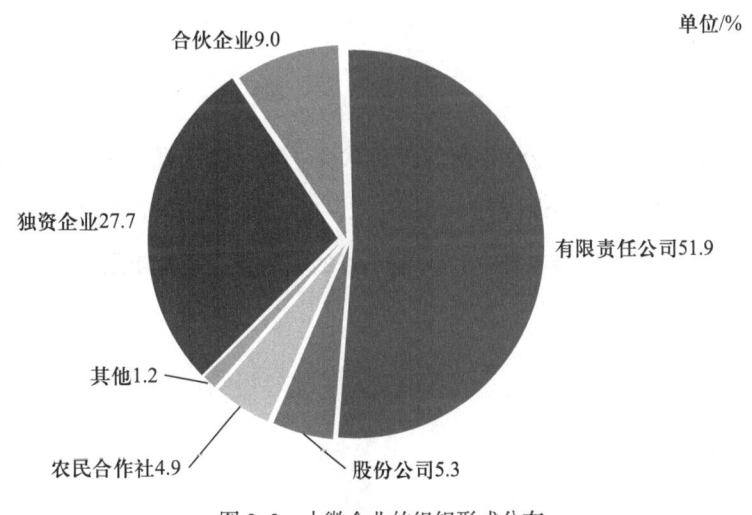

图 2-3　小微企业的组织形式分布

2.4　企业性质分布

图 2-4 描绘了小微企业性质的分布。小微企业多为私人/私营企业，占比高达 93.0%。国有/国有控股和集体/集体控股的小微企业占比在 1%~4%。外商独资、港澳台

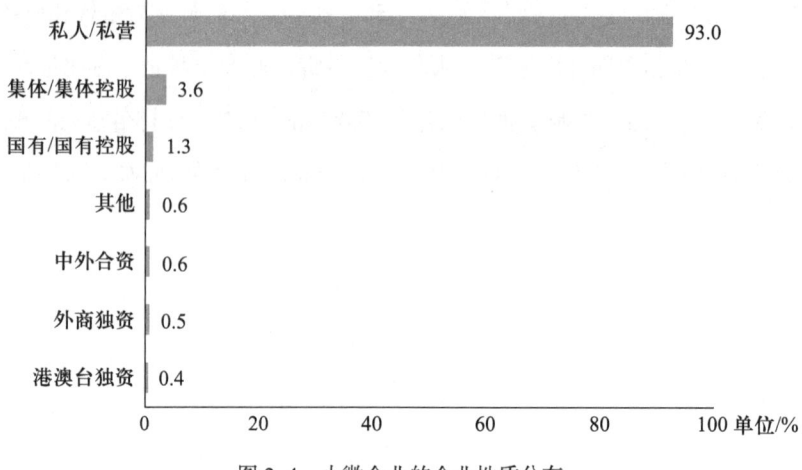

图 2-4　小微企业的企业性质分布

独资和中外合资的小微企业占比均不足 1%。可以看出，大多数小微企业建立在私人资本的基础上。

2.5　企业年龄分布

图 2-5 描述了小微企业经营年限的分布状况。现阶段小微企业的经营年限普遍较短。约半数的小微企业经营年限在 5 年以下，其中 18.4% 的小微企业经营年限低于 1 年；16.4% 的小微企业经营年限在 2 年 ~3 年；13.6% 的小微企业经营年限在 4 年 ~5 年。经营

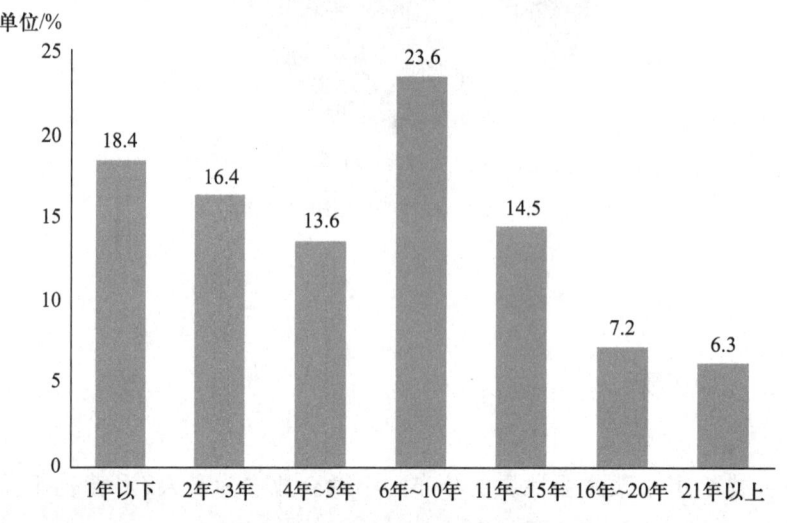

图 2-5　小微企业的企业年龄分布

年限在 6 年 ~10 年的小微企业占比为 23.6%，经营年限在 11 年 ~15 年和 16 年 ~20 年的小微企业占比分别为 14.5% 和 7.2%，而经营年限超过 21 年的小微企业只有 6.3%。

2.6 企业资产分布

图 2-6 显示了小微企业不同资产规模区间的占比情况。小微企业的平均资产总额为 5 350 万元。其中，资产规模在 10 万元（含 10 万元）以下的小微企业占比 10.51%；资产规模在 11 万元 ~50 万元的小微企业占比为 18.69%；资产规模在 51 万元 ~100 万元的小微企业占比为 15.32%；资产规模在 101 万元 ~500 万元的小微企业占比为 27.37%；资产规模在 501 万元 ~1 000 万元的小微企业占比为 10.94%；资产规模在 1 001 万元以上的小微企业占比为 17.17%。可见，小微企业资产规模主要集中在 500 万元以下。

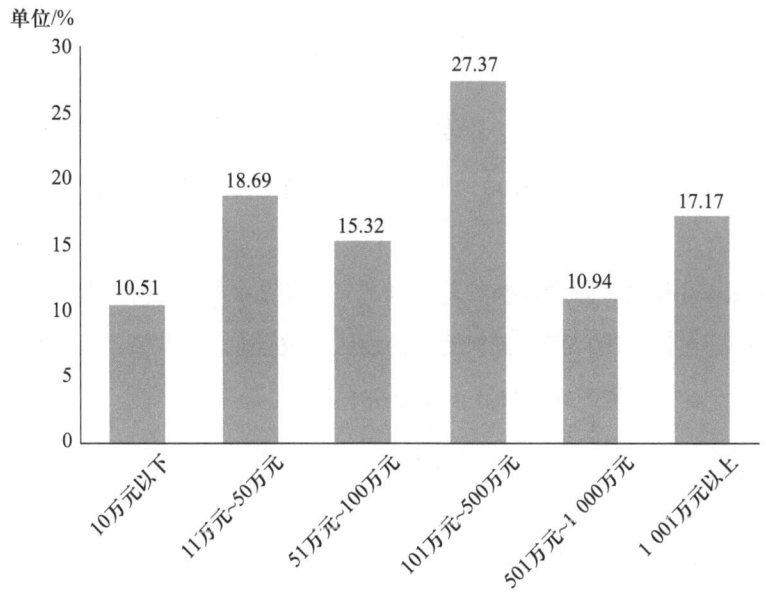

图 2-6　不同资产规模的小微企业分布

不同小微企业资产规模的行业差异也在图 2-7 中有所表现。从事房地产开发经营业的小微企业平均资产规模最高，达到 1 996.1 万元。从事采矿业和建筑业平均资产规模都在 1 500 万元以上，从事制造业，以及电力、热力、燃气及水的生产和供应业还有金融业的小微企业平均资产规模都在 1 000 万元以上。从事交通运输和仓储业及物业管理业平均资产规模为 700 万元 ~1 000 万元。从事批发零售业，住宿和餐饮业，软件和信息技

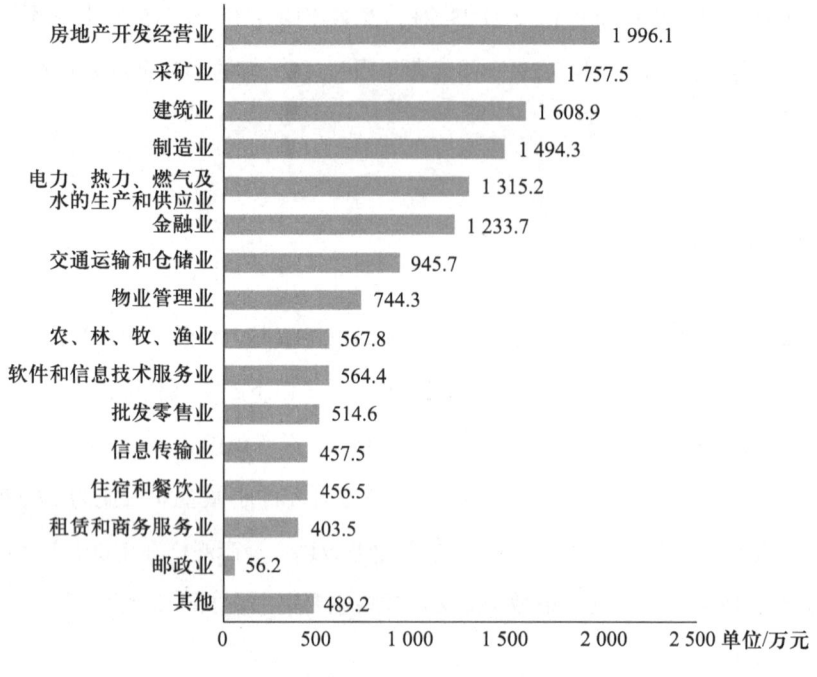

图 2-7　不同行业小微企业资产分布

术服务业，租赁和商务服务业，信息传输业，农、林、牧、渔业和其他行业的小微企业平均资产规模为 400 万元 ~600 万元。从事邮政业的小微企业的平均资产规模最低，只有56.2 万元。

　　从不同区域小微企业资产规模的差异来看，如图 2-8 所示，东部地区小微企业平均资产规模最高，达到 3 160 万元；其次为西部地区小微企业，平均资产规模为 1 205 万元；中部地区小微企业平均资产规模最低，仅为 986 万元。

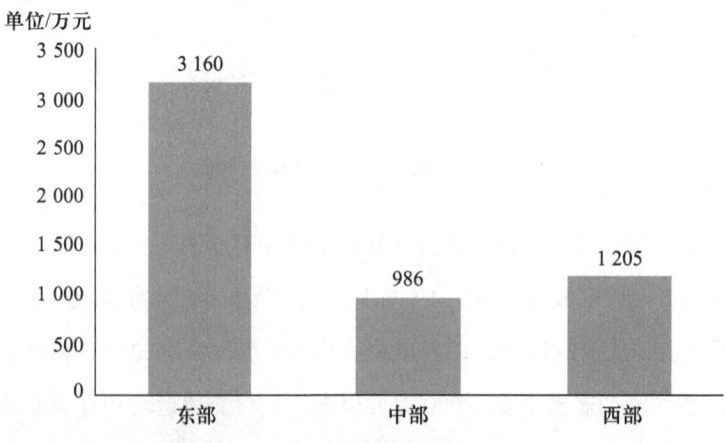

图 2-8　不同区域小微企业资产规模分布

表 2-3 分析了不同组织形式的小微企业资产规模差异。其中，股份公司形式的小微企业平均资产规模最大，为 1 686.0 万元；有限责任公司形式的小微企业平均资产规模为 987.1 万元；合伙企业形式的小微企业平均资产规模为 596.9 万元；独资企业形式的小微企业平均资产规模为 522.4 万元；农民合作社形式的小微企业平均资产规模最低，为 505.9 万元。

表 2-3　不同组织形式的小微企业资产分布　　　　单位 / 万元

企业组织形式	均值	中位数
股份公司	1 686.0	400
有限责任公司	987.1	200
合伙企业	596.9	150
独资企业	522.4	100
农民合作社	505.9	200
其他	961.5	100

3 小微企业主基本特征及企业管理制度

本章从小微企业主特征、管理制度两个方面描述小微企业的治理状况。通过数据统计分析发现，52.6% 的小微企业主完全持股，而且 91.7% 的企业主会亲自参与企业的经营管理。小微企业的企业主以中年人为主。60.8% 的企业主有过两次以上创业经历，72.3% 的小微企业主有过工作经历。整体而言，大部分小微企业不仅建立了比较健全的基本管理制度，而且执行情况较好，员工的职责划分也比较明确。

3.1 年龄结构

图 3-1 是小微企业主年龄结构与全国人口年龄结构差异情况展示 [1]。年龄在 25 岁及以下的人群占全部人口比例的 32.2%，而该年龄阶段小微企业主仅占所有法人小微企业主总数的 2.1%；年龄在 26 岁 ~30 岁的人群占全部人口的 8.4%，而同龄法人小微企业主占比为 8.6%；年龄在 31 岁 ~35 岁的人群占全部人口的 7.4%，而同龄法人小微企业主占比则高达 12.8%；年龄在 36 岁 ~40 岁的人群占全部人口的 7.5%，而同龄法人小微企业主占比则高达 16.4%；年龄在 41 岁 ~50 岁的人群占全部人口的 17.9%，而同龄法人小微企业主占比则高达 37.7%；年龄在 51 岁 ~60 岁的人群占全部人口的 12.5%，而同龄法人小微

---

[1] 数据来源于《中国人口和就业统计年鉴 2015》。

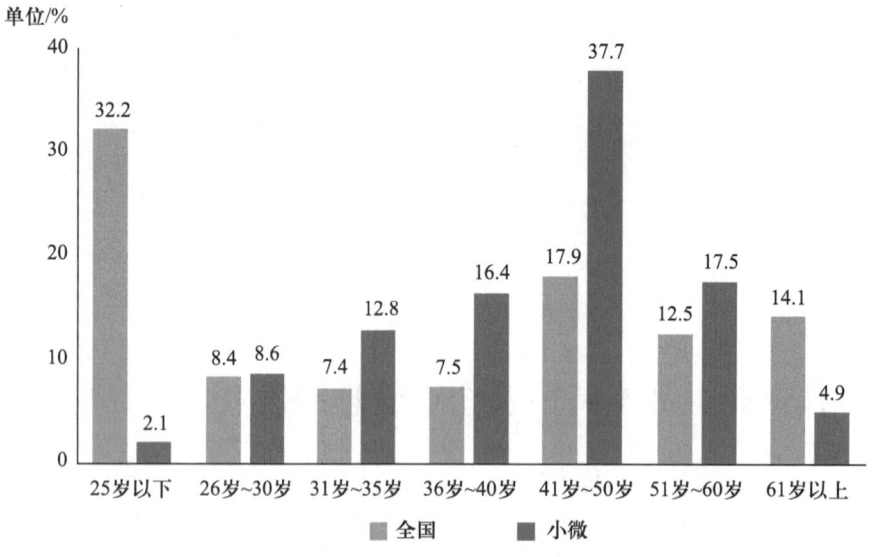

图 3-1   不同人口年龄结构差异

微企业主占比为 17.5%；年龄在 61 岁以上的人群占全部人口的 14.1%，而同龄法人小微企业主的年龄则仅占 4.9%。可见，法人小微企业企业主的年龄主要集中在 26 岁 ~50 岁。

图 3-2 刻画了小微企业主年龄的分布。如图 3-2 所示，我国小微企业主年龄主要集中于 41 岁 ~50 岁，占比高达 37.7%。51 岁 ~60 岁的小微企业主占比为 17.5%，位列第二；紧随其后的是 36 岁 ~40 岁的小微企业主，占比达到 16.4%；31 岁 ~35 岁的小微企业主占比达到 12.8%；26 岁 ~30 岁的小微企业主占比不足 10%；25 岁以下的小微企业主

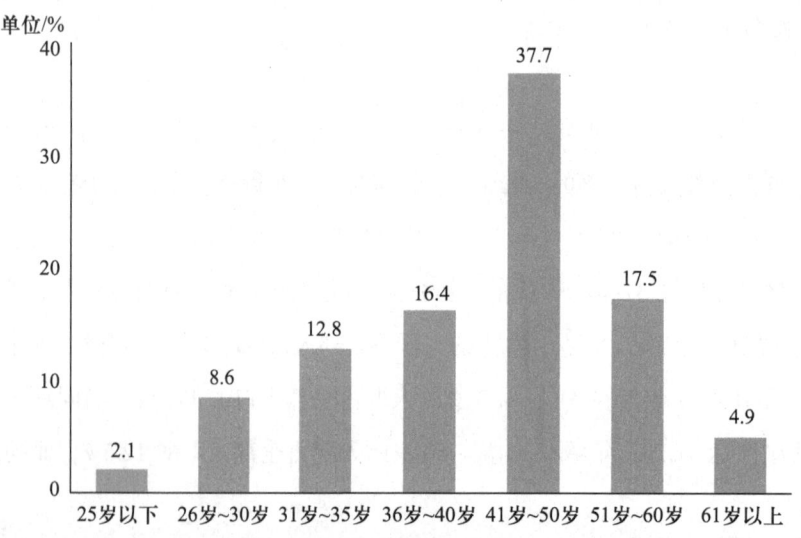

图 3-2   企业主年龄分布

占比最少，仅为 2.1%，说明小微企业主主要是中年人，青年企业主较少，青年人创业还有较大的发展空间。

3.2 性别特征

图 3-3 关注了小微企业主的性别分布。小微企业主多为男性，占比高达 82.1%；女性小微企业主占比仅为 17.9%，远小于男性小微企业主占比。这说明，我国小微企业的企业主性别差异很大，绝大部分小微企业主是男性。

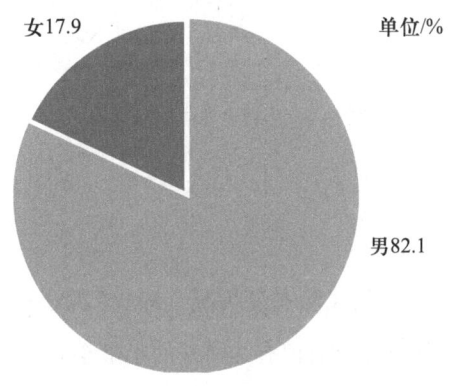

图 3-3　小微企业主性别分布

3.3 教育水平

图 3-4 研究了小微企业主的受教育情况。如图 3-4 所示，我国小微企业主的受教育程度普遍在大专以上，其中学历为大学本科的小微企业主占比最高，达到 25.4%。大专或高职教育程度的小微企业主占比为 21.7%；初中和高中教育程度的小微企业主数量较多，占比分别为 17.2% 和 19.6%；中专、小学和研究生学历的小微企业主占比在 4%~7%。值得注意的是，没受过教育的小微企业主占比最低，为 0.5%。这表明，我国小微企业主的受教育结构呈现中间大两端小的分布。

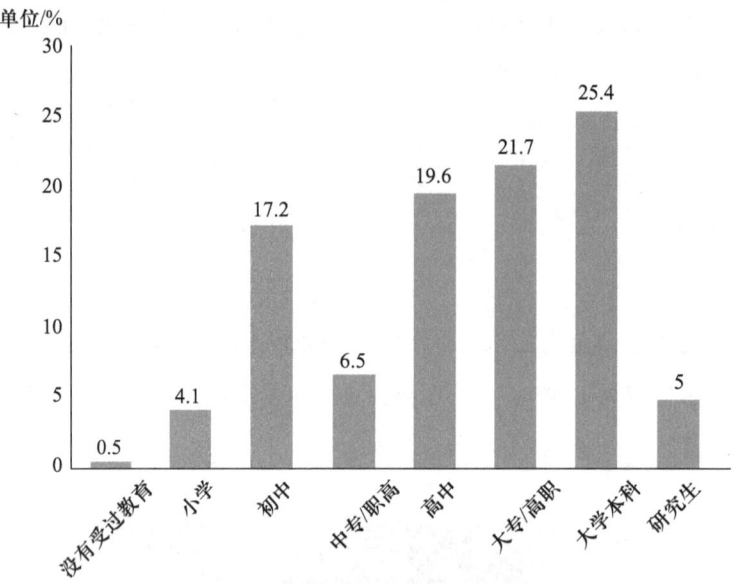

图 3-4　小微企业主学历分布

3.4　风险态度

图 3-5 研究了小微企业主的风险态度情况。39.9% 的小微企业主属于风险中立型；31.7% 的小微企业主属于风险厌恶型；仅有 28.4% 的小微企业主属于风险偏好型。这表明，鉴于小微企业风险承受能力较弱，大多数小微企业主都比较喜欢风险小的投资。

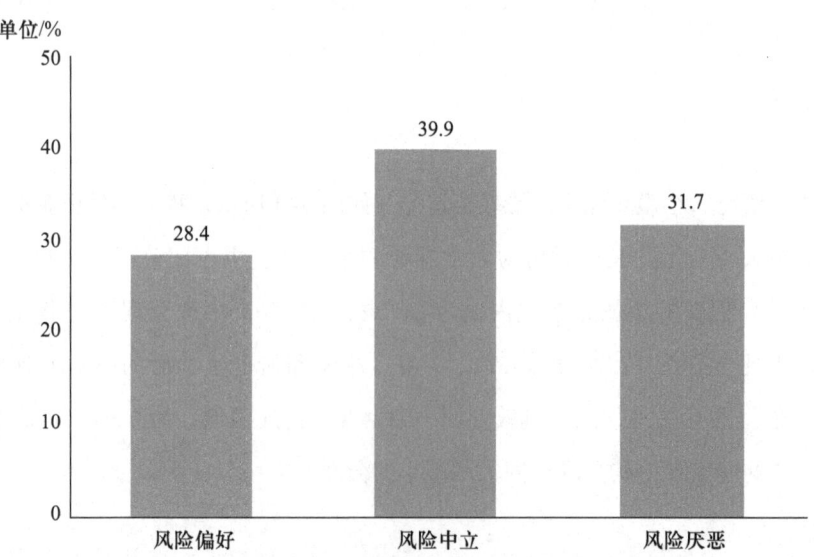

图 3-5　小微企业主风险偏好分布

3.5 创业和工作经历

图 3-6 反映了小微企业主创业的情况。60.8% 的小微企业主有创业经历，这表明大部分小微企业主在经营本企业之前有创业经历。

图 3-6 还显示 72.3% 的小微企业主有过工作经历，这表明绝大部分小微企业主的工作经验和相关专业知识比较丰富。

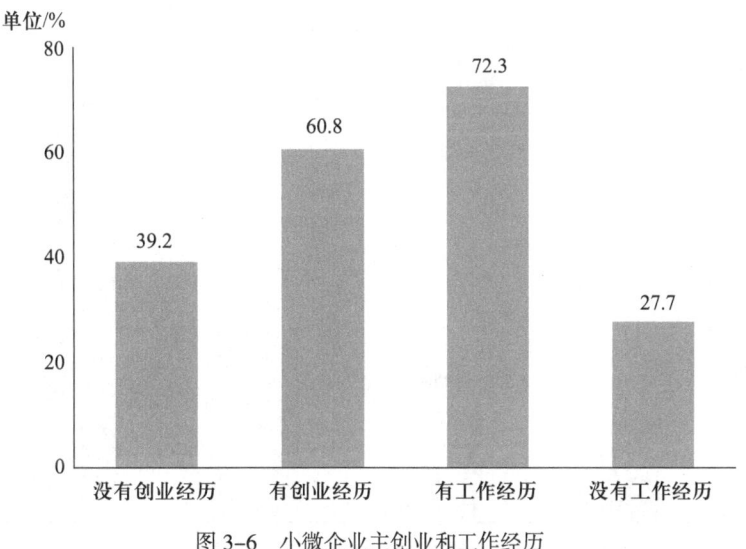

图 3-6 小微企业主创业和工作经历

一般认为小微企业主会从事与工作经历相关的行业，这有利于运用原来积累的经验和知识。图 3-7 研究了小微企业主的工作经历与所从事行业之间的关系。如图 3-7 所示，59.2% 的小微企业主以往从事的工作与目前参与的行业相关，这表明小微企业主在创业的时候更倾向于从事自己熟悉的行业。

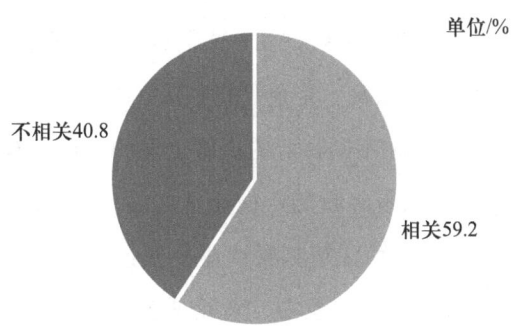

图 3-7 小微企业主工作经历与所从事行业相关度

3.6 持股情况

图 3-8 描述了大股东的持股情况。在小微企业中，52.6% 的企业主持股 100%，说明大部分小微企业由企业主完全持股。25.7% 的企业主持股 51%~99%，处于绝对控股地位。持股 31%~50% 的企业主占比为 15.0%，处于相对控股地位；只有 6.7% 的企业主持股在30% 以下。这说明小微企业股权分布高度集中。这有利于企业主掌握企业的控制权，建立企业主的权威。

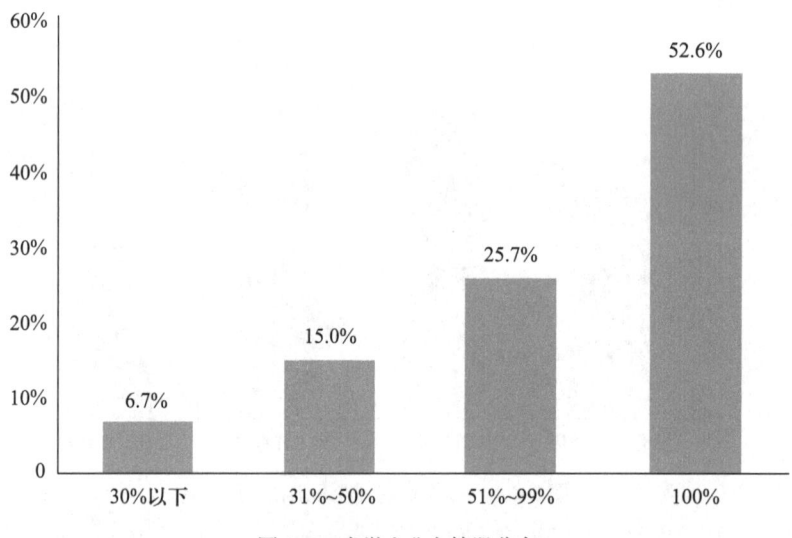

图 3-8　小微企业主持股分布

3.7 任职情况

表 3-1 是小微企业大股东的任职情况。有高达 91.7% 的大股东会亲自参与企业管理，而大股东没有亲自管理的企业占比仅为 8.3%。这说明，在小微企业的生产经营中，大股东参与其各项组织活动的积极性很高，是企业的主要负责人。

从表 3-1 中还可以发现，在不同行业的小微企业的生产经营中大股东参与管理的差异。如表 3-1 所示，虽然从事邮政的小微企业最少，但是其大股东亲自管理企业各项事务的占比达到了 100%。而住宿和餐饮业小微企业的大股东亲自管理的占比略低，为 76.9%。在其他行业的小微企业中，大股东亲自参与企业经营的占比均超过了80%。这说明，行业差异对大股东亲自参与小微企业生产经营和管理活动的积极性影响不大。

表 3-1　大股东任职情况 　　　　　　　　　　　　　　　　　单位 /%

大股东是否亲自管理	占比
非亲自管理	8.3
亲自管理	91.7

不同行业大股东亲自管理	占比
邮政业	100.0
采矿业	95.1
房地产开发经营业	93.9
建筑业	93.2
批发零售业	92.1
农、林、牧、渔业	91.2
制造业	91.1
软件和信息技术服务业	90.8
交通运输和仓储业	90.0
租赁和商务服务业	89.2
物业管理业	89.1
信息传输业	88.9
电力、热力、燃气及水的生产和供应业	88.5
金融业	82.3
住宿和餐饮业	76.9
其他	89.0

3.8　获得企业方式

图 3-9 分析了小微企业主获得企业的方式。我国的小微企业主多通过自主创业来获得企业。90.4% 的小微企业是企业主直接创立的；6.2% 的小微企业是由企业主购买获得的；通过继承 / 赠予和其他方式获得的小微企业占比均为 1.7%。这说明，我国的小微企业多通过企业主自主创业而来，是"大众创业、万众创新"的具体表现。

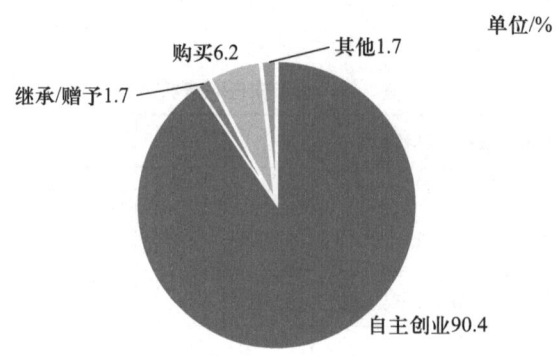

单位/%

图 3-9　小微企业主获得企业的方式

3.9　参与管理年限

如前所示，有高达 91.7% 的小微企业主会亲自参与企业管理，而非小微企业主亲自管理的小微企业占比仅为 8.3%。这说明，小微企业主是企业的主要负责人。

图 3-10 刻画了小微企业主参与管理年限的情况。参与管理年限在 10 年 ~15 年的小微企业主最多，占比达到 25.0%。然后是有 16 年以上管理年限的小微企业主，占比为 20.3%。此外，有 3 年 ~5 年管理年限的小微企业主占比达到 19.8%；有 6 年 ~9 年管理年限的小微企业主占比为 18.0%；有 1 年 ~2 年管理年限的小微企业主占比为 6.3%；1 年以下管理年限的小微企业主占比为 10.6%。

相较于小微企业的年龄，小微企业大股东参与管理的年限更长一些，这是由于许多

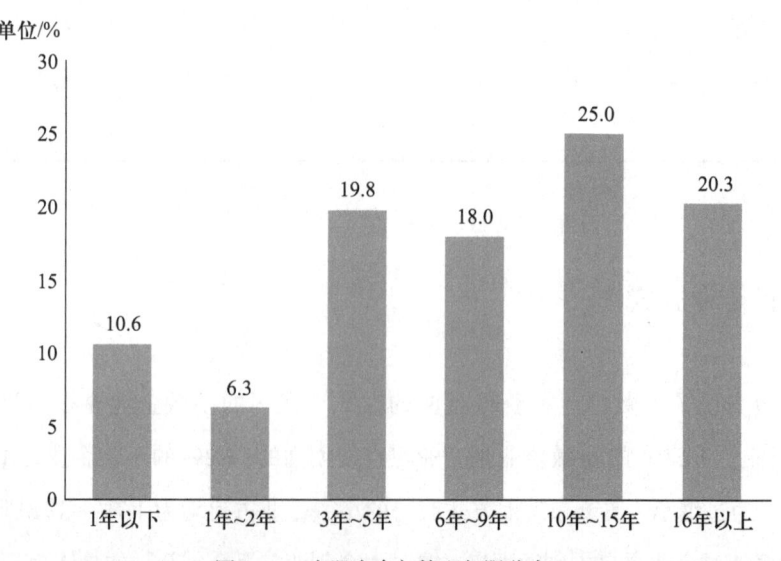

图 3-10　大股东参与管理年限分布

小微企业大股东在经营本企业之前就已经有从事管理工作的经历，说明许多小微企业大股东在创立本企业之前已有一定的管理经验。

3.10　社会关系

现有研究表明，社会关系有利于企业获得更多的贷款、项目、政府补助、优惠政策等稀缺资源。图 3–11 刻画了小微企业主的社会关系情况。[①]75.2% 的小微企业主没有社会关系，只有 24.8% 的小微企业主有社会关系。结果表明，大部分小微企业主并不具有社会关系。

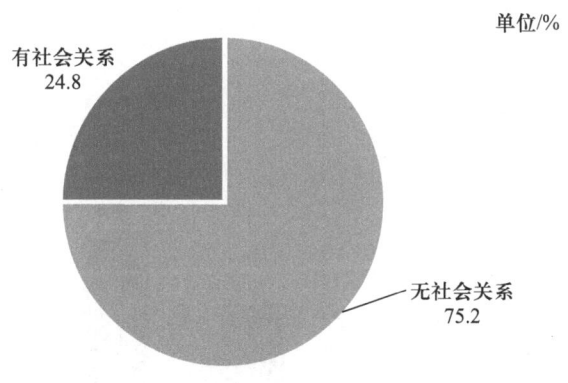

单位/%

图 3–11　小微企业主是否具有社会关系

3.11　企业治理制度

图 3–12 说明了小微企业管理制度的情况。48.4% 的小微企业主自认为有比较健全的管理制度；20.3% 的小微企业主自认为各项基本管理制度非常健全；自认为不太健全和非常不健全的小微企业主分别只有 7.5% 和 1.1%。这表明绝大部分企业主自认为拥有比较健全的管理制度，对管理制度比较重视。

图 3–13 说明了小微企业管理制度的执行情况。44.2% 的小微企业的各项基本管

---

① 如果小微企业主现在或者曾经在"政府部门""国企或事业单位""村委会或居委会"等机构工作过,我们则认为其有社会关系。

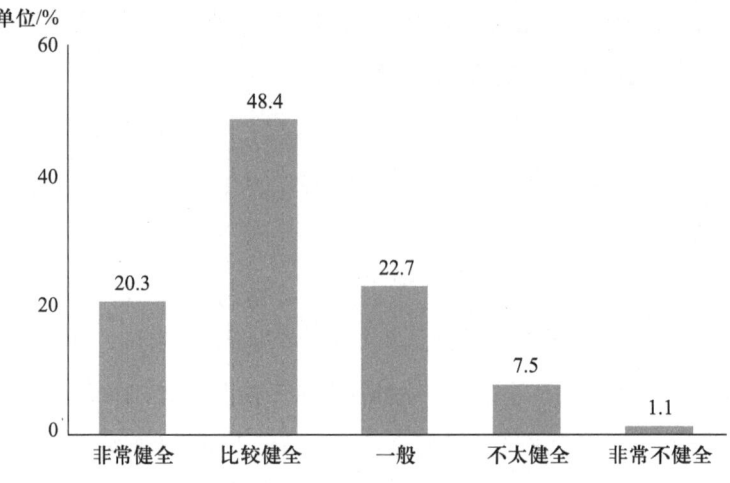

图 3-12 小微企业管理制度健全指标分布

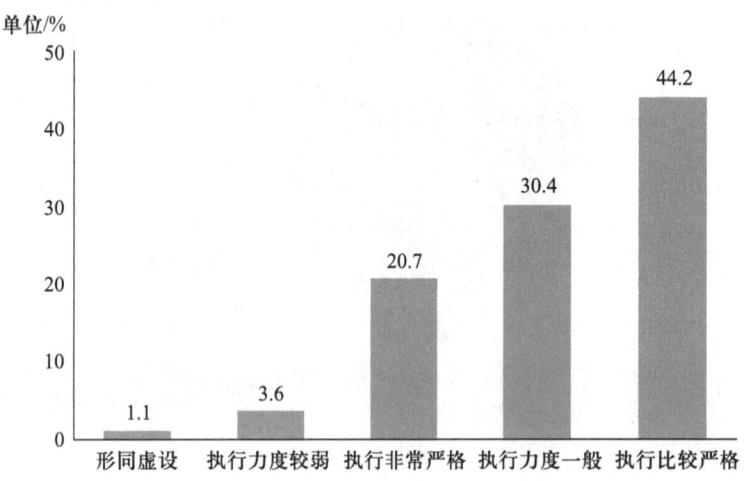

图 3-13 小微企业管理制度实施情况

理制度得到了比较严格的贯彻实施；30.4% 的小微企业各项基本管理制度执行力度一般；20.7% 的小微企业各项基本管理制度执行非常严格；基本管理制度执行力度较弱和形同虚设的小微企业只占 3.6% 和 1.1%，说明小微企业各项基本制度的执行情况较好。

图 3-14 报告了小微企业的员工之间的职责划分情况。37.5% 和 43.5% 的小微企业的员工之间的职责划分非常明确和比较明确，11.6% 的小微企业员工职责划分一般，员工职责划分不太明确和非常不明确的小微企业分别占比 6.0% 和 1.4%。

整体而言，大部分小微企业建立了比较健全的基本管理制度，而且执行情况较好，员工之间的职责划分也比较明确。

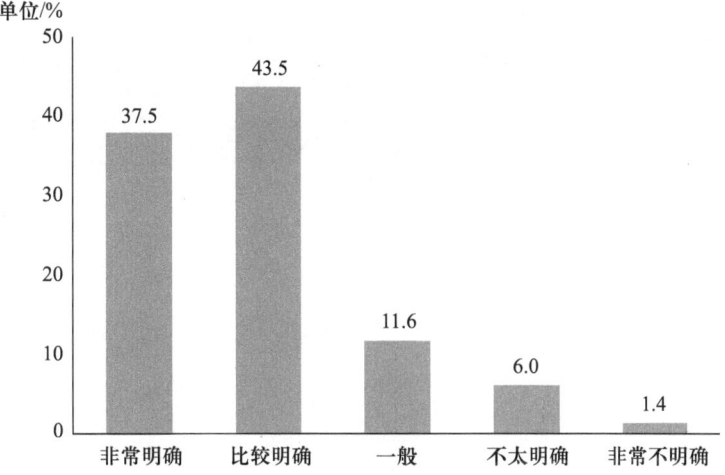

图 3-14　小微企业员工职责是否明确

4 小微企业经营状况

本章从营业收入、利润总额、应收账款和应付账款四个方面说明中国小微企业的经营状况。从营业收入来看，2014 年，小微企业年平均营业收入为 468.3 万元，东部地区的小微企业年平均营业收入最高，为 502.0 万元。年平均营业收入在 100 万 ~500 万元的小微企业占比最大，达到 28.1%。分行业看，从事制造业、建筑业和采矿业的小微企业平均营业收入位列前三。

从利润总额来看，2014 年，中国小微企业平均利润总额为 100.1 万元。其中，中部地区的小微企业年平均利润总额最高。分行业看，从事房地产开发经营业，电力、热力、燃气及水的生产和供应业，以及建筑业的小微企业年平均利润总额排名靠前。

从应收账款来看，有应收账款的小微企业比重超过 60%。2014 年，小微企业应收账款平均笔数为 10.1 笔，应收账款平均金额为 151.2 万元，西部地区的小微企业应收账款平均金额最高。应收账款平均金额 10 万元以下的小微企业占比较大。

从应付账款来看，有应付账款的小微企业比重约为 30%。2014 年，小微企业应付账款平均金额为 90.7 万元，西部地区的小微企业应付账款平均金额最高。应付账款平均金额在 10 万元以下的小微企业占比较大。

4.1 营业收入

图 4-1 描述了 2014 年小微企业平均营业收入的分布情况。当年，小微企业平均营业收入为 468.3 万元。从分布上来看，平均营业收入在 101 万元~500 万元的小微企业占比最大，达到 28.1%；平均营业收入在 10 万元以下的小微企业占比为 15.1%；平均营业收入在 11 万元~50 万元的小微企业占比为 18.9%；平均营业收入在 501 万元~1 000 万元的小微企业占比为 11.1%；平均营业收入在 1 001 万元以上的小微企业占比为 12.7%。

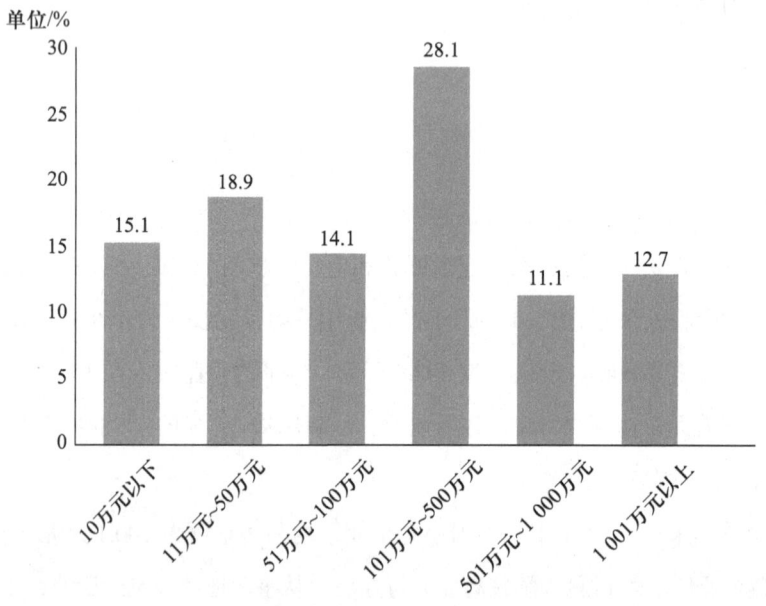

图 4-1　2014 年小微企业平均营业收入分布

分地区来看，东部地区的小微企业平均营业收入最高，为 502.0 万元；然后是中部地区的小微企业，为 483.4 万元；西部地区的小微企业平均营业收入最低，为 387.1 万元（见图 4-2）。

表 4-1 分行业描述了 2014 年小微企业平均营业收入的情况。其中，从事制造业、建筑业和采矿业的小微企业平均营业收入位列前三，分别为 861.5 万元、622.1 万元和 557.3 万元。从事房地产开发经营业的小微企业平均营业收入表现也较好，达到了 495.7 万元。从事电力、热力、燃气及水的生产和供应业的小微企业平均营业收入排名第五，为 448.0 万元；从事交通运输和仓储业的小微企业平均营业收入排名第六，为 412.5 万元；从事批发零售业的小微企业平均营业收入为 404.4 万元；从事金融业的小微企业平均营业收入为 395.3 万元；从事软件和信息技术服务业的小微企业平均营业收入为 362.1 万元；

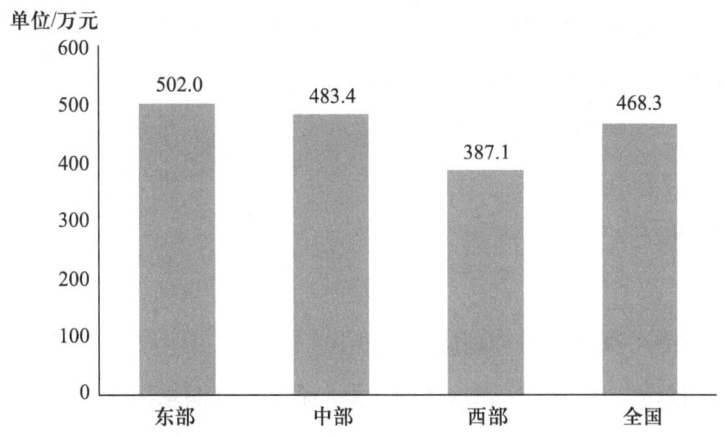

图 4-2　2014 年不同区域小微企业平均营业收入分布

从事住宿和餐饮业的小微企业平均营业收入为 350.2 万元；从事信息传输业的小微企业平均营业收入为 315.3 万元；从事农、林、牧、渔业的小微企业平均营业收入为 261.4 万元；从事物业管理业的小微企业平均营业收入为 252.9 万元；从事租赁和商务服务业的小微企业平均营业收入为 239.1 万元；从事邮政业的小微企业平均营业收入最低，仅为 113.1 万元；从事其他行业的小微企业平均营业收入为 254.5 万元。

表 4-1　2014 年小微企业平均营业收入　　　　　　　　　单位 / 万元

行业	年均值	中位数
制造业	861.5	400.0
建筑业	622.1	250.0
采矿业	557.3	341.9
房地产开发经营业	495.7	90.0
电力、热力、燃气及水的生产和供应业	448.0	85.0
交通运输和仓储业	412.5	150.0
批发零售业	404.4	100.0
金融业	395.3	100.0
软件和信息技术服务业	362.1	100.0
住宿和餐饮业	350.2	130.0
信息传输业	315.3	100.0
农、林、牧、渔业	261.4	55.0
物业管理业	252.9	70.0
租赁和商务服务业	239.1	60.0
邮政业	113.1	20.0
其他	254.5	90.0

总之，从事制造业、建筑业、采矿业和房地产开发经营业的小微企业相对于其他行业的小微企业来说，平均年营业收入水平较高。

4.2 利润总额

2014 年，全国小微企业平均利润总额为 100.1 万元。图 4-3 比较了不同地区小微企业的平均年利润总额。其中，中部地区的小微企业平均利润总额最高，达到 143.0 万元；然后是东部地区的小微企业平均利润总额，为 105.2 万元；西部地区的小微企业平均年利润总额最低，仅为 68.5 万元。

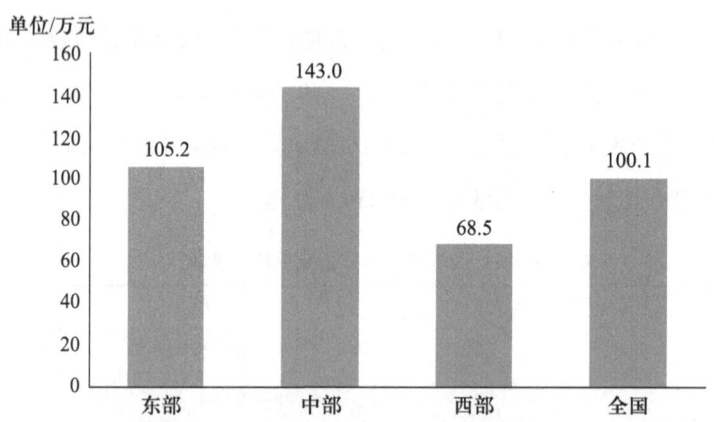

图 4-3　2014 年不同区域小微企业平均利润总额

表 4-2 分行业比较了 2014 年小微企业平均利润总额。其中，从事房地产开发经营业，电力、热力、燃气及水的生产和供应业，建筑业的小微企业平均利润总额排名靠前，分别为 256.7 万元、237.0 万元和 236.1 万元。从事金融业的小微企业平均利润总额排名第四，达到了 182.8 万元。从事采矿业的小微企业平均利润总额排名第五，为 175.8 万元；从事制造业的小微企业排名第六，平均利润总额为 130.9 万元；从事软件和信息技术服务业的小微企业平均利润总额为 123.4 万元；从事交通运输和仓储业的小微企业平均利润总额为 107.1 万元；从事物业管理业的小微企业平均利润总额为 96.6 万元；从事租赁和商务服务业的小微企业平均利润总额为 80.6 万元；从事农、林、牧、渔业的小微企业平均利润总额为 78.9 万元；从事住宿和餐饮业的小微企业平均利润总额为 70.1 万元；从事批发零售业的小微企业平均利润总额为 66.7 万元；从事信息传输业的小微企业平均利润总额

为 49.8 万元；从事邮政业的小微企业平均利润总额最低，仅为 13.1 万元；从事其他行业的小微企业平均利润总额为 79.8 万元。

可见，从事房地产开发经营业，电力、热力、燃气及水的生产和供应业，建筑业的小微企业相对于其他行业的小微企业来说，平均年利润总额水平较高。

表 4-2　2014 年小微企业平均利润总额行业分布　　　　　单位 / 万元

行业	均值	中位数
房地产开发经营业	256.7	15.0
电力、热力、燃气及水的生产和供应业	237.0	15.0
建筑业	236.1	50.0
金融业	182.8	27.0
采矿业	175.8	30.0
制造业	130.9	30.0
软件和信息技术服务业	123.4	30.0
交通运输和仓储业	107.1	30.0
物业管理业	96.6	17.0
租赁和商务服务业	80.6	10.0
农、林、牧、渔业	78.9	10.0
住宿和餐饮业	70.1	20.0
批发零售业	66.7	10.0
信息传输业	49.8	20.0
邮政业	13.1	20.0
其他	79.8	10.0

4.3　应收账款

图 4-4 描述了 2014 年小微企业应收账款的情况。其中，有应收账款的小微企业占

单位/%

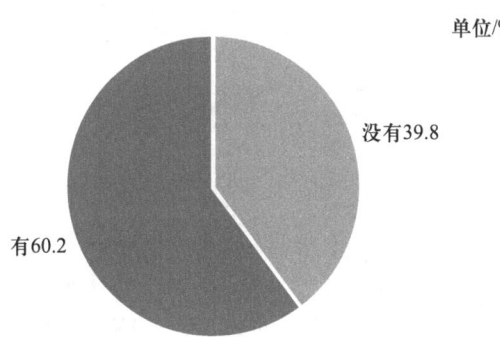

没有39.8

有60.2

图 4-4　2014 年小微企业应收账款情况

比为 60.2%；没有应收账款的小微企业占比为 39.8%。

图 4-5 比较了不同区域有应收账款小微企业的比例。2014 年，西部地区有应收账款的小微企业占比最高，达到 67.0%；东部地区占比为 58.3%；中部地区最低，占比为 56.8%。

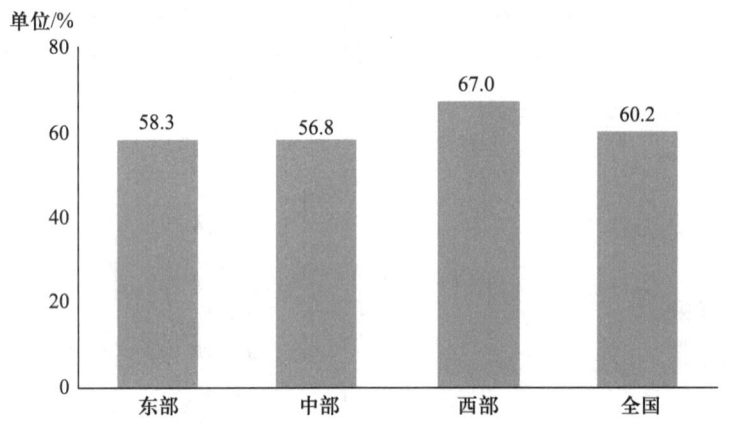

图 4-5　2014 年不同区域有应收账款的小微企业分布

图 4-6 刻画了有应收账款小微企业的笔数分布。2014 年，小微企业应收账款平均笔数为 10.1 笔。其中，应收账款在 3 笔以下的小微企业占比最高，为 32.8%；应收账款在 6 笔 ~10 笔的小微企业占比为 21.7%；应收账款在 16 笔以上的小微企业占比为 20.4%；应收账款在 4 笔 ~5 笔的小微企业占比为 19.3%；应收账款在 11 笔 ~15 笔的小微企业占比较低，为 5.8%。可见，在有应收账款的小微企业中，应收账款在 6 笔以下的占比超过

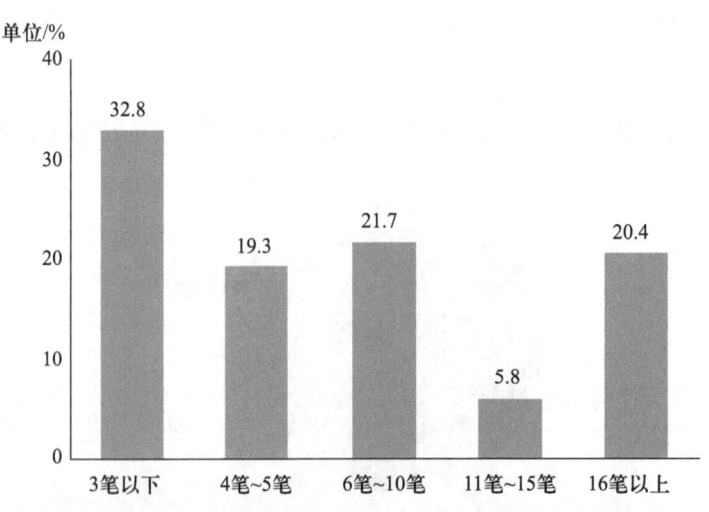

图 4-6　2014 年小微企业应收账款笔数分布

50%，达到 52.1%。

　　图 4–7 进一步比较了 2014 年不同区域小微企业应收账款的平均金额。2014 年，小微企业应收账款平均金额为 151.2 万元。其中，西部地区的小微企业应收账款平均金额最高，达到 156.7 万元；然后是东部地区的小微企业，应收账款平均金额为 152.8 万元；中部地区的小微企业应收账款平均金额最低，为 139.0 万元。

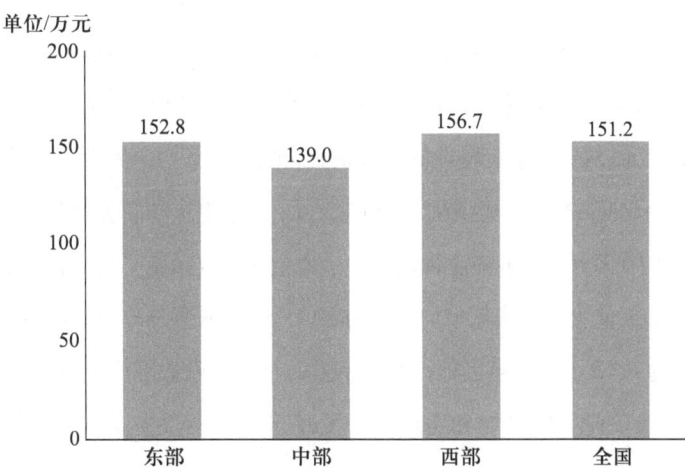

图 4–7　2014 年不同区域小微企业应收账款平均金额分布

　　图 4–8 描述了小微企业应收账款平均金额的分布情况。2014 年，应收账款平均金额在 10 万元以下的小微企业占比最大，达到 32.3%；应收账款平均金额在 11 万元~50 万元的小微企业占比为 29.2%；应收账款平均金额在 51 万元~100 万元的小微企业占比为 13.2%；应收账款平均金额在 101 万元~500 万元的小微企业占比为 18.2%；应收账款平均

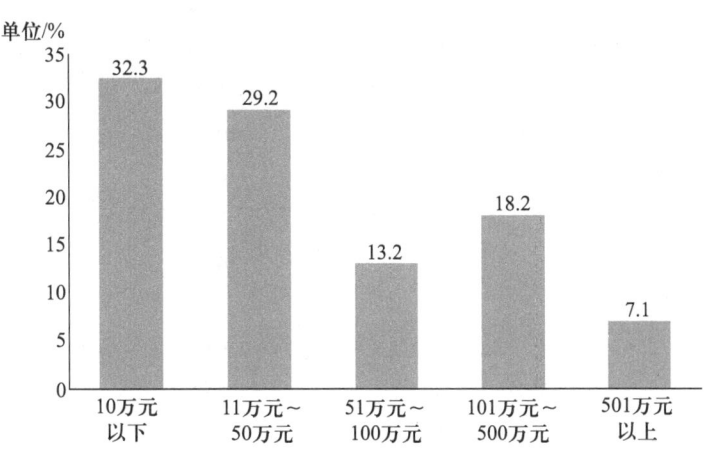

图 4–8　2014 年小微企业应收账款平均金额分布

金额在 501 万元以上的小微企业占比为 7.1%。

表 4-3 比较了 2014 年不同行业小微企业应收账款金额的差异。其中，从事采矿业、建筑业和房地产开发经营业的小微企业应收账款平均金额较高，分别为 451.1 万元、315.7 万元和 251.1 万元。从事金融业的小微企业应收账款平均金额排名第四，达到了 230.3 万元。从事制造业的小微企业应收账款平均金额排名第五，为 220.4 万元；从事电力、热力、燃气及水的生产和供应业的小微企业排名第六，应收账款平均金额为 137.6 万元；从事批发零售业的小微企业应收账款平均金额为 113.0 万元；从事软件和信息技术服务业的小微企业应收账款平均金额为 100.7 万元；从事交通运输和仓储业的小微企业应收账款平均金额为 93.3 万元；从事信息传输业的小微企业应收账款平均金额为 74.8 万元；从事农、林、牧、渔业的小微企业应收账款平均金额为 60.7 万元；从事租赁和商务服务业的小微企业应收账款平均金额为 57.0 万元；从事物业管理业的小微企业应收账款平均金额为 52.4 万元；从事住宿和餐饮业的小微企业应收账款平均金额为 20.3 万元；从事邮政业的小微企业应收账款平均金额最低，仅为 0.5 万元；从事其他行业的小微企业应收账款平均金额为 80.7 万元。

可见，从事采矿业、建筑业和房地产开发经营业的小微企业相对于其他行业的小微企业来说，应收账款金额更高。

表 4-3　2014 年不同行业小微企业应收账款平均金额分布　　　　　单位 / 万元

行业	平均值	中位数
采矿业	451.1	100.0
建筑业	315.7	84.0
房地产开发经营业	251.1	20.0
金融业	230.3	20.0
制造业	220.4	60.0
电力、热力、燃气及水的生产和供应业	137.6	20.0
批发零售业	113.0	20.0
软件和信息技术服务业	100.7	30.0
交通运输和仓储业	93.3	30.0
信息传输业	74.8	20.0
农、林、牧、渔业	60.7	15.0
租赁和商务服务业	57.0	15.0
物业管理业	52.4	20.0
住宿和餐饮业	20.3	4.0
邮政业	0.5	0.5
其他	80.7	15.0

图 4-9 进一步描述了 2014 年小微企业未收回账款对象类型分布情况。其中，零散客户和民营非上市企业是小微企业应收账款对象的主要类型，分别达到了 39.9% 和 34.6%；然后是国有企业（含上市企业），占比为 9.5%；民营上市企业、政府单位、外资企业和事业单位占比不足 5%，分别为 3.8%、3.3%、3.0% 和 2.6%。

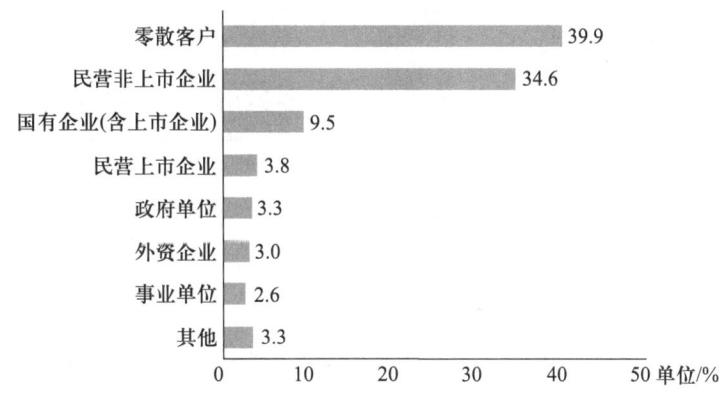

图 4-9　2014 年小微企业未收回账款的对象类型分布

4.4　应付账款

图 4-10 描述了 2014 年小微企业是否有应付账款情况。其中，有应付账款的小微企业占比为 29.6%；没有应付账款的小微企业占比为 70.4%。

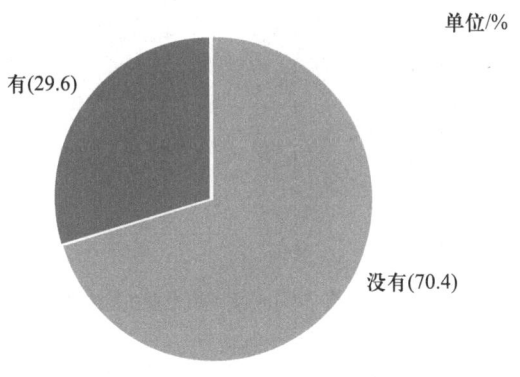

图 4-10　2014 年小微企业是否有应付账款情况

图 4-11 说明了 2014 年不同区域有应付账款的小微企业占比情况。其中，西部地区有应付账款的小微企业占比最高，达到 35.5%；东部地区有应付账款的小微企业占比为

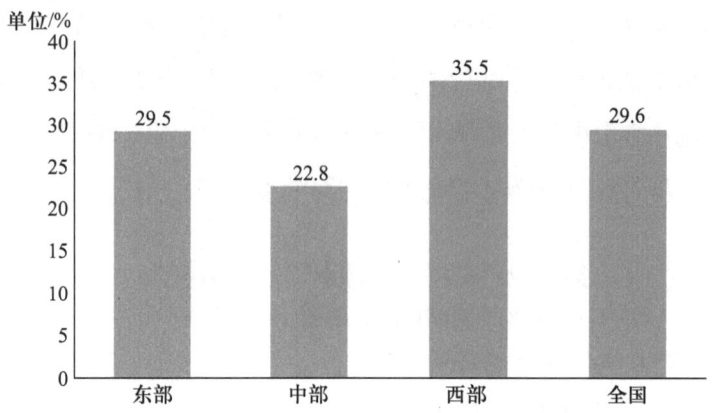

图 4-11 2014 年不同区域有应付账款的小微企业分布

29.5%；中部地区有应付账款的小微企业占比为 22.8%。

图 4-12 进一步刻画了 2014 年不同区域小微企业应付账款的平均金额。2014 年，全国小微企业应付账款平均金额为 90.7 万元。其中，西部地区的小微企业应付账款平均金额最高，达到 92.6 万元；然后是东部地区的小微企业应付账款平均金额，为 91.1 万元；中部地区的小微企业应付账款平均金额最低，为 85.7 万元。

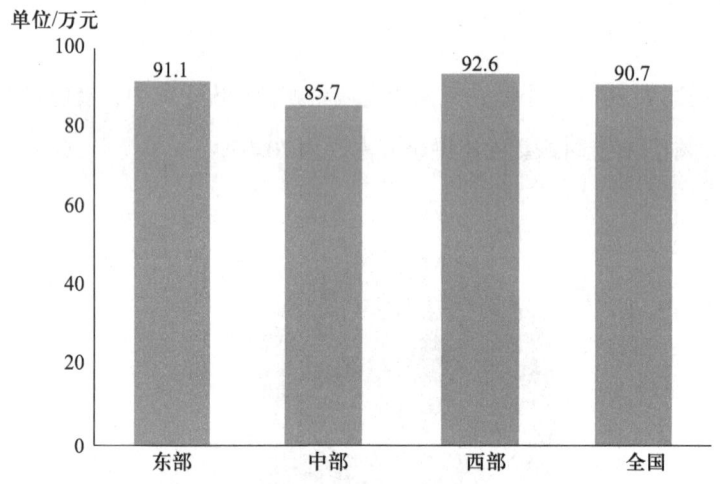

图 4-12 2014 年不同区域小微企业的应付账款

图 4-13 描述了 2014 年小微企业应付账款平均金额的分布情况。应付账款平均金额在 10 万元以下的小微企业占比最大，达到 35.9%；应付账款平均金额在 11 万元~50 万元的小微企业占比为 34.6%；应付账款平均金额在 51 万元~100 万元的小微企业占比为 11.3%；应付账款平均金额在 101 万元~500 万元的小微企业占比为 15.0%；应付账款平均

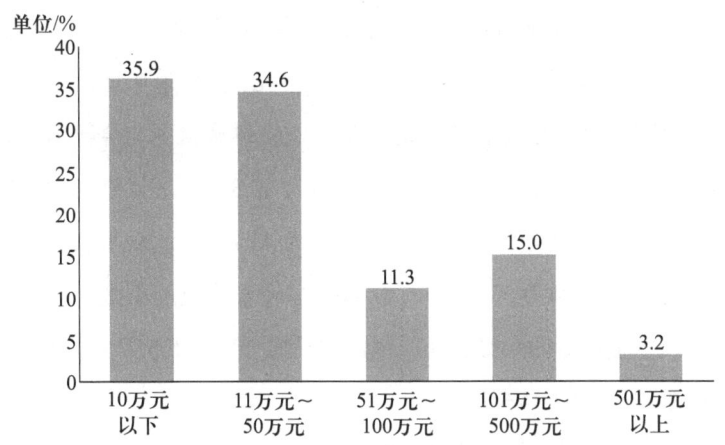

图 4-13　2014 年小微企业应付账款平均金额分布

金额在 501 万元以上的小微企业占比最小，为 3.2%。

表 4-4 进一步反映了 2014 年不同行业小微企业的应付账款平均金额。其中，从事房地产开发经营业、建筑业和物业管理业的小微企业应付账款平均金额较高，分别为 231.7 万元、127.0 万元和 124.3 万元。从事制造业的小微企业应付账款平均金额排名第四，为 121.6 万元。从事交通运输和仓储业的小微企业应付账款平均金额排名第五，为 114.3 万元；

表 4-4　2014 年不同行业小微企业的应付账款平均金额　　　　单位 / 万元

行业	平均值	中位数
房地产开发经营业	231.7	45.0
建筑业	127.0	30.0
物业管理业	124.3	10.0
制造业	121.6	40.0
交通运输和仓储业	114.3	20.0
批发零售业	75.1	25.0
软件和信息技术服务业	72.8	30.0
采矿业	62.5	20.0
信息传输业	54.1	20.0
租赁和商务服务业	50.8	10.0
电力、热力、燃气及水的生产和供应业	43.1	4.0
农、林、牧、渔业	33.7	10.0
住宿和餐饮业	25.3	3.5
金融业	5.6	5.0
其他	54.6	10.0

从事批发零售业的小微企业排名第六，应付账款平均金额为 75.1 万元；从事软件和信息技术服务业的小微企业应付账款平均金额为 72.8 万元；从事采矿业的小微企业应付账款平均金额为 62.5 万元；从事信息传输业的小微企业应付账款平均金额为 54.1 万元；从事租赁和商务服务业的小微企业应付账款平均金额为 50.8 万元；从事电力、热力、燃气及水的生产和供应业的小微企业应付账款平均金额为 43.1 万元；从事农、林、牧、渔业的小微企业应付账款平均金额为 33.7 万元；从事住宿和餐饮业的小微企业应付账款平均金额为 25.3 万元；从事金融业的小微企业应付账款平均金额为 5.6 万元；从事其他行业的小微企业应付账款平均金额为 54.6 万元。

可见，房地产开发经营业、建筑业和物业管理业的小微企业相对于其他行业的小微企业来说，应付账款平均金额水平较高。

5 小微企业盈利能力

本章主要使用小微企业的盈利比例和资产收益率衡量企业盈利能力。小微企业的盈利能力是衡量小微企业成长性的重要指标之一。本章详细分析了不同地域、不同行业小微企业的盈利能力差异。研究发现，全国范围内盈利的小微企业占比为 49.5%，东部和中部地区的盈利小微企业占比较高，均超过 50%。

从资产收益率来看，租赁和商务服务业、信息传输业及住宿和餐饮业的小微企业总资产收益率位列前三位。经营年限在 2 年~4 年的小微企业资产收益率最高，为 16.7%。从企业主自身来看，关系型、领跑型的管理风格更有助于提升小微企业盈利能力，而教练型的管理风格不利于小微企业的发展。同时，有相关工作经历的小微企业主所积累的经验能促进企业盈利能力的提升。

5.1 盈利能力简介与定义

盈利能力是指企业在一定时期内运用管理策略和活动创造利润的能力，也可以称为企业的资金或资本增值能力，通常表现为一定时期内企业收益数额的多少及其水平的高低。

盈利能力指标主要包括营业利润率、成本费用利润率、盈利现金保障倍数、总资产报酬率、净资产回报率及资产收益率六项。其中，资产收益率可以反映企业包括净资产和负债在内的全部资产总体盈利能力。对上市公司，则采用每股收益、每股股利、市盈率、每股净资产、经营资产核心利润率等指标评价其获利能力。

由于规模相对较小，大部分小微企业都缺少详细的会计报表信息，因此，不宜使用上市公司的盈利指标来衡量小微企业的盈利能力，必须根据小微企业自身特征及调查所获得的数据情况来衡量其盈利能力。根据 CMES 调查获得的小微企业数据，我们可以得知企业的总资产、毛利润和净利润等信息，因而本研究认为，采取资产收益率来度量小微企业的盈利能力更合适。最后，在考量资产收益率的基础上，中心还考虑了一定范围内盈利企业占比（盈利小微企业占小微企业总量的比例）作为补充，综合衡量小微企业的盈利能力。

加入盈利企业占比来衡量小微企业的盈利能力主要有以下两方面原因。一是在研究中，我们并不关心单个小微企业的盈利能力或盈利水平，而更关心具有某类特征的小微企业的整体盈利状况，因此，需要得知某类小微企业的盈利企业占比；二是盈利企业占比的计算相对简单，有利于后续跟踪数据的更新。

5.2　盈利能力与地域特征

表 5-1 统计了小微企业在不同利润区间的分布情况。从表 5-1 可以看出，经营状况持平的小微企业占比为 31.2%；经营状况亏损的小微企业占比为 19.3%；经营状况盈利的小微企业占比为 49.5%。

表 5-1　小微企业利润区间分布　　　　　　　　　　　　　　单位 /%

小微企业利润区间	占比	小微企业利润区间	占比
亏损	19.3	11 万元 ~50 万元	16.4
持平	31.2	51 万元 ~100 万元	7.2
0~5 万元	5.8	101 万元以上	13.7
5 万元 ~10 万元	6.4		

注：如果小微企业利润总额为 0，盈利状态归入持平。

在盈利的小微企业中，利润总额为 11 万元 ~50 万元的占比最大，为 16.4%；13.7% 的小微企业利润总额在 101 万元以上；7.2% 的小微企业利润总额为 51 万元 ~100 万元；6.4% 的小微企业利润总额为 5 万元 ~10 万元；5.8% 的小微企业利润总额为 0~5 万元。

图 5-1 比较了我国盈利小微企业比重的区域差异。全国范围内盈利的小微企业占比

为 49.5%。其中，东部和中部地区的盈利小微企业占比分别为 52.1% 和 52.5%，均超过全国平均水平；而西部地区盈利的小微企业占比为 41.5%，低于全国平均水平。这说明不同区域小微企业盈利占比有差异，其中，东部和中部盈利小微企业占比较高。

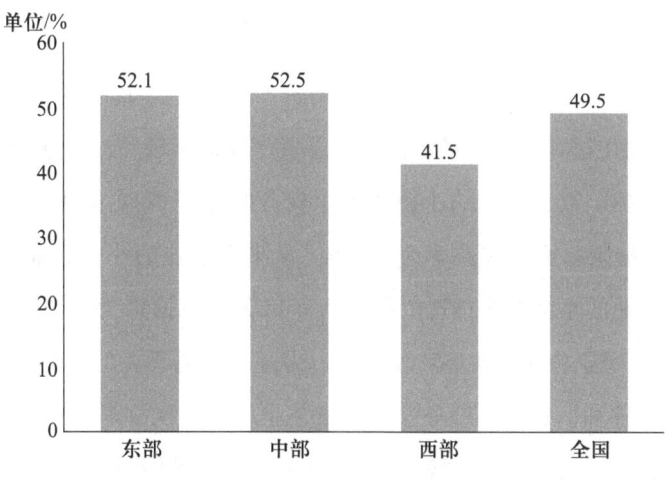

图 5-1 不同区域小微企业盈利差异

图 5-2 反映了盈利小微企业与全部小微企业资产收益率的区域差异。西部地区盈利的小微企业所占比虽然较低，但是盈利企业的资产收益率最高，达到 41.4%；中部地区盈利小微企业的资产收益率为 40.1%；东部地区盈利小微企业的资产收益率最低，仅为 38.2%。

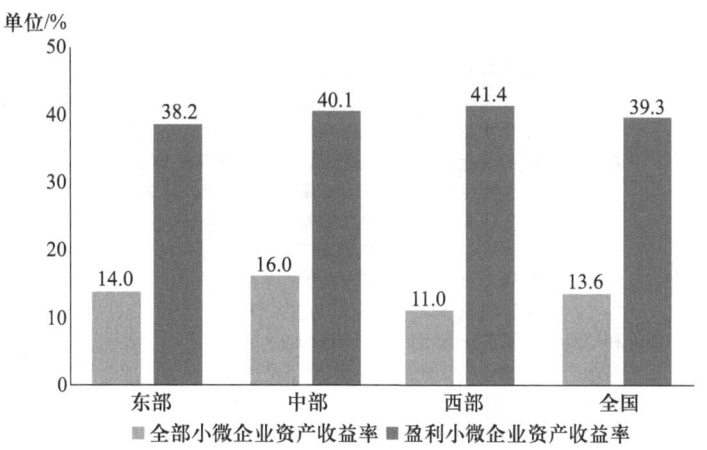

图 5-2 不同区域小微企业资产收益率地区差异

全部小微企业的资产收益率以中部地区最高，为 16.0%，高于全国平均水平；东部地区全部小微企业的资产收益率为 14.0%，略高于全国平均水平；西部地区全部小微企业的资产收益率最低，仅为 11.0%，低于全国平均水平。

5.3　盈利能力与行业特征

图 5-3 反映了我国不同行业小微企业的资产收益率。其中从事租赁和商务服务业、信息传输业及住宿和餐饮业的小微企业总资产收益率较高，分别为 24.6%、20.6%、17.6%；从事农、林、牧、渔业的小微企业总资产收益率位列第四，为 16.3%；从事批发零售业的小微企业总资产收益率为 15.7%。从事金融业的小微企业总资产收益率为 11.8%。从事建筑业的小微企业总资产收益率为 11.7%；从事电力、热力、燃气及水的生产和供应业的小微企业总资产收益率为 11.4%；从事物业管理业的小微企业总资产收益率为 10.4%；从事软件和信息技术服务业的小微企业总资产收益率为 9.3%；从事房地产开发经营业的小微企业总资产收益率较低，仅为 9.0%，这可能与 2014 年房地产市场整体不景气有关；从事交通运输和仓储业的小微企业总资产收益率为 7.3%；从事邮政业的小微企业总资产收益率为 4.9%；数量最多的从事制造业的小微企业总资产收益率只有 4.8%；从事采矿业的小微企业总资产收益率最低，仅为 2.5%。总之，从事租赁和商务服务业、信息传输业及住宿和餐饮业的小微企业相对于从事其他行业的小微企业来说，资产收益率较高。

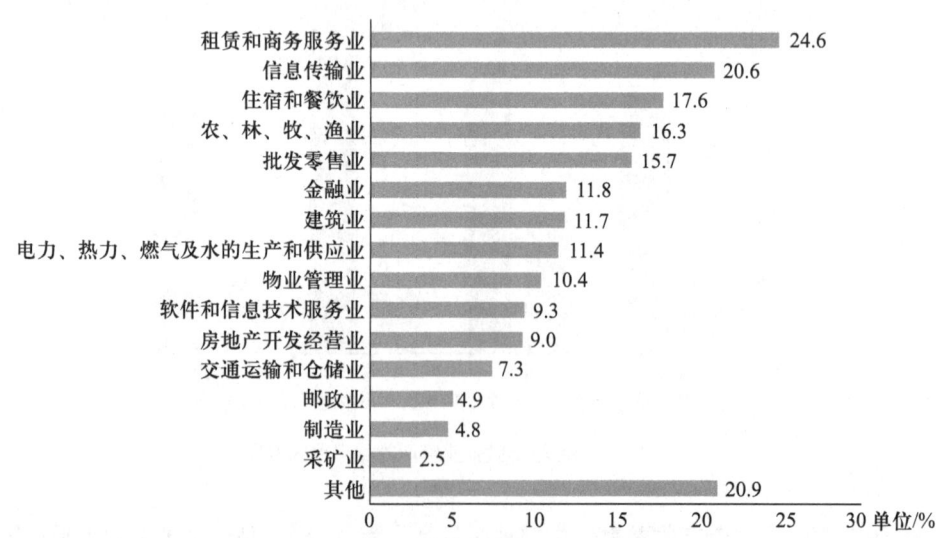

图 5-3　不同行业小微企业总资产收益率分布

图 5-4 描述了不同行业盈利小微企业分布情况。从事邮政业的小微企业盈利的比例最高，为 65.1%；接下来依次是从事金融业、信息传输业、租赁和商务服务业、制造业的小微企业，盈利比例依次为 55.3%、54.0%、52.2% 和 51.8%；从事农、林、牧、渔业，建筑业，电力、热力、燃气及水的生产和供应业，批发零售业，其他行业的小微企业，盈利的比例均超过了 45%，分别为 49.0%、48.9%、46.3%、45.8% 和 45.2%，其余小微企业盈利占比均在 40% 至 45% 之间。

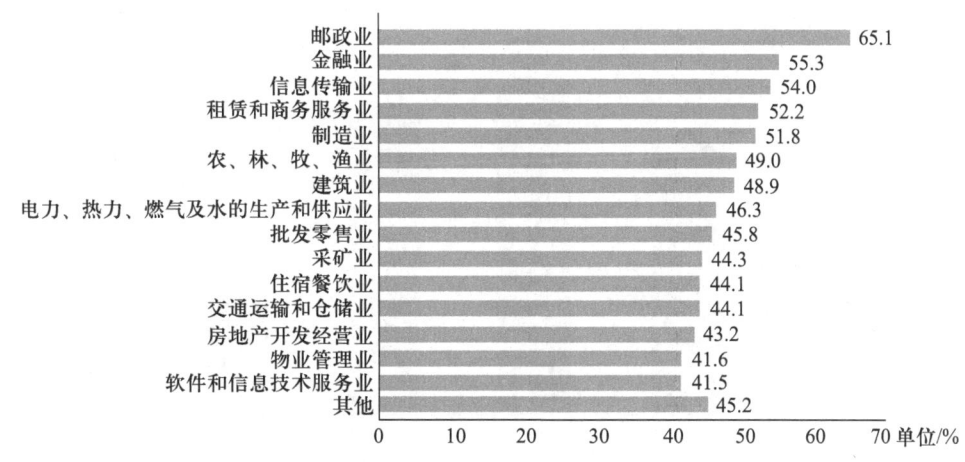

图 5-4　不同行业盈利小微企业分布

5.4　盈利能力与小微企业研发

创新研发活动有助于小微企业的发展。CMES 问卷询问了企业目前或曾经是否有产品或技术上的研发和创新活动。表 5-2 分析了高新技术小微企业研发创新对企业经营绩效的影响。有研发创新的高新技术小微企业资产收益率为 7.6%，盈利的小微企业占比为 50.0%；没有开展研发创新活动的小微企业资产收益率为 9.2%，超过有研发创新的小微企业 1.6%，盈利的小微企业占比为 53.0%，超过有研发创新的小微企业 3.0%，可能的原因是小微企业创新需要较大的资产投入，拉低了总资产收益率。

表 5-2　高新技术小微企业研发创新及其盈利能力　　　　　　　　　　　　　单位 /%

是否有研发创新	占比	资产收益率	盈利小微企业
有研发创新	75.6	7.6	50.0
无研发创新	24.4	9.2	53.0

5.5 盈利能力与小微企业年龄

图 5-5 显示了小微企业经营年限与经营绩效的关系。经营年限在 2 年 ~4 年的小微企业资产收益率最高，为 16.7%；经营年限在 5 年 ~10 年的小微企业资产收益率为 14.6%；经营年限在 1 年以下的小微企业资产收益率为 13.0%；经营年限在 11 年以上的小微企业资产收益率为 9.7%。

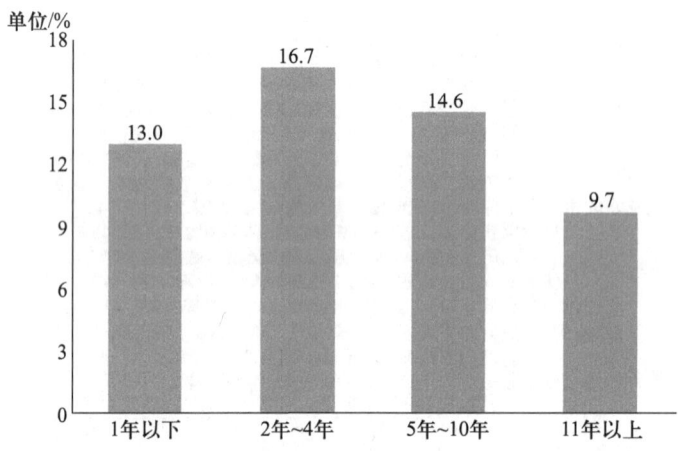

图 5-5　小微企业经营年限与资产收益率

图 5-6 显示了小微企业经营年限与小微企业盈利的关系。经营年限在 1 年以下的小微企业的盈利占比为 40.0%；经营年限在 2 年 ~4 年的小微企业的盈利占比为 49.7%；经营年限在 5 年 ~10 年的小微企业的盈利占比为 48.9%；经营年限在 11 年以上的小微企业的盈利占比为 50.2%。

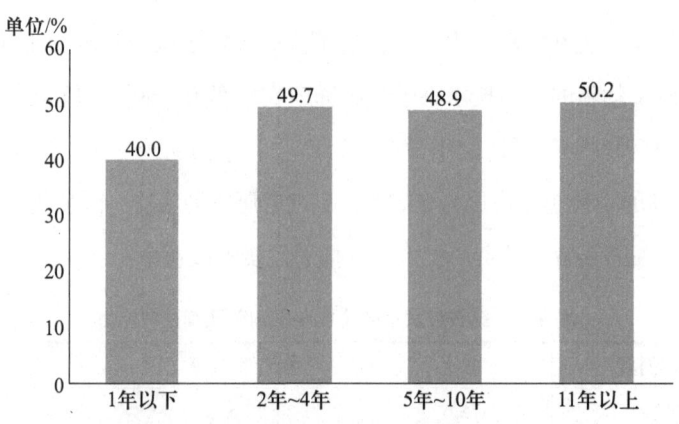

图 5-6　小微企业经营年限与盈利的关系

5.6 盈利能力与小微企业主特征

图 5-7 描述小微企业主管理风格对盈利能力的影响。研究发现，关系型管理风格企业主的小微企业盈利能力最高，达到 18.6%；领跑型管理风格企业主的小微企业资产收益率为 15.9%；权威型管理风格企业主的小微企业资产收益率为 12.8%；民主型管理风格企业主的小微企业资产收益率为 12.6%；专制型管理风格企业主的小微企业资产收益率为 10.7%；教练型管理风格企业主的小微企业资产收益率最低，为 8.2%。

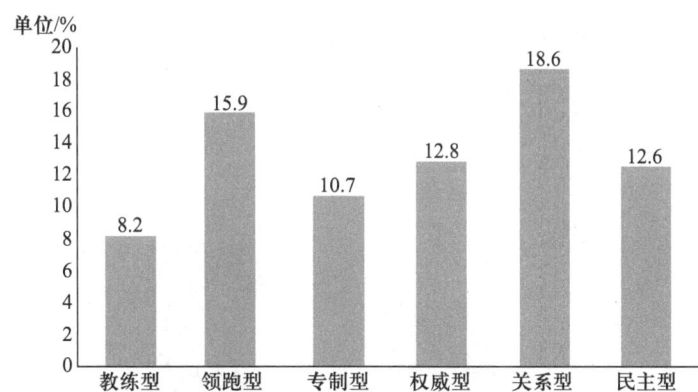

注：教练型管理风格企业主强调为未来培养人才；领跑型管理风格企业主强调设定很高的绩效标准；专制型管理风格企业主要求绝对服从；权威型管理风格企业主强调号召员工为企业奋斗；关系型管理风格企业主强调建立感情纽带、创造和谐关系；民主型管理风格企业主强调通过参与来达成共识。

图 5-7 小微企业主管理风格与资产收益率

图 5-8 描述了小微企业主管理风格与盈利小微企业占比的关系。研究发现，领跑型管理风格企业主的小微企业盈利占比最高，为 51.3%；关系型管理风格企业主的小微企业盈利占比为 51.0%；权威型管理风格企业主的小微企业盈利占比为 49.1%；民主型管理风格企业主的小微企业盈利占比 46.9%；专制型管理风格企业主的小微企业盈利占比为 46.7%；教练型管理风格企业主的小微企业盈利占比为 46.1%。以上结果说明，关系型和领跑型的管理风格更有助于小微企业盈利，而教练型的管理风格不利于小微企业的发展。

图 5-9 显示了企业主工作经历对小微企经营绩效的影响。没有相关工作经历的企业主所经营的小微企业，资产收益率为 11.1%；有相关工作经历的企业主所经营的小微企业，资产收益率为 15.2%。

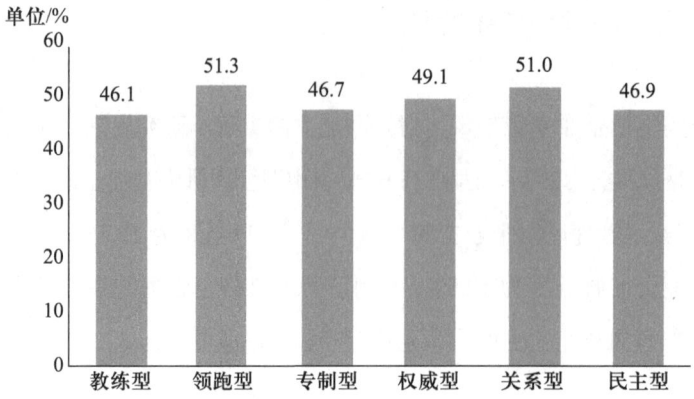

图 5-8 小微企业主管理风格与盈利小微企业占比

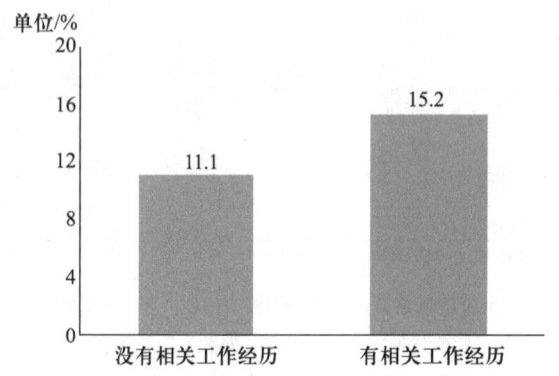

图 5-9 小微企业主工作经历与资产收益率

图 5-10 显示了企业主工作经历与盈利小微企业占比的关系。没有相关工作经历的企业主所经营的小微企业，盈利的占比为48.4%；有相关工作经历的企业主所经营的小微企业，盈利的占比为49.4%。上述研究结果表明，有相关工作经历的小微企业主所积累的经验能促进企业盈利。

图 5-11 显示了企业主创业经历对小微企经营绩效的影响。没有创业经历的企业主所经营的小微企业，资产收益率为13.3%；有创业经历的企业主所经营的小微企业，资产收益率为15.0%。

图 5-12 显示了企业主创业经历与盈利小微企业占比的关系。没有创业

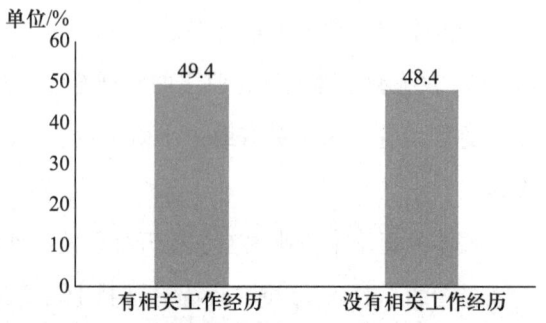

图 5-10 小微企业主工作经历与盈利小微企业占比

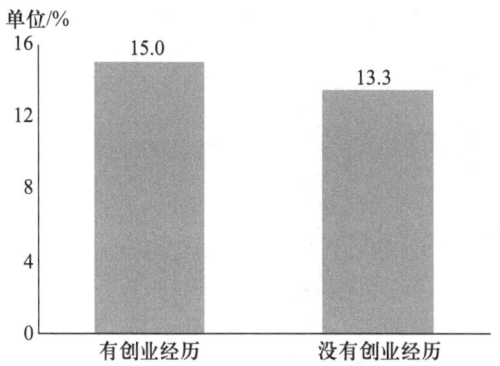

图 5-11 小微企业主创业经历与资产收益率

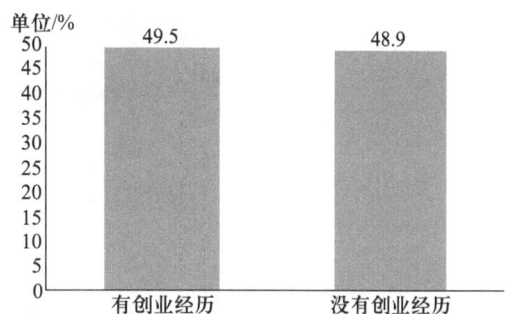

图 5-12 小微企业主创业经历与盈利小微企业占比

经历的企业主所经营的小微企业，盈利的占比为 48.9%；有创业经历的企业主所经营的小微企业，盈利的占比为 49.5%。上述研究结果表明，有创业经历的小微企业主所积累的管理经验能提升企业的盈利能力。

图 5-13 显示了企业主风险态度对小微企经营绩效的影响。持风险中性态度的企业主所经营的小微企业，资产收益率为 15.2%；偏好风险的企业主所经营的小微企业，资产收益率为 15.1%；厌恶风险的企业主所经营的小微企业，资产收益率为 13.1%。

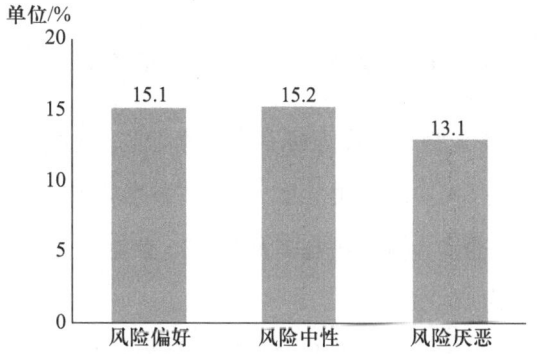

图 5-13 小微企业主风险态度与资产收益率

图 5-14 显示了企业主风险态度与盈利小微企业占比的关系。持风险中性态度的企业主所经营的小微企业，盈利的占比为 53.3%；偏好风险的企业主所经营的小微企业，盈利的占比为 47.9%；厌恶风险的企业主所经营的小微企业，盈利的占比为 47.7%。上述研究结果表明，持风险中性态度的企业主经营企业相对稳健，获得的收益最高。

图 5-15 显示了小微企业主受教育程度与资产收益率之间的关系。没有受过教育的小微企业主，其小微企业资产收益率为 −6.1%；企业主受教育程度为小学的小微企业，资

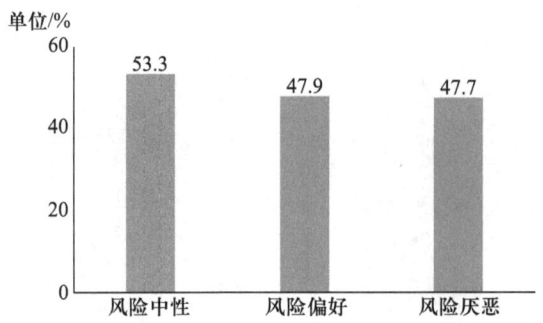

图 5-14　小微企业主风险态度与盈利小微企业占比

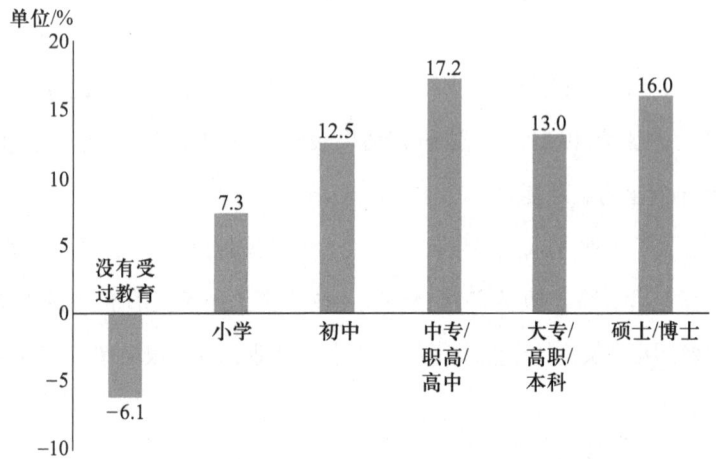

图 5-15　小微企业主受教育程度与资产收益率

产收益率为 7.3%；企业主受教育程度为初中的小微企业，资产收益率为 12.5%；企业主
受教育程度为中专 / 职高 / 高中的小微企业，资产收益率为 17.2%；企业主受教育程度为
大专 / 高职 / 本科的小微企业，资产收益率为 13.0%；企业主受教育程度为硕士 / 博士的
小微企业，资产收益率为 16.0%。

　　图 5-16 显示了小微企业主受教育程度与盈利小微企业占比的关系。没有受过教育
的小微企业主的企业，盈利占比为 33.1%；小微企业主受教育程度为小学的企业，盈利占
比为 44.5%；小微企业主受教育程度为初中的企业，盈利占比为 47.5%；小微企业主受教
育程度为中专 / 职高 / 高中的企业，盈利占比为 50.8%；小微企业主受教育程度为大专 /
高职 / 本科的企业，盈利占比为 48.9%；小微企业主受教育程度为硕士 / 博士的企业，盈
利占比为 49.9%。数据表明，受过教育的小微企业主的企业与未受过教育的小微企业主
的企业盈利能力差距较大。同时，小微企业主的受教育程度对小微企业的盈利能力也有
积极的影响。

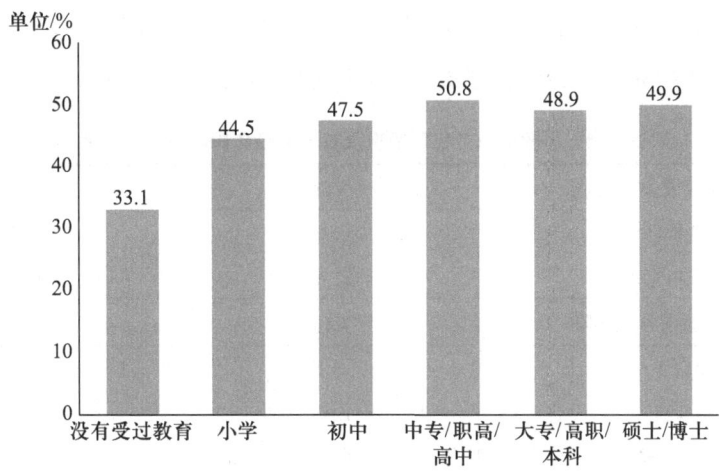

图 5-16　小微企业主受教育程度与盈利小微企业占比

表 5-3 研究了小微企业主社会关系与企业绩效之间的关系。75.2% 的小微企业主没有社会关系；16.2% 的小微企业主曾经有社会关系；8.6% 的小微企业主现在有社会关系。没有社会关系的小微企业主，资产收益率为 14.6%，盈利小微企业占比为 48.2%；曾经有社会关系的小微企业主，资产收益率为 11.2%，盈利小微企业占比为 47.8%；现在有社会关系的小微企业主，资产收益率为 15.4%，盈利小微企业占比为 55.8%。

表 5-3　小微企业主社会关系与资产收益率　　　　　　　　　　　单位 /%

有无社会关系	占比	资产收益率	盈利小微企业占比
没有社会关系	75.2	14.6	48.2
曾经有社会关系	16.2	11.2	47.8
现在有社会关系	8.6	15.4	55.8

表 5-4 显示了小微企业主的任职情况与资产收益率的关系。小微企业主亲自管理的企业，资产收益率为 14.0%，盈利小微企业占比为 49.2%；非小微企业主亲自管理的企业，资产收益率为 11.6%，盈利小微企业占比为 48.5%。这说明，小微企业主亲自管理有利于提升小微企业的盈利能力。

同时，表 5-4 刻画了小微企业主参与管理年限和资产收益率的关系。管理年限为 3 年 ~5 年的小微企业主管理的小微企业的资产收益率为 17.4%，盈利小微企业占比为 49.0%。管理年限为 10 年 ~15 年的小微企业主管理的小微企业的资产收益率为 16.3%，盈利小微企业占比为 51.1%；管理年限为 6 年 ~9 年的小微企业主管理的小微企业的资产收益率为 15.9%，盈利小微企业占比为 51.3%；管理年限为 1 年以下的小微企业主管理的小微企业的资产收益率为 8.1%，盈利小微企业占比为 36.2%；管理年限为 15 年以上的小微企业主管理的小微企业的资产收益率为 7.7%，盈利小微企业占比为 49.7%。

表 5-4　小微企业主任职情况及参与管理年限与资产收益率　　　　　单位 /%

企业主是否参与管理	资产收益率	盈利小微企业占比
亲自管理	14.0	49.2
非亲自管理	11.6	48.5
企业主参与管理年限	资产收益率	盈利小微企业占比
1 年以下	8.1	36.2
1 年 ~2 年	12.2	40.1
3 年 ~5 年	17.4	49.0
6 年 ~9 年	15.9	51.3
10 年 ~15 年	16.3	51.1
15 年以上	7.7	49.7

可以看出，小微企业主参与管理年限与企业盈利能力为倒 U 形关系。企业主参与管理年限较短时，企业盈利状况较差。随着管理经验的积累，企业盈利能力逐渐提升。然而，企业主参与管理的年限也并非越长越好，时间过长也可能不利于企业盈利能力的提升。

图 5-17 描述了小微企业主的持股情况与企业资产收益率的关系。企业主持股为 30% 以下的小微企业，资产收益率为 13.8%；企业主持股在 31%~50% 的小微企业，资产收益率为 10.5%；企业主持股在 51%~99% 的小微企业，资产收益率为 8.0%；企业主持股为 100% 的小微企业，资产收益率为 18.2%。

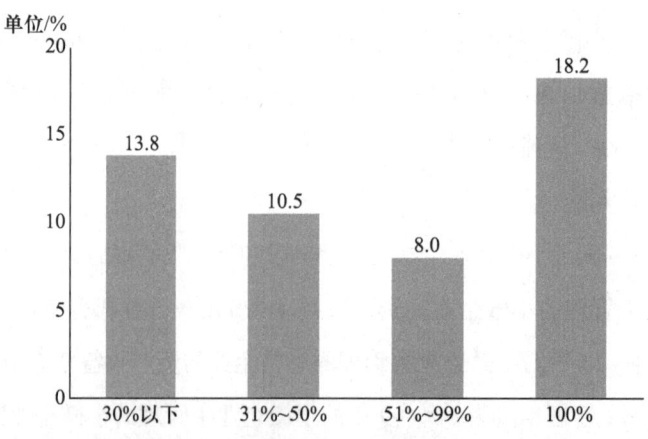

图 5-17　小微企业主持股情况与资产收益率

图 5-18 描述了小微企业主的持股情况与盈利企业占比之间的关系。企业主持股为 30% 以下的小微企业，盈利小微企业占比为 53.6%；企业主持股在 31%~50% 的小微企业，盈利小微企业占比为 47.6%；企业主持股在 51%~99% 的小微企业，盈利小微企业占比为 46.4%；企业主持股为 100% 的小微企业，盈利小微企业占比为 49.9%。

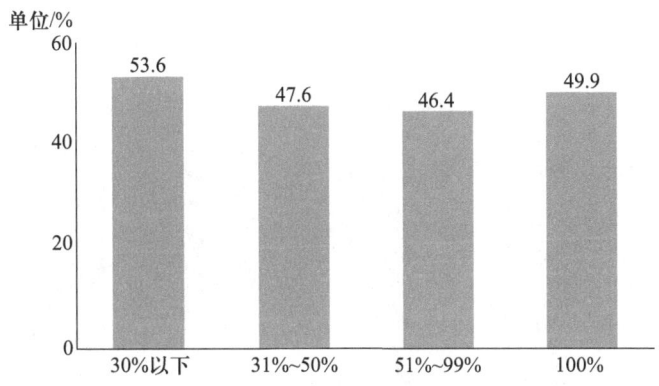

图 5-18　小微企业主持股与盈利小微企业占比

可见，企业主全部控股的小微企业盈利能力最好，同时，虽然持股 30% 以下的小微企业占比较低，但是其盈利能力表现优异。而如果大股东处于绝对控股地位但又不是完全持股时，有可能弱化小微企业的盈利能力。

图 5-19 分析了小微企业主获得企业的方式与企业盈利能力之间的关系。由企业主直接创立的小微企业平均资产收益率为 14.1%，由企业主购买的小微企业平均资产收益率为 12.9%；企业主通过继承 / 赠予获得的小微企业平均资产收益率为 10.5%；通过其他方式获得的小微企业平均资产收益率为 5.8%。

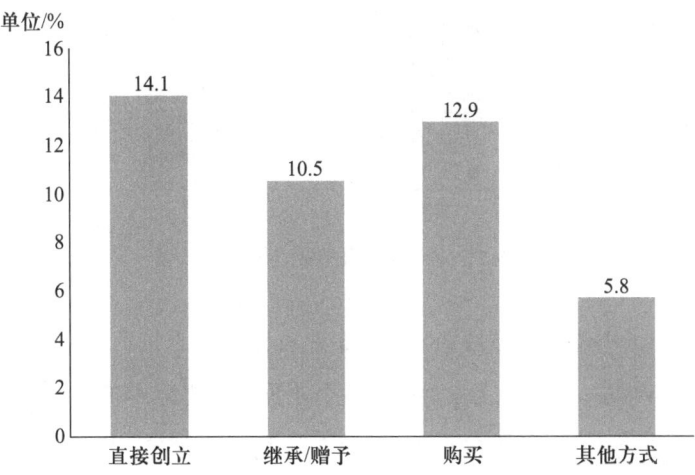

图 5-19　小微企业主获得企业的方式与资产收益率

图 5-20 分析了小微企业主获得企业的方式与企业盈利占比之间的关系。由企业主直接创立的小微企业盈利占比为 49.1%；由企业主继承 / 赠予获得的小微企业盈利占比为 49.7%；而通过购买获得的小微企业盈利占比为 43.4%；通过其他方式获得的小微企业盈利占比为 46.8%。这表明企业主直接创立的小微企业盈利能力更强。

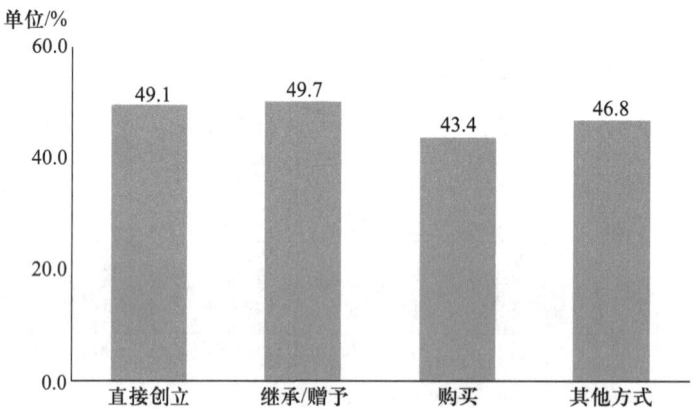

图 5-20　小微企业主获得企业的方式与盈利小微企业占比

图 5-21 关注了小微企业主性别对企业平均资产收益率的影响。企业主为男性的小微企业，平均资产收益率为 15.3%；企业主为女性的小微企业，平均资产收益率为 7.1%。

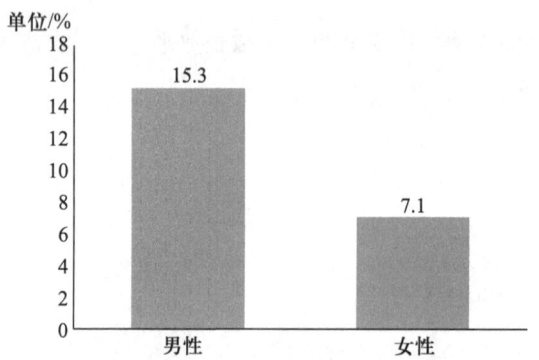

图 5-21　小微企业主性别与资产收益率

图 5-22 关注了小微企业主性别与盈利企业占比之间的关系。企业主为男性的小微企业盈利占比为 49.4%；企业主为女性的小微企业盈利占比为 44.8%。这表明，企业主为男性的小微企业与企业主为女性的小微企业相比，盈利能力有一些差别。

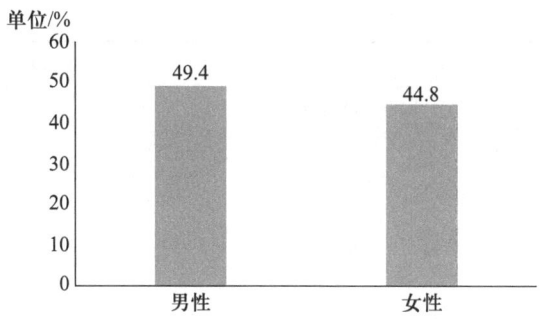

图 5-22　小微企业主性别与盈利小微企业占比

5.7　小微企业利润再投资

表 5-5 报告了不同行业小微企业利润再投资情况。小微企业的利润再投资比例均值为 38.7%。其中，从事采矿业的小微企业再投资比例最高，达 59.0%；从事农、林、牧、渔业，金融业和信息传输业的小微企业，利润再投资比例分别为 46.0%、45.8% 和 42.2%；从事批发零售业、建筑业、交通运输和仓储业的小微企业，利润再投资比例分别为 40.6%、38.7% 和 38.6%；从事邮政业的小微企业的利润再投资比例最低，只有 7.7%；从事软件和信息技术服务业，房地产开发经营业，物业管理业，电力、热力、燃气及水的生产和供应业，住宿和餐饮业，租赁和商务服务业的小微企业，利润再投资比例介于 25%~37%。

表 5-5　小微企业再投资分布　　　　　　　　　　　　　　　单位 /%

行业	2014 年利润再投资比例
采矿业	59.0
农、林、牧、渔业	46.0
金融业	45.8
信息传输业	42.2
制造业	40.9
批发零售业	40.6
建筑业	38.7
交通运输和仓储业	38.6
软件和信息技术服务业	37.0
房地产开发经营业	36.8
物业管理业	35.8

续表

行业	2014 年利润再投资比例
电力、热力、燃气及水的生产和供应业	34.8
住宿和餐饮业	26.2
租赁和商务服务业	25.7
邮政业	7.7
其他	39.0
利润再投资比例均值	38.7

专题 5-1 管理制度与资产收益率

表 5-6 报告了小微企业管理制度对企业资产收益率的影响。管理制度非常健全的小微企业资产收益率和盈利小微企业的占比分别为 11.2% 和 52.1%；管理制度比较健全的小微企业资产收益率和盈利小微企业的占比分别为 12.1% 和 49.1%；管理制度一般的小微企业资产收益率和盈利小微企业的占比分别为 10.3% 和 44.0%；管理制度不太健全的小微企业资产收益率和盈利小微企业的占比分别为 8.9% 和 44.3%；管理制度非常不健全的小微企业资产收益率和盈利小微企业的占比分别为 7.4% 和 56.6%。

表 5-6 小微企业管理制度与资产收益率　　　　　　单位 /%

管理制度健全程度	占比	资产收益率	盈利小微企业占比
非常健全	20.3	11.2	52.1
比较健全	48.4	12.1	49.1
一般	22.7	10.3	44.0
不太健全	7.5	8.9	44.3
非常不健全	1.1	7.4	56.6

综合数据表明，我国大部分小微企业的管理制度较为健全，虽然管理制度非常不健全的小微企业的盈利占比较高，但其资产收益率较低，说明其盈利质量不高。总的来看，健全的管理制度有利于提高小微企业的资产收益率。

表 5-7 反映了小微企业管理制度执行情况对企业资产收益率的影响。如表 5-7 所示，执行管理制度非常严格的小微企业资产收益率和盈利小微企业的占比分别为 16.4% 和 51.8%；执行管理制度比较严格的小微企业资产收益率和盈利小微企业的占比分别为 13.4% 和 50.3%；执行管理制度一般的小微企业资产收益率和盈利小微企业的占比分别为

11.0% 和 43.3%；执行管理制度较弱的小微企业资产收益率和盈利小微企业的占比分别为 11.6% 和 46.0%；管理制度形同虚设的小微企业资产收益率和盈利小微企业的占比分别为 7.6% 和 44.1%。这表明我国大部分小微企业的管理制度执行较为严格，而且管理制度的执行越严格，小微企业的资产收益率越高。

表 5-7　小微企业管理制度执行情况与资产收益率　　　　　　　　单位 /%

管理制度执行情况	占比	资产收益率	盈利小微企业占比
非常严格	20.0	16.4	51.8
比较严格	44.6	13.4	50.3
一般	30.4	11.0	43.3
较弱	3.8	11.6	46.0
形同虚设	1.2	7.6	44.1

专题 5-2　小微企业互联网销售状况

图 5-23 描述了通过互联网销售的小微企业占比。通过互联网销售的小微企业占比为 24.4%，没有通过互联网销售的小微企业占比为 75.6%。

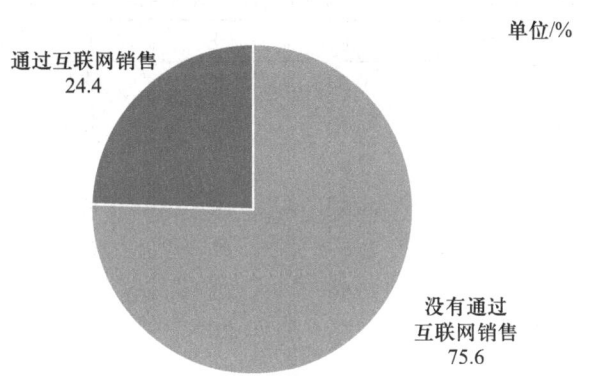

图 5-23　小微企业互联网销售占比分布

图 5-24 刻画了采用互联网销售的小微企业区域分布情况。东部地区采用互联网销售的小微企业占比最高，为 28.5%，超过全国平均水平。中部地区采用互联网销售的小微企业占比为 20.4%。西部地区采用互联网销售的小微企业占比最低，仅为 18.7%。这表明经济较为发达地区的小微企业采用互联网销售的占比较高。

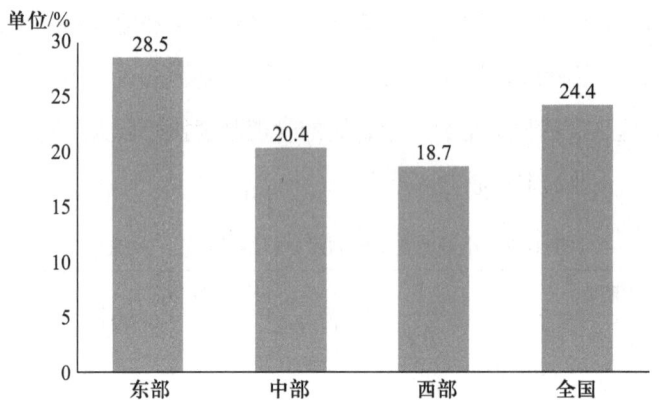

图 5-24 不同区域采用互联网销售的小微企业分布

表 5-8 描述了不同省（自治区、直辖市）采用互联网销售的小微企业占比。中心按照采用互联网销售的小微企业占比从高到低分为四个等级，北京、山东、浙江、湖北、上海、江苏、福建、广东和辽宁采用互联网销售的小微企业占比较高，为 25.2%~40.5%；河北、湖南、河南、山西、云南、陕西、天津、四川和甘肃采用互联网销售的小微企业占比，为 20.9%~24.0%；重庆、宁夏、吉林、江西、黑龙江和安徽采用互联网销售的小微企业占比，为 11.3%~18.9%；广西、贵州、内蒙古和海南采用互联网销售的小微企业占比较低，为 2.8%~9.9%。

表 5-8 各省（自治区、直辖市）采用互联网销售的小微企业占比　　　　单位 /%

序号	省（自治区、直辖市）	占比	序号	省（自治区、直辖市）	占比
1	北京	40.5	15	陕西	22.5
2	山东	33.3	16	天津	21.9
3	浙江	27.8	17	四川	21.4
4	湖北	26.5	18	甘肃	20.9
5	上海	25.6	19	重庆	18.9
6	江苏	25.6	20	宁夏	16.2
7	福建	25.5	21	吉林	15.9
8	广东	25.2	22	江西	14.7
9	辽宁	25.2	23	黑龙江	12.7
10	河北	24.0	24	安徽	11.3
11	湖南	23.3	25	广西	9.9
12	河南	23.2	26	贵州	8.4
13	山西	23.1	27	内蒙古	7.7
14	云南	22.7	28	海南	2.8

注：调查样本不包括青海、新疆、西藏和港、澳、台地区。

表 5-9 描述了互联网营销对小微企业盈利的影响。有互联网销售的小微企业的资产收益率为 9.1%，盈利小微企业占比为 50.6%；没有互联网销售的小微企业的资产收益率为 7.1%，盈利小微企业占比为 47.5%。

表 5-9　互联网销售和盈利小微企业占比　　　　　　　　　　　单位 /%

互联网销售	资产收益率	盈利小微企业占比
有	9.1	50.6
无	7.1	47.5

6 小微企业纳税分析

尽管小微企业对我国经济与社会发展有重要作用，但在经济环境状况欠佳、市场竞争日趋激烈与政府优惠政策乏力的严峻形势下，我国小微企业生产经营较为困难。调查发现，税费等负担过重是小微企业经营发展过程中遇到的主要困难。本章基于CMES数据，主要在纳税额和纳税负担方面描述了小微企业的纳税情况。总体来看，我国小微企业税收贡献大，但税费负担较重。

6.1 小微企业征税方式

我国小微企业征税方式主要有查账征收和核定征收、代扣代缴（代收代缴）征收、自核自缴征收及委托代征。其中核定征收又包括三种征收方式：查定征收、查验征收及定期定额征收。

图6-1反映了小微企业的纳税方法。54.4%的小微企业采用查账征收的征税方式，43.3%的企业采用核定征收的征税方式，其中22.3%的企业采用查定征收或查验征收方式，21.0%的企业采用定期定额征收方式。可见小微企业征税方式以查账征收为主。

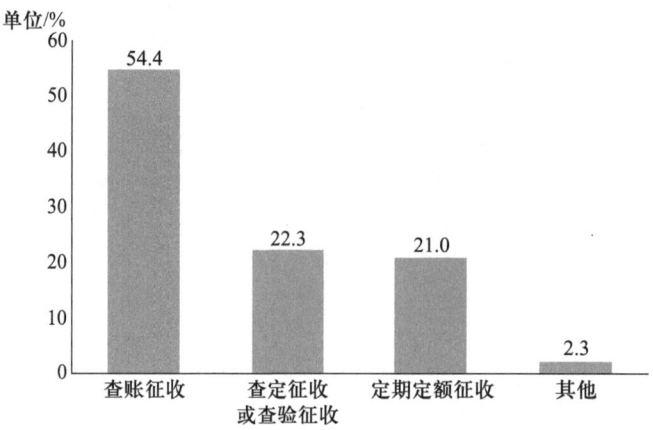

图 6-1 小微企业征税方式

6.2 小微企业纳税情况

图 6-2 反映了 2014 年小微企业的纳税构成。增值税、营业税和企业所得税是小微企业的主要缴纳税种。其中，增值税占比最大，为 38.2%；然后为营业税，占比为 26.3%；企业所得税占比为 15.2%。

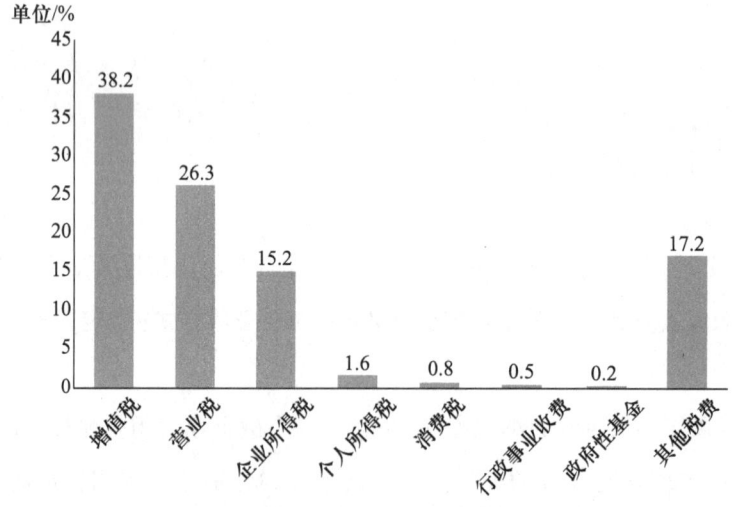

注：其他税费包含房产税、土地增值税、印花税等。

图 6-2 小微企业纳税构成

图 6-3 反映了 2014 年小微企业的纳税总额。2014 年小微企业纳税总额为 23 599 亿元，其中缴纳增值税 9 007 亿元、营业税 6 215 亿元、企业所得税 3 594 亿元。

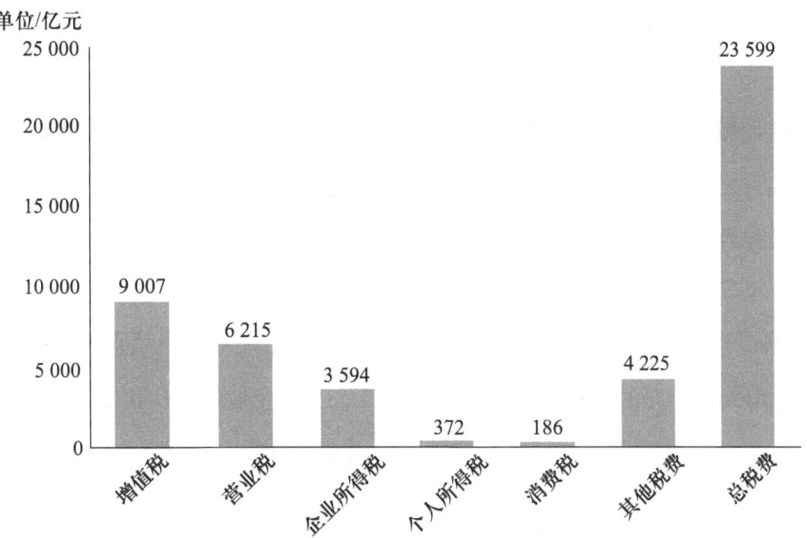

单位/亿元

注：其他税费包含房产税、土地增值税、印花税等。

图 6-3　小微企业纳税总额

6.3　小微企业税收贡献

表 6-1 是 2014 年小微企业对全国总税收的贡献情况。据 CMES 数据核算，小微企业纳税总额税收贡献率为 19.8%。[①] 营业税和增值税税收贡献率较高，分别为 35.0% 和 29.2%。这说明小微企业对我国总税收的税收贡献率很高。

表 6-1　小微企业税收贡献情况

纳税情况	均值 / 万元	缴税总额 / 亿元	总税收收入 / 亿元	税收贡献率 / %
营业税	4.34	6 215	17 782	35.0
增值税	6.29	9 007	30 850	29.2
企业所得税	2.51	3 594	24 632	14.6
个人所得税	0.26	372	7 377	5.0
消费税	0.13	186	8 907	2.1
⋮	⋮	⋮	⋮	⋮
纳税总额	16.48	23 599	119 158	19.8

注：我国总税收数据来源于国家统计局 2014 年数据。

[①] 大中型工业企业 2012 年纳税总额税收贡献率为 38.4%。数据来源于原国家工商行政管理总局统计数据。

6.4　小微企业纳税负担

表 6-2 比较了 2014 年小微企业与全部上市公司及上市公司中的中央企业、地方国有企业、民营企业和集体企业的纳税额占营业收入、纳税额占总资产及纳税额占利润的比重。可以看出，2014 年小微企业纳税额占营业收入的比重为 3.9%，远高于全部上市公司的比重，也高于上市公司中的其他企业；从纳税额占总资产的比重来看，2014 年小微企业为 3.4%，远高于上市公司；从纳税额占利润的占比来看，小微企业占比 35.8%，超过所有的上市公司。总的来说，与上市公司相比，小微企业纳税负担较重。

表 6-2　小微企业税费负担　　　　　　　　单位 /%

	纳税额占营业收入比重	纳税额占总资产比重	纳税额占利润比重
小微企业	3.9	3.4	35.8
全部上市公司	2.5	0.5	28.4
中央企业	3.1	0.4	29.3
地方国有企业	1.8	0.6	27.1
民营企业	1.8	1.1	28.8
集体企业	1.9	1.1	24.2

注：数据年份均为 2014 年。小微企业数据源于 CMES，其他企业数据源于锐思金融数据库。

2015 年 CMES 调查询问了小微企业的税费负担程度。问卷对所有小微企业进行了询问。图 6-4 显示，超过 1/3 的小微企业认为税费负担过重；认为税费负担一般的小微企业有 44.3%；认为税费负担轻的企业仅有 19.4%。这说明我国小微企业整体税费负担较重。

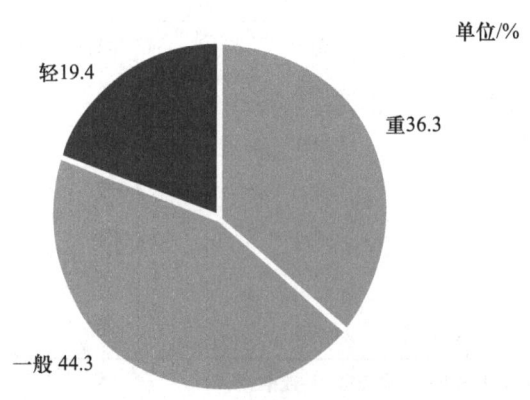

图 6-4　小微企业税费负担程度

6.5　小微企业政策期待

近年来，小微企业存在融资难、用工难、税收重等问题，小微企业最希望政府出台什么政策是我们比较关心的问题。2015 年 CMES 调查专门询问了小微企业期待政府出台的政策。从图 6-5 可以看出，52.0% 的小微企业希望在税费方面得到政府的优惠。这说明比起融资难问题，绝大多数小微企业更渴望政府进一步加大税费优惠力度，也说明了当前小微企业税费负担较重。

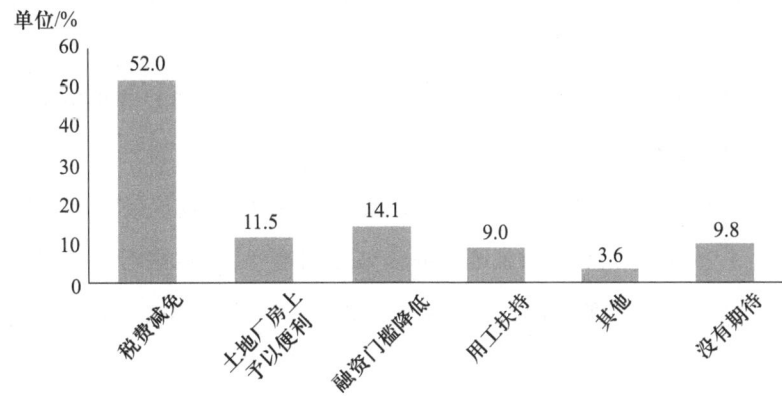

图 6-5　小微企业最期待政府出台的政策

6.6　小微企业税费减免

6.6.1　小微企业税收优惠政策实施情况

关于税费减免情况，我们比较关心的是小微企业是否关注或知晓一些税费优惠政策和企业是否享受到的优惠政策。

当前小微企业涉及的税费优惠政策主要有以下四种。

一是"对小微企业免征 42 项行政事业性收费"。根据财政部以及国家发展和改革委员会下发的《关于取消、停征和免征一批行政事业性收费的通知》，自 2015 年 1 月 1 日起，对小微企业免征 42 项中央级部门设立的行政事业性收费。

二是"月销售额 3 万元以下小微企业免征收政府性基金"。根据财政部、国家税务总局联合印发的《关于对小微企业免征有关政府性基金的通知》，自 2015 年 1 月 1 日起至

2017 年 12 月 31 日，免征小微企业有关政府性基金。

三是 "对月销售额 2 万元（含本数，下同）至 3 万元的增值税小规模纳税人，免征增值税；对月营业额 2 万元至 3 万元的营业税纳税人，免征营业税"。根据财政部和国家税务总局下发的《关于进一步支持小微企业增值税和营业税政策的通知》和 2015 年 8 月 19 日召开的国务院常务会议的决定，此优惠政策实施时间为 2014 年 10 月 1 日起至 2015 年 12 月 31 日。

四是 "小微企业年应纳税所得额在 20 万元（含 20 万元）以内将减半征收企业所得税"。根据 2015 年 2 月 25 日召开的国务院常务会议的决定，此优惠政策实施时间为 2015 年 1 月 1 日起至 2017 年 12 月 31 日。

图 6-6 反映了小微企业对税收政策的了解情况。高达 60.3% 的小微企业不关注或者没听说过税收优惠政策；28.6% 的企业知道并了解 "月销售额不超过 3 万元的小微企业暂免征收营业税（或增值税）" 这一政策；22.5% 的企业比较了解 "年应纳所得额在 20 万元（含 20 万元）以内减半征收企业所得税"。总体来看，了解有关税费优惠政策的小微企业占比较低，因此，相关政府部门应加大对小微企业税收优惠政策的宣传。

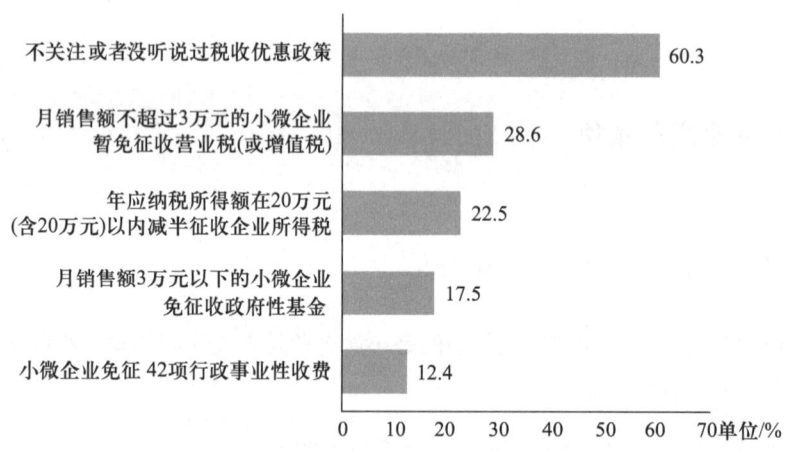

图 6-6　小微企业了解的税费优惠政策的情况

图 6-7 是小微企业了解税费优惠政策的途径。"政府相关部门" 和 "媒体渠道" 是小微企业了解相关政策的主要途径，分别占比 20.5% 和 15.5%。这说明政府相关部门的宣传是有效的，但是 20.5% 的占比说明政府相关部门仍然需要加大对税收优惠政策的宣传力度。

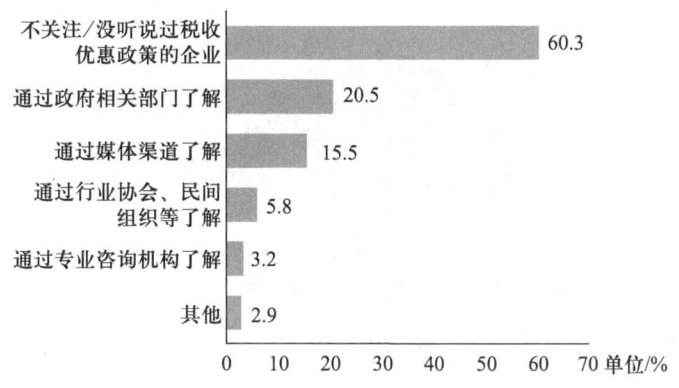

图 6-7 小微企业对税费优惠政策的了解途径

图 6-8 是小微企业实际享受到的税费优惠政策情况。高达 80.1% 的小微企业没有享受到有关营业税、增值税、企业所得税、政府性基金和行政事业性收费等优惠政策。

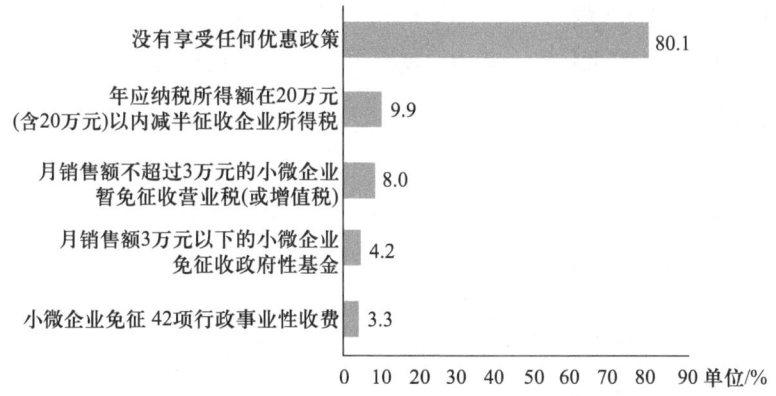

图 6-8 小微企业是否享受到税费优惠政策情况

对 2015 年 CMES 调查数据的分析发现，税费优惠政策的实施存在"错配"现象。在符合"起征点以下暂免征收营业税或增值税"这一税收优惠条件的小微企业中，有 26.2% 的小微企业未实际享受到，而在享受到税费优惠政策的小微企业中，有高达 48.8% 的企业实际并不符合条件。

6.6.2 小微企业税费减免情况

除了上述有关增值税、营业税、企业所得税等优惠政策，还有关于印花税等其他针对小微企业的税费优惠政策。总的来说，在所有受访的小微企业中，有 33.5% 的企业享受税费优惠政策，具体见图 6-9。

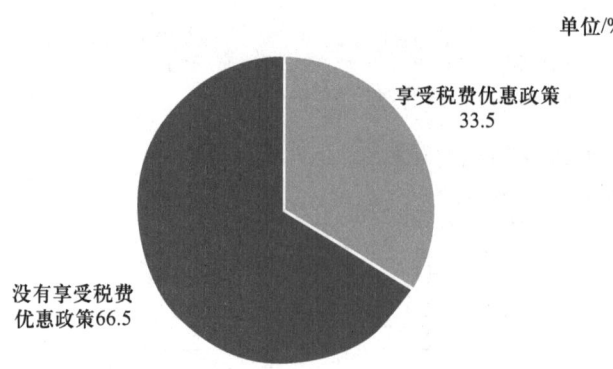

单位/%

享受税费优惠政策
33.5

没有享受税费
优惠政策66.5

图 6-9　是否享受税费优惠政策小微企业占比

对 2015 年 CMES 调查数据的核算可得，在享受税费优惠政策的小微企业中，2014 年，平均每户享受税费优惠总额为 4.38 万元。

图 6-10 是小微企业对我国目前实施的税费减免政策效果的评价情况。超过 30% 的小微企业认为减税效果好，认为减税效果一般的企业占比为 39.0%。通过计算可知，33.5% 享受税费优惠政策的小微企业中，仅有 17% 的企业认为目前实施的税费减免政策效果好，具体见图 6-9。

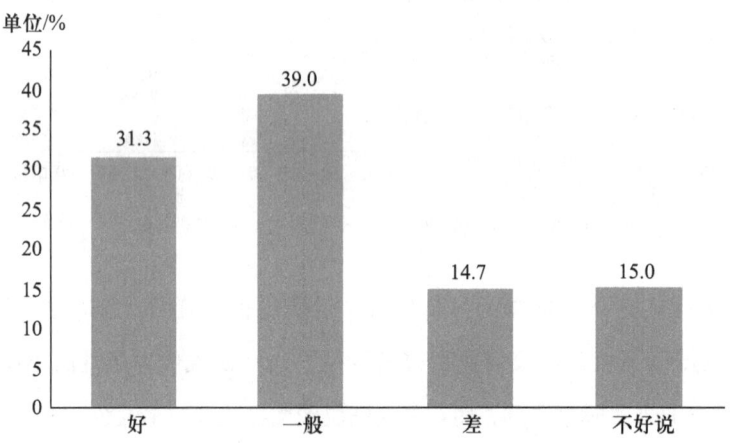

图 6-10　小微企业对税费减免政策效果的评价

专题 6-1　提高小微企业税收起征点，促进小微企业成长

增长理论表明税收是影响经济增长的重要因素，税收较重不利于企业进行研究开发

和风险资本投资，进而不利于经济增长。调查数据表明，我国小微企业税收贡献率大，但税费负担较重。小微企业作为推进国民经济发展的生力军，未来可以通过提高税收起征点的方式促进小微企业稳健发展，以使其在供给侧结构性改革和推进国民经济与社会发展方面发挥更为重要的作用。本专题主要从不同起征点下税收优惠情况、提高起征点对促进就业与经济增长的影响及增加税收的影响等几个方面进行剖析。

专题6-1-1 不同起征点下的税收优惠

图6-11核算了不同起征点下小微企业应缴纳的营业税、增值税及其附加。[①] 以2万元起征点计算，小微企业应缴纳的营业税、增值税及其附加为10 852亿元，平均每户小微企业应缴纳16 619元。有79.9%的小微企业在起征点以下。同理可以推算出，当起征点提高到3万元时，85.8%的小微企业无需缴纳增值税、营业税及其附加，在其他条件不变的情况下，国家税收收入为10 412亿元，比2万元起征点税收收入减少440亿元。

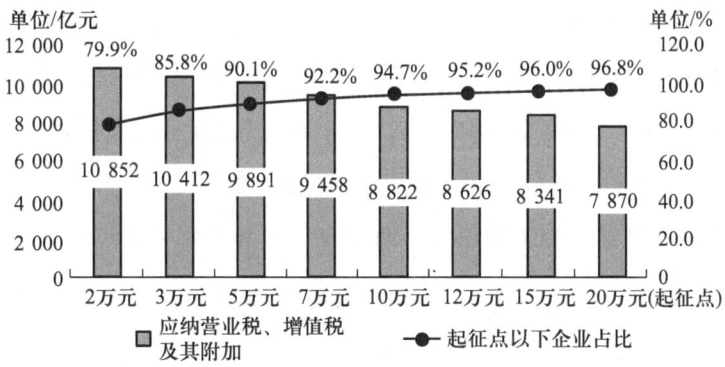

图6-11　不同起征点下小微企业应缴纳营业税、增值税及其附加

为进一步促进小微企业发展，国家对小微企业税收政策进行了相应调整。2014年10月1日前，营业税和增值税起征点为5 000元~20 000元；[②] 自2014年10月1日起，起征点调整为3万元。[③] 国家税务总局数据显示，2014年享受暂免征收增值税和营业税政策的小微企业为2 200万户，共计减免税款511亿元。由于调整前起征点为5 000元~20 000元，

[①] 应纳营业税、增值税及其附加＝营业收入（销售额）× 税率。根据《中华人民共和国营业税暂行条例》及实施细则的规定，不同行业按照不同税率征收。小规模纳税人增值税税率为3%。营业税、增值税附加包含城建税、教育费附加。城建税实行地区差别比例税率，其中所在地区为市区的按照营业税或增值税的7%收取，县城和镇为5%，农村为1%。教育费附加按照营业税或增值税的3%收取。为便于计算，报告中税率为4%。

[②] 隗福宾编：《增值税政策法规分类汇编与解读》，立信会计出版社2017年版，第351~352页。

[③] 隗福宾编：《增值税政策法规分类汇编与解读》，立信会计出版社2017年版，第10~11页。

因此，采用 2015 年 CHFS 数据核算时，中心分别计算了起征点下限和上限的情况，即 5 000 元起征和 20 000 元起征时小微企业受惠数量和优惠额度。按照调整前起征点上限 20 000 元计算，共有 379 万户小微企业营业额（销售额）处于 20 000 元~30 000 元，享受税收优惠额为 110 亿元；按照调整前起征点下限 5 000 元计算，共有 2 191 万户小微企业营业额（销售额）处于 5 000 元~30 000 元，享受税收优惠额为 332 亿元，如表 6-3。

表 6-3　营业税、增值税起征点调整后优惠情况

	2014 年（10 月~12 月）	
	小微企业受惠数量 / 万户	优惠额 / 亿元
起征点	2 200	511
20 000 元起征	379	110
5 000 元起征	2 191	332

专题 6-1-2　提高起征点，促进居民就业

图 6-12 反映了 2013 年 7 月到 2015 年 5 月个体工商户固定资产投资的变化情况。根据财政部和国家税务总局下发的《关于进一步支持小微企业增值税和营业税政策的通知》，自 2014 年 10 月 1 日起至 2015 年 12 月 31 日，小微企业增值税和营业税起征点提高至月营业额 3 万元。从图 6-12 可以看出，起征点调整后（2014 年 10 月 1 日）个体工商户固定资产投资增速有加快的趋势，调整前平均增速为 -10.5%，调整后平均增速提高到 25.4%。

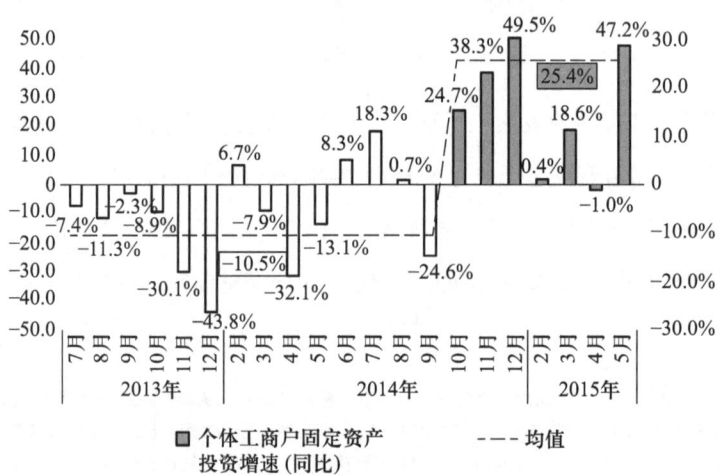

图 6-12　个体工商户固定资产投资增速

数据来源：国家统计局网站

图 6-13 刻画了 2014 年 7 月至 2014 年 12 月新注册个体户数量的变化情况。起征点调整前，2014 年 7 月、8 月、9 月新注册个体户数量分别为 80.32 万、75.54 万、75.80 万，同比增速为 4.0%、–3.8% 和 2.5%。调整后，同年 10 月、11 月、12 月新注册个体户数量分别为 68.46 万、103.89 万、93.60 万，同比增速为 13.3%、23.6% 和 4.9%。可见，起征点调整后，新注册个体户的数量在增加。

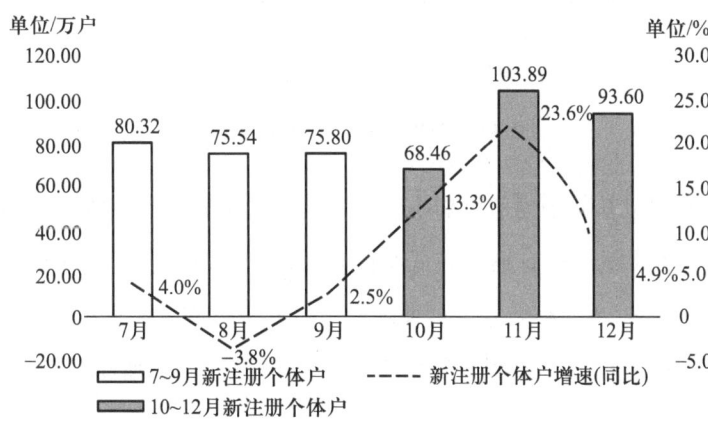

图 6-13 新注册个体户

数据来源：原国家工商行政管理总局市场主体发展报告，2014 年 7—12 月

虽然由图 6-12 和图 6-13 可以看出增值税和营业税起征点提高后，个体工商户固定资产投资增速加快，新注册个体户数量也在增加，但这有可能是商事制度改革后，登记要求降低和程序简化的结果，并不能得出是由于起征点提高的影响的结论。因此，报告中采用 Linear Probit 模型 [①] 分析起征点变化对小微企业的影响。

图 6-14 测算了给定起征点后小微企业死亡率的变化情况。征税情况下小微企业的死亡率低于不征税条件下小微企业的死亡率。不征税条件下，小微企业每年自然死亡率为 16.71%。提高起征点相当于降低企业的生产成本，随着起征点的提高，小微企业死亡率下降。当增值税、营业税起征点为 2 万元时，对应的小微企业死亡率为 16.82%；起征点提高到 3 万元时，小微企业死亡率为 16.78%；起征点为 10 万元时，小微企业死亡率下降到 16.74%；之后再提高起征点，企业死亡率下降的速度趋于平缓。这说明起征点的提高会降低小微企业死亡率，但起征点提高到 10 万元后，对小微企业死亡率降低的影响趋于稳定。

---

① 具体回归结果见附录。

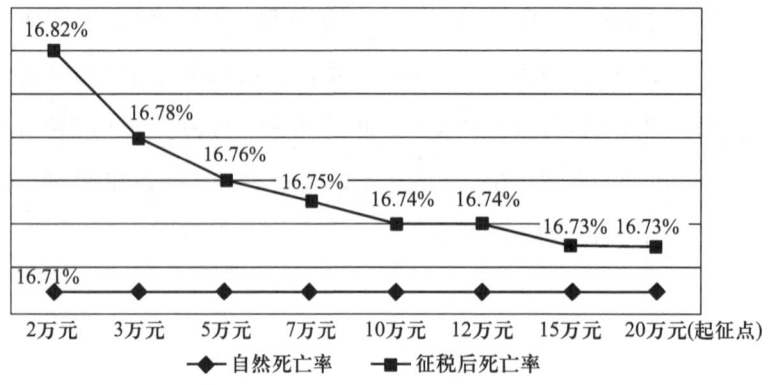

图 6-14　不同起征点下小微企业死亡率

起征点提高可以从两个渠道影响小微企业吸纳就业的能力。第一，起征点提高后，小微企业经营成本降低，这有助于降低小微企业的死亡率，使得更多的小微企业得以继续生产经营，从而增加小微企业就业人数（渠道一）；第二，起征点提高后，小微企业纳税减少，假设企业将减少的纳税额用于扩大生产经营，这会增加更多的就业岗位（渠道二）[①]。

根据图 6-15，可核算不同起征点下退出市场的企业数和失业人数。起征点为 2 万元时，有 7.25 万家企业退出市场，导致 50.32 万人失业。起征点提高后，经营成本下降，退出市场企业数降低。当起征点为 20 万元时，有 1.50 万家企业退出市场，增加失业人口 16.85 万人。

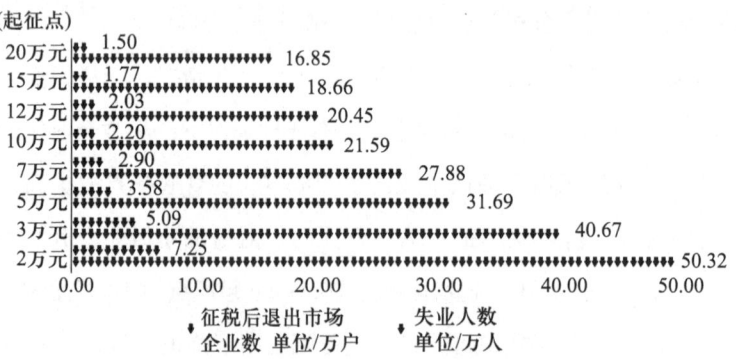

图 6-15　起征点变化对小微企业（存活）就业的影响

---

① 作为一家注册资金 50 万元的小微企业，大连鑫能达塑胶制品有限公司在 2015 年第一季度享受到税收优惠 2.9 万元。公司负责人说，他们利用这 2.9 万元，又投入 3 万多元，添置了 6 万多元的生产设备，产能在继续扩大，企业发展也慢慢走上了正轨。

根据 2015 年数据核算，小微企业资本劳动比 [1] 为每人 6 万元。假设小微企业把减免的税费用于扩大再生产，那么，可以计算出，增加 1 个就业岗位需要资本 6 万元，据此可核算出不同起征点下增加的就业人数。

图 6-16 反映了不同起征点下小微企业减少的纳税额用于扩大再生产增加的就业规模。起征点从 3 万元提高到 5 万元时，国家税收减少 521 亿元。假设小微企业将减免的税费用于扩大再生产，可增加就业 87 万人。通过税费减免，可以让小微企业的资金留在市场。虽然政府收入降低了，但企业可以把减免的税费用于扩大再生产，增加就业岗位，进行技术创新，从而激发经济活力。

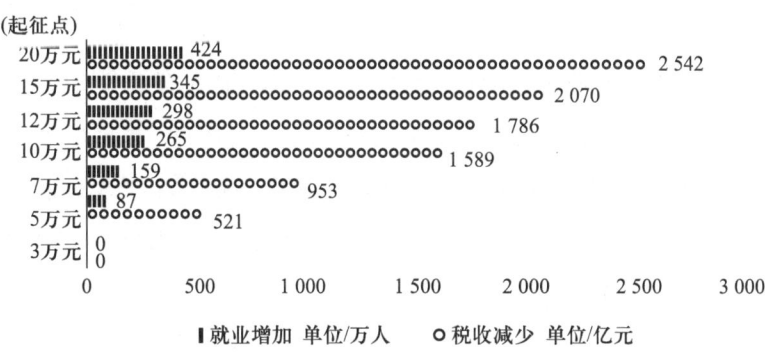

图 6-16　起征点变化对小微企业（扩大再生产）就业的影响

表 6-4 核算了不同起征点下就业和政府税收变化的情况。起征点从 3 万元提高到 5 万元时，国家税收减少 485 亿元，就业人口增加 96 万，增加 1 个就业岗位所需政府支出 50 675 元。当起征点从 3 万元调整到 10 万元时，国家税收减少 1 481 亿元，就业人口增

表 6-4　不同起征点下就业和政府税收变化情况

	2万元~3万元/月	3万元~5万元/月	3万元~7万元/月	3万元~元10万元/月
就业增加 / 万人	83	96	172	284
扩大再生产新增就业 / 万人	73	87	159	265
死亡率下降新增就业 / 万人	10	9	13	19
国家税收收入变化 / 亿元	−410	−485	−888	−1 481
起征点变化税收变化 / 亿元	−440	−521	−953	−1 589
新增加就业税收贡献 / 亿元	30	35	65	108
增加 1 人就业政府支出 / 元/年	49 400	50 675	51 754	52 163

---

① 报告中资产劳动比近似替代。

加 284 万，增加 1 个就业岗位所需政府支出 52 163 元。根据统计年鉴 1996 年到 2014 年的全社会固定资产投资和城镇就业数据，研究表明，每创造 1 个岗位所需新增固定资产投资额为 70 万元。[①]这说明减税对增加就业的影响远大于增加固定资产投资对就业的影响。

专题 6-1-3　提高起征点，促进经济增长

增长理论表明税收是影响经济增长的重要因素。卢卡斯指出，税收负担过重或是结构扭曲，将会影响经济增长率。[②]基于内生增长模型，金等人通过构建理论模型，发现国家税收本质上会对经济增长有长期影响。采用中国数据的研究发现，减轻税收负担会刺激经济的增长。[③]

表 6-5 表明，企业税收负担减轻，经营成本下降，企业有更多资金去创新，可以促进产品的换代升级，从而激发经济活力，减轻经济下行压力。根据 2015 年数据核算，与 3 万元起征点相比，起征点提高到 10 万元后，新增加就业人口将会创造 2 287 亿元的 GDP，占 GDP 比重为 0.36%。在经济新常态下，我国 2014 年 GDP 增长率为 7.3%，这相当于新增财富中约 4.9% 源于小微企业新增就业。

表 6-5　提高起征点，促进经济增长

起征点 /万元	营业税增值税变化 /亿元	增加就业岗位（扩大再生产）/万个	增加就业岗位（死亡率降低）/万个	增加总就业人数 /万人	新增就业人口GDP 贡献 /亿元	占 2014 年GDP 比重 /%
3	0	0	0	0	0	0.00%
5	−521	87	9	96	771	0.12%
7	−953	159	13	172	1 382	0.22%
10	−1 589	265	19	284	2 287	0.36%
12	−1 786	298	20	318	2 559	0.40%
15	−2 070	345	22	367	2 955	0.46%
20	−2 542	424	24	447	3 603	0.57%

---

① 具体计算过程见附录。

② Lucas R E. "Supply-side Economics：An Analytical Review". *Oxford Economic Papers*，1990：293-316.

③ 李涛，黄纯纯，周业安. 税收、税收竞争与中国经济增长［J］. 世界经济，2011（4）.

7 小微企业的信贷行为

本章描述了小微企业的信贷比例、信贷规模、信贷成本和信贷担保情况。整体来看，全国约 1/3 的小微企业有借债，银行贷款、民间借款和信用卡融资是其主要的信贷渠道。中部地区有借债小微企业比例最高。超过 50% 的从事采矿业和农、林、牧、渔业的小微企业有借债，从事金融业和邮政业的有借债小微企业占比较小，都在 10% 以下。

从信贷规模来看，2015 年，我国有借债小微企业的平均借债金额为 200.2 万元。同时，银行等金融机构发放的贷款主要解决小微企业金额在 100 万元以上的大规模资金需求，而民间借款则主要解决小微企业 30 万元以下的小规模资金需求。

从信贷成本来看，小微企业银行贷款利率平均为 9.3%，有息民间借款利率平均为 12.5%，有息民间借款成本高于银行贷款成本。

从担保情况来看，银行发放给小微企业的贷款主要采用抵押模式，缺少相应的抵押品是小微企业贷款难的重要原因之一。民间借款则主要以无担保形式为主。在银行贷款和民间借款中，住房资产都是小微企业的首要抵押担保资产。

从小微企业信贷需求情况看，全国约 40% 的小微企业有银行贷款需求，其中 28.4% 的小微企业需要且申请过信贷，12% 需要贷款但是没有申请；约 24% 的小微企业有民间借款需求，其中约 20% 获得了借款。在获得银行贷款的小微企业中，信贷需求得到完全满足的比例不到 1/3；获得民间借款的小微企业中，信贷需求得到完全满足的比例大约为 27%。有银行贷款需求的小微企业的贷款可得性指数为 47.3%，不到 50%。总体上，本章的研究印证了小微企业信贷满足程度不足、信贷可得性低的现实。

7.1 小微企业的信贷参与

7.1.1 全国概况

图 7-1 描述了全国小微企业信贷参与的基本情况。全国约 1/3 的小微企业有借债，占比为 30.2%；13.5% 的小微企业有民间借款；从银行等金融机构贷款的小微企业占比为 19.5%；利用信用卡融资的小微企业占比为 16.6%；既有银行贷款又有信用卡融资和民间借款的小微企业占比仅为 0.8%。

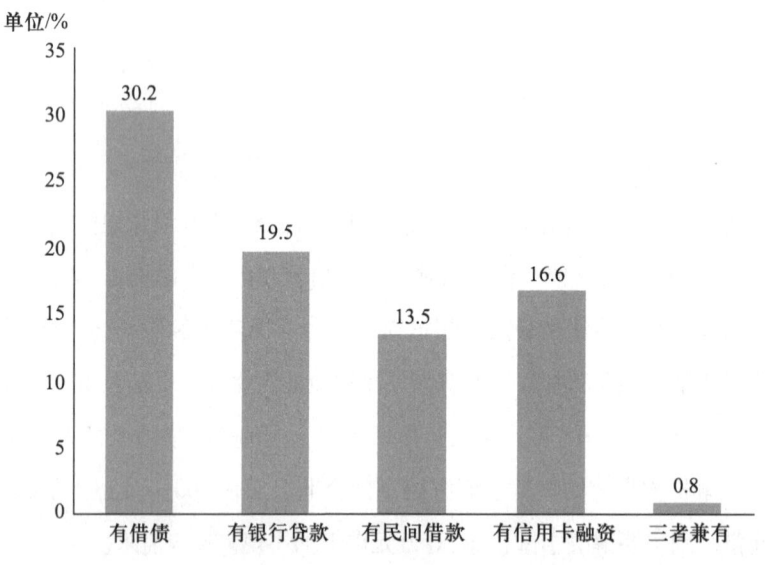

图 7-1　小微企业分类型信贷参与

图 7-2 刻画了有借债小微企业的信贷渠道分布。在有借债的小微企业中，获得银行贷款的小微企业占比为 63.9%；获得民间借款的小微企业占比为 44.6%；有信用卡融资的小微企业占比为 36.5%。这表明小微企业借款渠道主要依靠银行贷款。

图 7-3 描述了不同组织形式的小微企业的总体信贷参与。其中，有限责任公司中有借债的小微企业占比最高，为 44.6%；独资企业中有借债的小微企业占比为 30.8%；农民合作社中有借债的小微企业占比为 10.0%；合伙企业中有借债的小微企业占比为 8.3%；股份公司中有借债的小微企业占比为 5.1%。

图 7-4 进一步描述了不同组织形式的小微企业的银行贷款和民间借款参与。从银行贷款比例看，有限责任公司小微企业拥有银行贷款的占比最高，达到了 48.6%；股份有限公司小微企业占比最低，仅为 5.3%。独资企业、农民合作社和合伙企业小微企业相应占

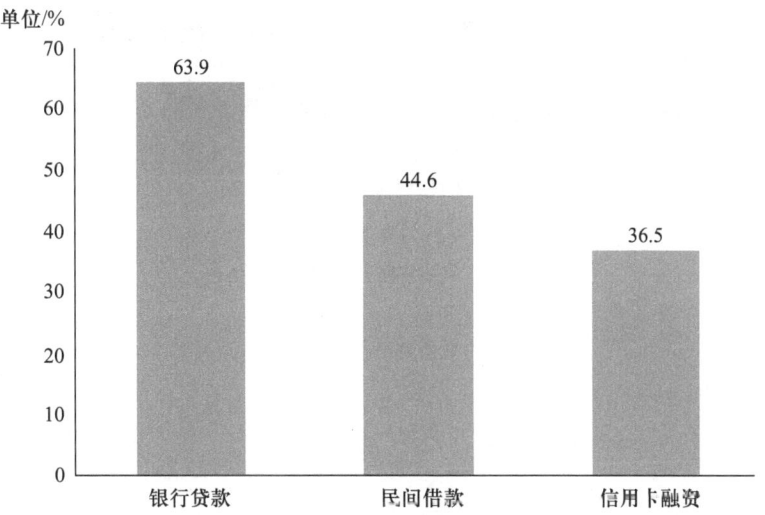

图 7-2　有借债小微企业的信贷渠道分布

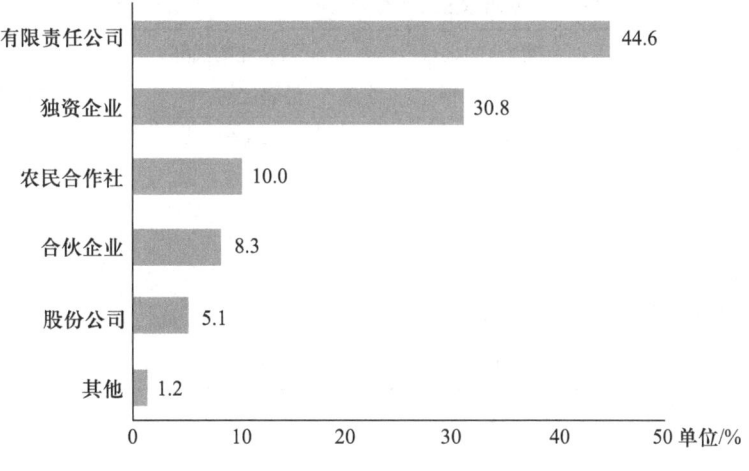

图 7-3　不同组织形式小微企业的信贷参与

比分别为 29.4%、9.2% 和 6.4%。

从民间借款比例看，有限责任公司小微企业拥有民间借款的占比最高，为 36.2%；独资企业小微企业占比为 33.6%；农民合作社小微企业相应占比为 12.3%；合伙企业小微企业占比为 10.7%；股份公司小微企业占比最低，仅为 5.9%。

表 7-1 统计了不同组织形式小微企业的银行贷款相对活跃度（有借债小微企业的银行贷款比例 / 民间借款比例）。其中，有限责任公司小微企业银行贷款相对活跃度最高，为 1.9 倍；股份公司小微企业和独资企业小微企业银行贷款相对活跃度次之，均为 1.3 倍；

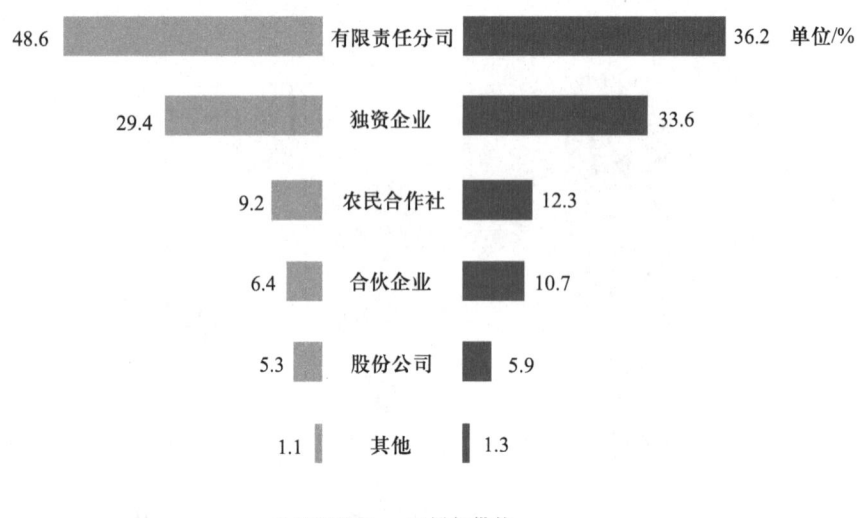

图 7-4　不同组织形式小微企业的分类型信贷参与情况

表 7-1　不同组织形式小微企业的银行贷款相对活跃度

小微企业 组织形式	借债企业的银行 贷款比例 /%	借债企业的民间 借款比例 /%	银行贷款相对 活跃度 / 倍
独资企业	60.9	48.9	1.3
合伙企业	49.8	57.1	0.9
有限责任公司	69.5	36.0	1.9
股份公司	67.5	52.4	1.3
农民合作社	58.8	54.4	1.1
其他	54.7	51.5	1.1

注：表中的样本限定为有借债的小微企业。

农民合作社小微企业银行贷款相对活跃度为 1.1 倍；合伙企业小微企业银行贷款相对活跃度最低，仅为 0.9 倍。

表 7-2 列出了银行贷款相对活跃度大于 1 的省（自治区、直辖市）。其中，排名前十的省（直辖市）分别是河北、山东、浙江、海南、贵州、江苏、河南、甘肃、北京、云南。

表 7-2 各地小微企业银行贷款相对活跃度

序号	省（自治区、直辖市）	借债企业的银行贷款比例 /%	借债企业的民间借款比例 /%	银行贷款相对活跃度 / 倍
1	河北	80.33	13.59	5.91
2	山东	80.14	23.29	3.44
3	浙江	78.97	26.24	3.01
4	海南	71.56	31.88	2.24
5	贵州	82.26	39.88	2.06
6	江苏	79.96	38.83	2.06
7	河南	73.15	41.64	1.76
8	甘肃	69.48	42.54	1.63
9	北京	65.88	41.37	1.59
10	云南	59.11	41.66	1.42
11	宁夏	61.67	45.00	1.37
12	黑龙江	60.90	44.85	1.36
13	上海	59.53	44.19	1.35
14	陕西	59.78	44.69	1.34
15	广东	62.03	47.38	1.31
16	天津	57.18	46.46	1.23
17	广西	69.16	56.29	1.23
18	湖北	54.56	48.13	1.13
19	湖南	50.60	45.77	1.11
20	安徽	61.40	57.67	1.06
21	四川	58.98	56.84	1.04
22	福建	50.23	50.00	1.00

注：调查样本不包括青海、新疆、西藏和港、澳、台地区，限定为有借债的小微企业。

7.1.2 区域差异

将小微企业所属地区划分为东部、中部和西部，图 7-5 描述了不同地区小微企业信贷参与情况。东部、中部和西部地区，小微企业的总体借债比例分别为 27.5%、35.3% 和 33.8%；小微企业的银行贷款比例分别为 19.1%、19.4% 和 20.6%，均高于民间借款比例；民间借款比例分别为 10.2%、18.9% 和 16.1%；信用卡融资比例分别为 13.1%、15.2% 和 19.8%。

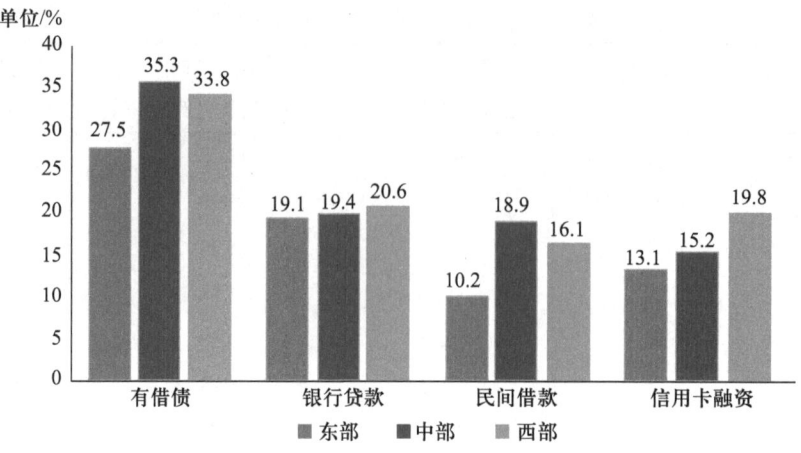

图 7-5　不同区域小微企业的分类型信贷参与

进一步分析有借债小微企业的信贷来源分布，如图 7-6 所示，东部、中部和西部地区，在有借债的小微企业中，银行贷款比例分别为 68.5%、53.8% 和 60.8%；民间借款比例分别为 37.0%、53.5% 和 47.6%；信用卡融资比例分别为 32.5%、30.8% 和 42.8%。可见，银行贷款是小微企业主要的信贷来源。

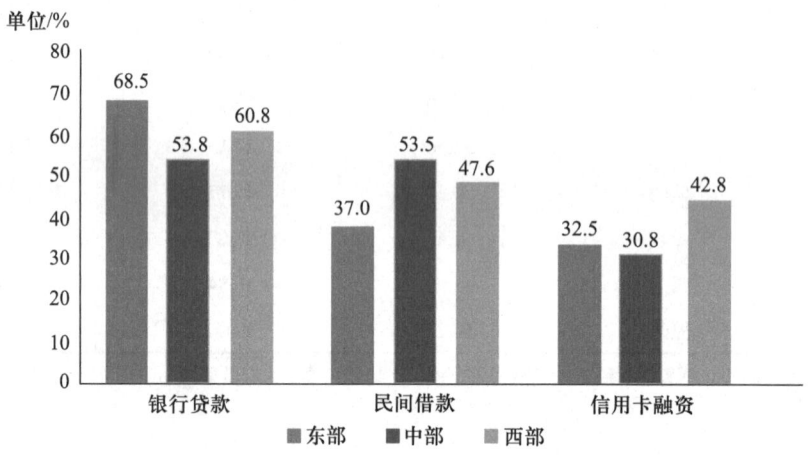

图 7-6　不同区域有借债小微企业的信贷来源

7.1.3　行业差异

图 7-7 描述了不同行业的小微企业信贷参与的情况。超过 40% 的从事采矿业，农、林、牧、渔业和制造业的小微企业有借债，信贷参与比例分别为 57.9%、53.0% 和 46.4%；从事交通运输和仓储业有借债的小微企业占比为 30.3%；从事批发零售业的小微企业占比

为29.5%；从事电力、热力、燃气及水的生产和供应业的小微企业占比为27.4%；从事建筑业的小微企业占比为25.8%；从事物业管理业、房地产开发经营业、租赁和商务服务业、信息传输业、软件和信息技术服务业、住宿和餐饮业有借债的小微企业占比依次为16.7%、16.5%、15.5%、14.1%、13.4%、12.9%。而从事金融业有借债的小微企业占比较小，不到10%。

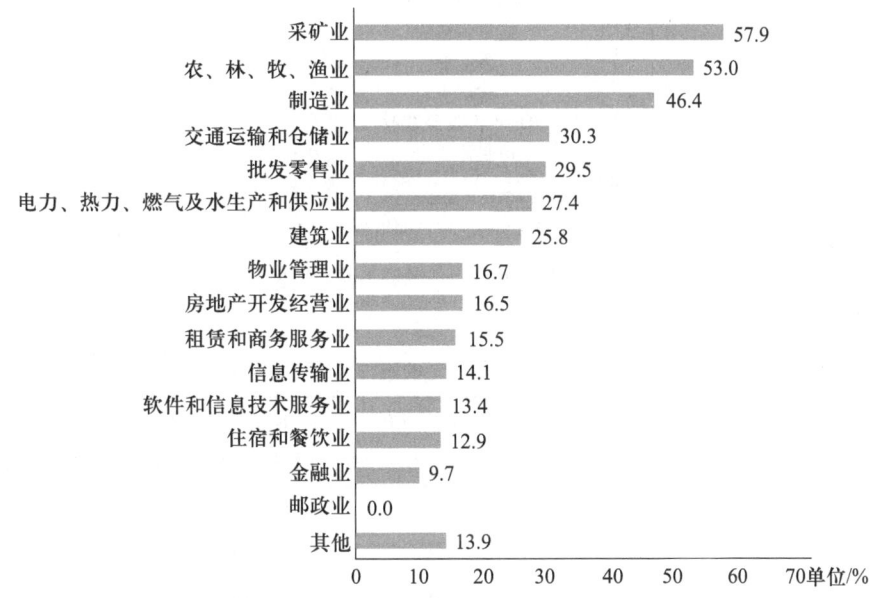

图 7-7　不同行业小微企业的总体信贷参与

图7-8统计了不同行业的小微企业的分类型信贷参与。从事制造业和批发零售业小微企业的银行贷款比例较高，分别为42.3%和22.1%；而从事信息传输业，采矿业，金融业，房地产开发经营业，物业管理业，电力、热力、燃气及水的生产和供应业小微企业的银行贷款比例均低于1%。

比较而言，从事制造业和农、林、牧、渔业有民间借款的小微企业占比较高，分别为33.1%和23.1%；然后为从事批发零售业的小微企业占比为19.2%；从事其余行业有民间借款的小微企业占比均低于5%。其中，从事房地产开发经营业、金融业、物业管理业和信息传输业有民间借款的小微企业占比均低于1%。

表7-3对比分析了从事不同行业有借债的小微企业的银行贷款相对活跃度。从事信息传输业的小微企业银行贷款相对活跃度最高，为5.3倍，该行业超过70%的有借债的小微企业从银行贷款，从民间借款的比例仅为13.8%；从事住宿和餐饮业的银行贷款相对活跃度次之，为2.5倍；然后是从事建筑业、制造业、批发零售业、软件和信息技术服务业、

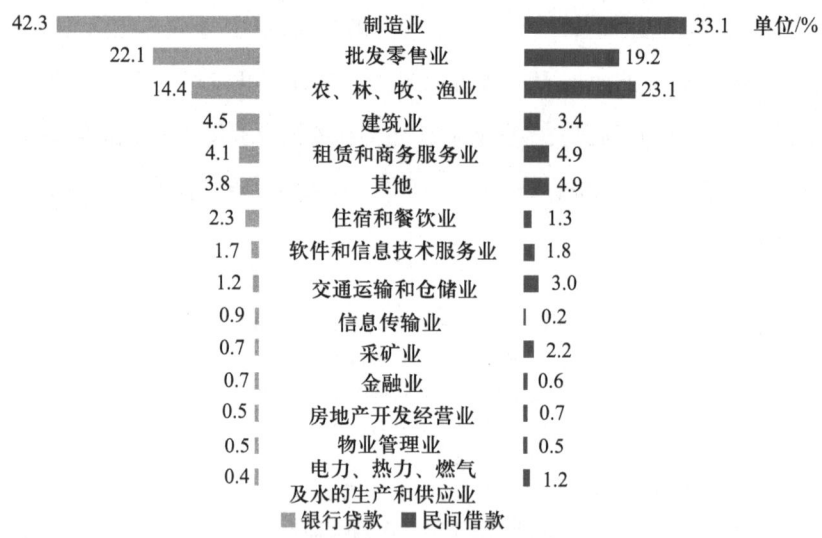

图 7-8　不同行业小微企业的分类型信贷参与情况

表 7-3　不同行业小微企业的银行贷款相对活跃度

行业	借贷企业的银行贷款比例 /%	借贷企业的民间借款比例 /%	银行贷款相对活跃度 / 倍
信息传输业	73.1	13.8	5.3
住宿和餐饮业	75.4	30.0	2.5
建筑业	75.4	39.1	1.9
制造业	72.6	39.7	1.8
批发零售业	64.5	38.9	1.7
软件和信息技术服务业	57.4	40.5	1.4
物业管理业	63.4	48.1	1.3
租赁和商务服务业	51.1	42.1	1.2
金融业	54.3	46.9	1.2
房地产开发经营业	56.5	52.2	1.1
农、林、牧、渔业	55.6	62.1	0.9
交通运输和仓储业	37.2	66.9	0.6
电力、热力、燃气及水的生产和供应业	34.4	65.6	0.5
采矿业	38.7	78.0	0.5
其他	48.4	44.0	1.1

注：样本限定为有借贷的小微企业。

物业管理业、租赁和商务服务业、金融业和房地产开发经营业的银行贷款活跃度，分别为 1.9 倍、1.8 倍、1.7 倍、1.4 倍、1.3 倍、1.2 倍、1.2 倍和 1.1 倍；从事农、林、牧、渔业，交通运输和仓储业，电力、热力、燃气及水的生产和供应业，采矿业的小微企业的银行贷款相对活跃度都低于 1 倍。

7.2 小微企业的信贷规模

7.2.1 全国概况

图 7-9 统计了有借贷小微企业的信贷金额。整体而言，2015 年，我国有借贷小微企业的平均借贷金额为 200.2 万元。分渠道来看，小微企业从银行贷款的规模最大，为 388.6 万元；从民间借款的规模次之，为 58.4 万元；利用信用卡融资的规模最小，仅为 28.2 万元。可见，银行等金融机构为小微企业的发展提供了最大的资金支持。

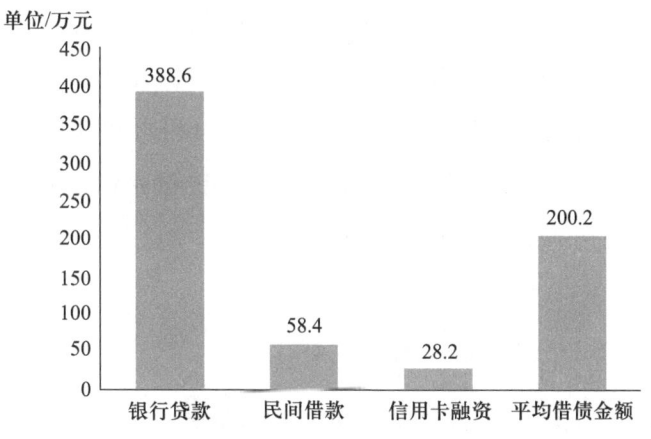

图 7-9　有借贷小微企业的信贷金额

图 7-10 描述了 2015 年我国有借贷小微企业的信贷规模区间分布。超过 90% 的小微企业的信贷金额在 500 万元以下，其中，信贷金额在 10 万元以下的小微企业占比为 25.8%；信贷金额在 11 万元 ~30 万元的小微企业占比为 24.0%；信贷金额在 31 万元 ~50 万元的小微企业占比为 8.2%；信贷金额在 51 万元 ~100 万元的小微企业占比为 13.3%；信贷金额在 101 万元 ~500 万元的小微企业占比为 20.3%，信贷金额在 501 万元以上的小

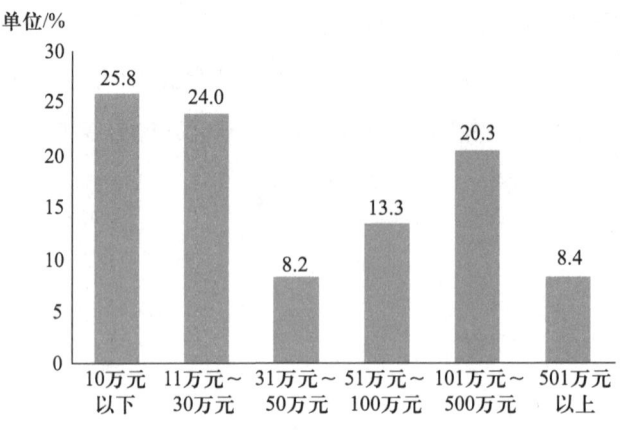

图 7-10　有借贷小微企业的信贷规模分布

微企业占比为 8.4%。

图 7-11 描述了有借贷小微企业在不同信贷渠道下的信贷规模区间分布。小微企业的银行贷款主要集中在 101 万元~500 万元，占比为 33.8%；然后为 501 万元以上和 11 万元~30 万元，分别占比 18.2% 和 17.4%。银行贷款金额在 10 万元以下、51 万元~100 万元和 31 万元~50 万元的小微企业占比分别为 11.5%、11.4% 和 7.7%。

在有民间借款的企业中，超过 60% 的小微企业借款金额在 30 万元以下。其中，借款金额在 10 万元以下的占比 34.2%；借款金额在 11 万元~30 万元的小微企业占比 30.5%；借款金额在 51 万元~100 万元的小微企业占比 14.1%；借款金额在 101 万元~500 万元的小微企业占比 10.9%；借款金额在 31 万元~50 万元的小微企业占比 9.6%；借款金额在 501 万元以上的小微企业占比仅为 0.7%。

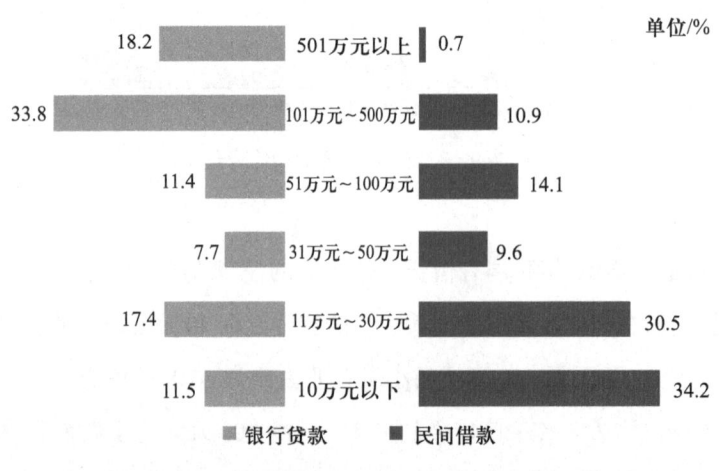

图 7-11　有借贷小微企业的分类型信贷规模

这表明，银行等金融机构的借款主要解决小微企业贷款金额 100 万元以上的大规模资金需求；而民间借款则主要解决小微企业 30 万元以下的小规模资金需求。

不同组织形式的小微企业的借贷规模体现出不同特点。如表 7-4 所示，农民合作社、合伙企业和独资企业形式的小微企业，信贷规模相对较小，借款金额在 30 万元以下的占比分别为 66.8%、61.0% 和 62.5%。而有限责任公司和股份公司形式的小微企业，信贷规模相对较大，借款金额在 51 万元以上的占比分别为 55.2% 和 55.6%。

表 7-4　不同组织形式小微企业的信贷规模分布　　　　　　　　单位 /%

信贷金额	独资企业	合伙企业	有限责任公司	股份公司	农民合作社	其他
10 万元以下	31.2	35.5	17.7	18.6	38.0	19.1
11 万元 ~30 万元	31.3	25.5	17.5	17.5	28.8	25.4
31 万元 ~50 万元	7.9	5.5	9.6	8.3	5.4	13.9
51 万元 ~100 万元	11.1	15.4	14.2	16.0	13.8	0
101 万元 ~500 万元	14.1	13.6	29.9	18.7	9.2	0
501 万元以上	4.4	4.5	11.1	20.9	4.8	41.6

图 7-12 统计了不同组织形式的有借贷小微企业的信贷资金构成。其中，股份公司、有限责任公司和独资企业形式的小微企业，银行贷款在借贷总额中的占比较大，分别为 86.6%、81.3% 和 80.2%。然后为合伙企业和农民合作社形式的小微企业，银行贷款占借贷总额的比例分别为 75.0% 和 60.5%。可见，小微企业更多依靠银行贷款借贷，而对银行贷款的依赖程度在不同组织形式的小微企业间有差异。

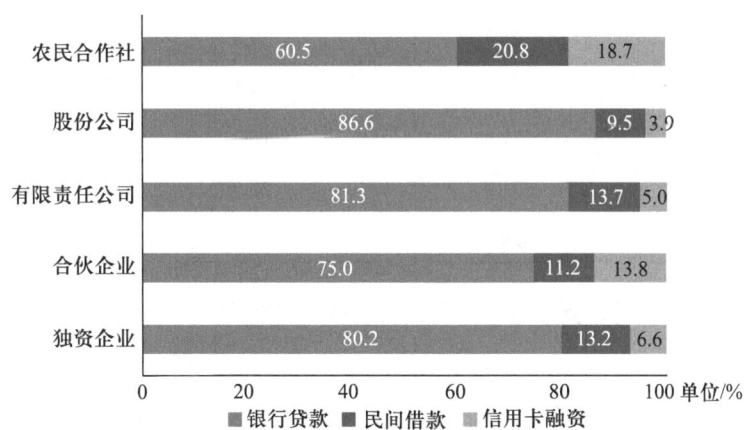

图 7-12　不同组织形式小微企业的信贷资金构成

7.2.2 区域差异

如表 7-5 所示，我国东部、中部和西部有借贷小微企业的平均信贷金额分别为 204.3 万元、131.2 万元和 142.6 万元。东部、中部和西部小微企业的银行贷款金额平均分别为 365.0 万元、265.8 万元和 285.8 万元。东部、中部和西部小微企业的民间借款金额平均为 49.8 万元、52.6 万元和 41.4 万元。东部、中部和西部小微企业信用卡融资平均额度分别为 22.5 万元、40.2 万元和 27.6 万元。

表 7-5　不同区域小微企业的信贷金额　　　　单位 / 万元

区域	银行贷款	民间借款	信用卡融资	平均信贷金额
东部	365.0	49.8	22.5	204.3
中部	265.8	52.6	40.2	131.2
西部	285.8	41.4	27.6	142.6

表 7-6 描述了不同区域小微企业的信贷规模分布。东部、中部和西部有借贷小微企业的信贷金额主要集中在 500 万元以下的规模区间。进一步看，东部地区有借贷小微企业信贷金额在 11 万元 ~30 万元的占比最高，达到 25.3%；中部和西部地区有借贷小微企业信贷金额在 10 万元以下的占比最高，分别为 28.6% 和 27.3%。而东部地区有借贷小微企业的信贷金额在 501 万元以上的占比明显更高，达到 10.2%。

表 7-6　不同地区小微企业的信贷规模分布　　　　单位 /%

信贷金额	东部	中部	西部
10 万元以下	23.5	28.6	27.3
11 万元 ~30 万元	25.3	19.8	25.6
31 万元 ~50 万元	7.2	9.4	8.6
51 万元 ~100 万元	11.9	15.5	13.4
101 万元 ~500 万元	21.9	21.6	17.0
501 万元以上	10.2	5.1	8.1

表 7-7 描述了不同区域小微企业的银行贷款规模分布。东部、中部和西部有借贷小微企业的银行贷款金额多分布在 51 万元以上的规模区间。其中，有借贷小微企业的银行贷款金额在 101 万元 ~500 万元的占比较高，东部、中部、西部这一比例分别达到了 33.3%、41.0% 和 29.2%。而西部地区有借贷小微企业的银行贷款金额在 501 万元以上的占比更高，达 20.9%。

表 7–7　不同区域小微企业的银行贷款规模分布　　　　　单位 /%

区域 信贷金额	东部	中部	西部
10 万元以下	7.1	15.1	17.3
11 万元 ~30 万元	16.4	15.5	20.9
31 万元 ~50 万元	8.2	9.0	5.8
51 万元 ~100 万元	15.2	8.8	5.9
101 万元 ~500 万元	33.3	41.0	29.2
501 万元以上	19.8	10.6	20.9

表 7–8 描述了不同区域的小微企业民间借款规模分布。东部、中部和西部有借贷小微企业的民间借款金额多分布在 30 万元以下的规模区间。其中，东部地区有借贷小微企业的借款金额在 11 万元 ~30 万元的占比最高，为 36.6%；中部和西部地区有借贷小微企业的借款金额在 10 万元以下的企业占比最高，分别达到了 33.9% 和 34.6%。

表 7–8　不同区域小微企业的民间借款规模分布　　　　　单位 /%

区域 信贷金额	东部	中部	西部
10 万元以下	34.3	33.9	34.6
11 万元 ~30 万元	36.6	26.3	27.7
31 万元 ~50 万元	8.4	9.6	10.8
51 万元 ~100 万元	9.5	15.3	18.2
101 万元 ~500 万元	10.6	14.9	8.7
501 万元以上	0.6	0	0

7.3　小微企业的信贷成本

7.3.1　银行贷款利率

图 7–13 描述了不同区域小微企业的银行贷款利率。从全国来看，小微企业的平均银行贷款利率为 9.3%。分地区来看，西部地区小微企业银行贷款成本相对最高，平均银行贷款利率为 9.7%；东部地区次之，为 9.2%；中部地区小微企业平均银行贷款利率最低，为 9.0%。

图 7–14 描述了小微企业不同利率区间的分布情况。在有银行贷款的小微企业中，银

单位/%

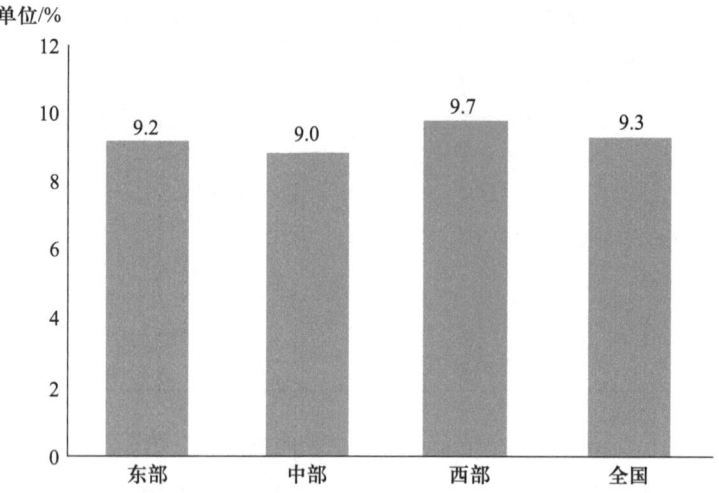

图 7-13　不同区域小微企业的平均银行贷款利率

单位/%

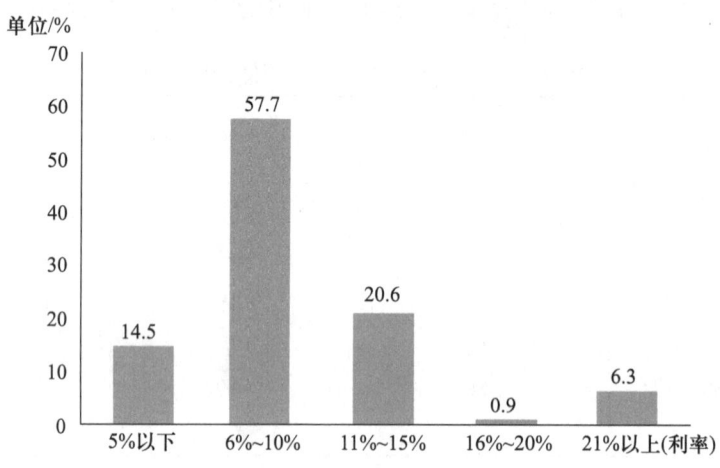

图 7-14　小微企业银行贷款利率区间分布

行贷款利率在 6%~10% 的企业占比接近 60%，达到了 57.7%；银行贷款利率在 11%~15% 的企业占比为 20.6%；银行贷款利率在 5% 以下的企业占比为 14.5%；银行贷款利率在 16%~20% 的企业占比为 0.9%；银行贷款利率在 21% 以上的企业占比为 6.3%。这表明，92.8% 的小微企业银行贷款利率在 15% 以下。

7.3.2　民间借款利率

银行贷款往往具有较高的门槛要求，民间借款是小微企业融资的重要补充，获取民间借款，需要借助小微企业经营者自身的社会网络资源。

如图 7-15 所示，在有民间借款的小微企业中，有息贷款 [①] 的比例为 66.3%，已接近民间贷款的 70%；无息贷款的比例仅有 33.7%。

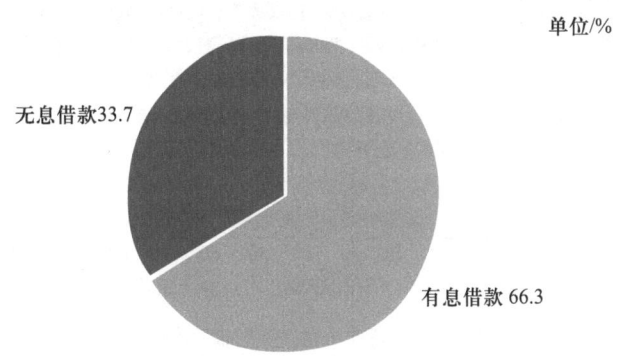

单位/%

无息借款33.7

有息借款66.3

图 7-15　小微企业的有息和无息民间借款比例

图 7-16 分析了不同区域的小微企业有息和无息民间借款的占比情况。东部、中部和西部有息民间借款占比分别为 60.1%、76.6% 和 64.3%，中部地区的有息民间借款占比最高。

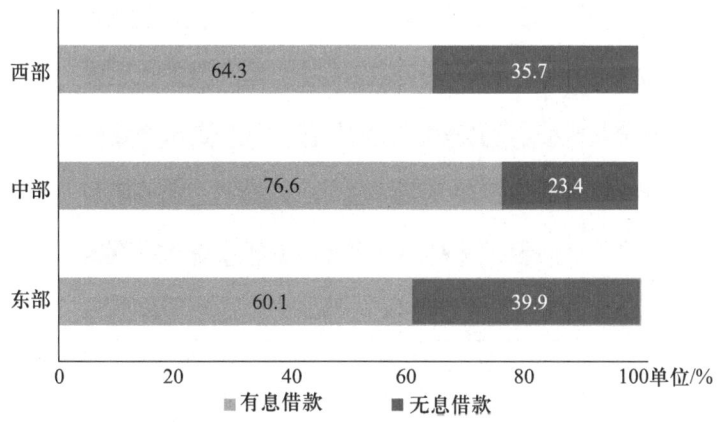

图 7-16　不同区域小微企业的有息和无息借款占比

按照小微企业所属行业对有息借款占比排名，图 7-17 显示了排名前十的小微企业行业。物业管理业和房地产开发经营业的有息民间借款比例高达 100%；建筑业的有息民间借款比例则达到了 85.8%；电力、热力、燃气及水的生产和供应业，住宿和餐饮业，制造业，采矿业的有息民间借款比例分别为 76.2%、74.6%、71.8% 和 70.3%。

---

① CMES 调查问卷询问了受访小微企业的最大一笔民间借款是否需要支付利息。

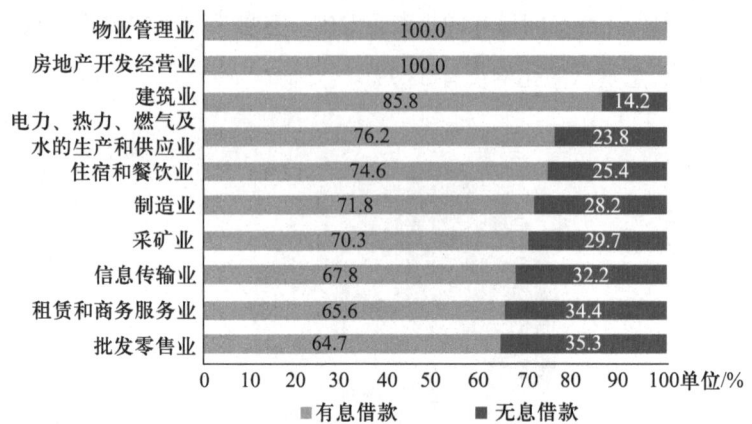

图 7-17　不同行业小微企业的借款类型分布

图 7-18 分析了不同组织形式小微企业的有息和无息民间借款占比情况。其中，有限责任公司小微企业的有息借款占比最高，为 73.8%；合伙企业和农民合作社小微企业的有息借款占比较低，分别为 59.4% 和 54.8%。

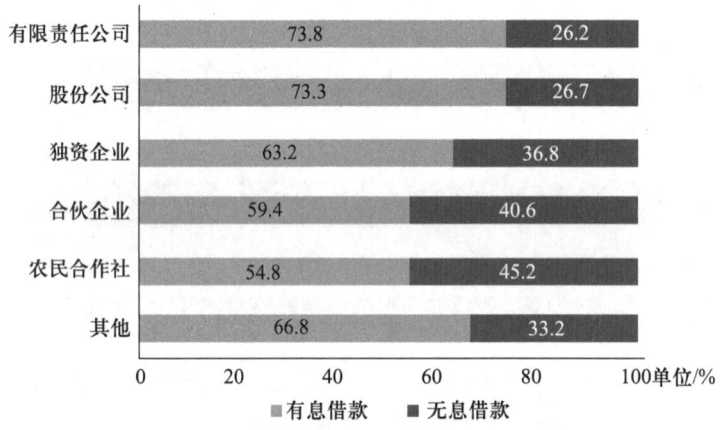

图 7-18　不同组织形式小微企业的借款类型分布

图 7-19 描述了不同区域小微企业的有息民间借款利率的平均水平。从全国来看，小微企业有息民间借款利率平均为 12.5%。分地区来看，西部地区的小微企业有息民间借款利率最高，平均为 17.2%；比东部地区和中部地区分别高出 3.9% 和 9.6%。

图 7-20 描述了小微企业有息民间借款的利率区间分布。在有息民间借款中，小微企业的借款利率存在较大差异。借款利率在 10% 以下的小微企业占比最高，为 53.8%；有息民间借款利率在 11%~15% 的小微企业占比为 20.8%；有息民间借款利率在 16%~20%

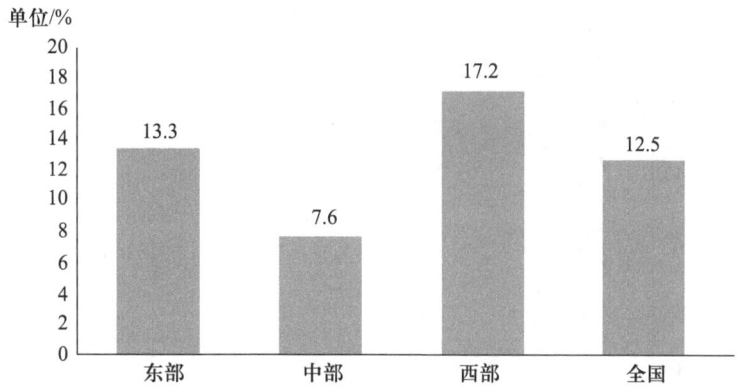

图 7-19 不同区域小微企业的有息民间借款平均利率

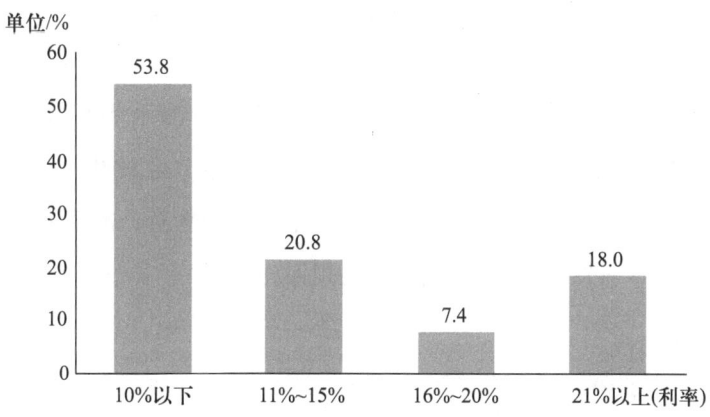

图 7-20 小微企业有息民间借款的利率区间分布

的小微企业占比为 7.4%；此外，有 18.0% 的小微企业民间借款利率达到了 21% 以上。

7.4 小微企业的信贷担保

7.4.1 银行贷款担保

图 7-21 描述了小微企业银行贷款的担保类型分布。抵押贷款在小微企业银行贷款中的占比高达 51.3%；信用贷款占比为 24.1%；保证贷款占比为 19.7%；质押贷款占比最低，仅为 4.9%。这表明，抵押依然是银行向小微企业发放贷款的首要类型。小微企业资产规模普遍较小，缺少相应的抵押品，这成为小微企业贷款难的重要原因。

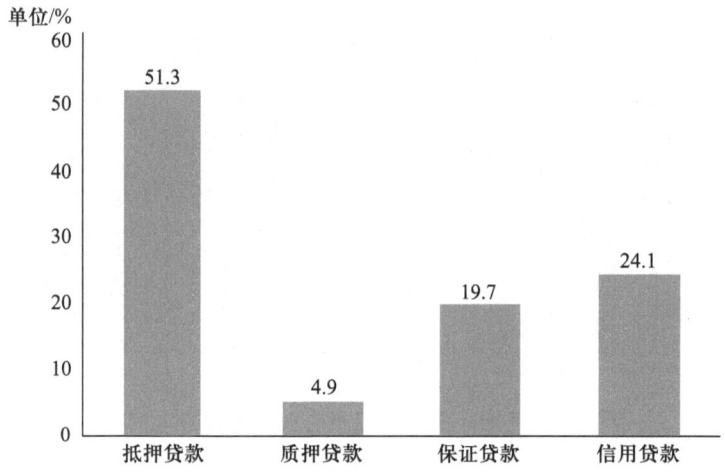

图 7-21　小微企业银行贷款的担保类型分布

图 7-22 描述了小微企业银行贷款的担保物分布。公司资产和个人资产在抵押贷款和质押贷款中的占比均超过 50%，分别为 54.8% 和 50.6%。这表明，作为小微企业银行贷款的担保物，企业资产和个人资产同样重要。在缺乏企业资产的情况下，多数小微企业都会以个人资产来做抵押贷款或质押贷款的担保。

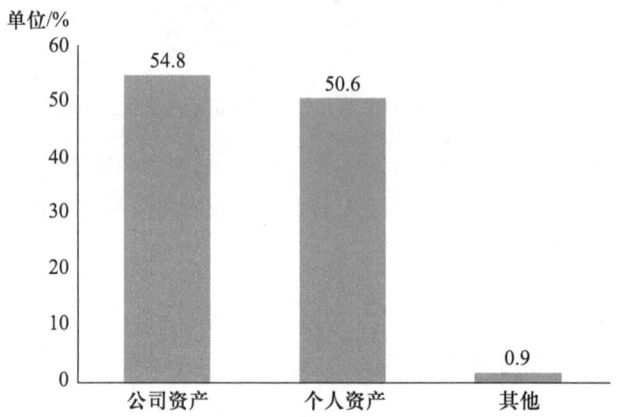

图 7-22　小微企业抵押 / 质押贷款担保物

图 7-23 描述了小微企业使用各类担保物获得银行贷款的比例分布。小微企业贷款担保物以房产、土地使用权和机器 / 设备为主。其中，高达 82.2% 的小微企业的担保物为房产，房产是小微企业获得银行贷款的主要担保物；29.5% 的小微企业银行贷款担保物为土地使用权；11.0% 的小微企业以机器 / 设备作为担保。以交通运输工具、票据 / 单据、财产权和有价证券等作为担保物的小微企业占比均未超过 5%。总之，在银行贷款的担保

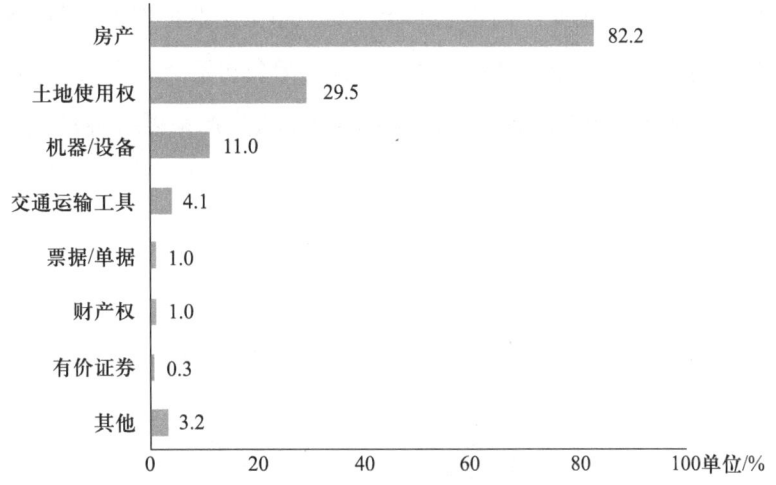

图 7-23　小微企业抵押 / 质押贷款的具体担保物

物中，房产是小微企业的首要选择。

7.4.2　民间借款担保

图 7-24 描述了小微企业民间借款的担保类型分布。无担保形式的借款在所有民间借款中占比最高，高达 81.7%；保证担保类型的借款在所有民间借款中占比为 12.9%；抵押担保类型的借款在所有民间借款中占比为 4.7%；质押担保类型的借款在所有民间借款中占比最低，仅为 0.7%。这表明，小微企业的民间借款的担保程度低，绝大多数没有担保。

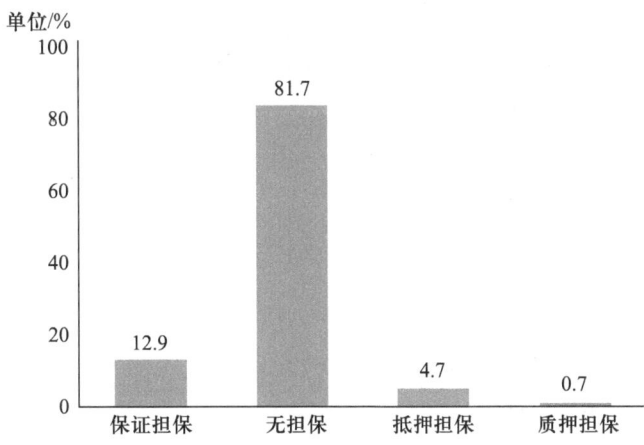

图 7-24　小微企业民间借款担保类型分布

图 7-25 描述了小微企业民间借款的担保物。小微企业抵押借款和质押借款的担保物主要以个人资产为主，占比为 71.8%；担保物为公司资产的占比为 41.4%。这表明，在民间借款的担保物中，多数小微企业会以个人资产来做抵押借款或质押贷款的担保。

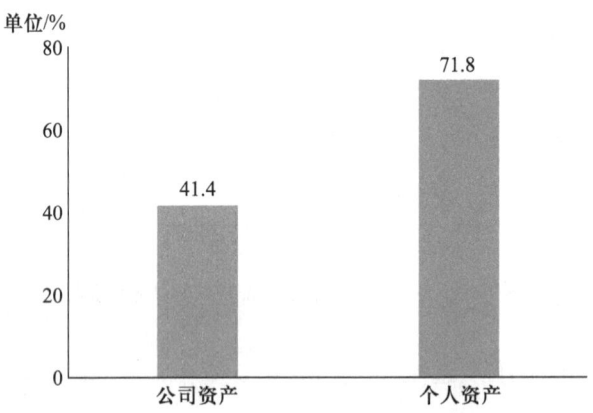

图 7-25　小微企业抵押 / 质押借款担保物来源

图 7-26 描述了小微企业有担保民间借款的具体担保物分布。小微企业借款的担保物以房产、土地使用权和交通运输工具为主。其中，房产是小微企业民间借款的主要担保物，占比高达 76.63%。土地使用权在小微企业民间借款的担保物中占比为 37.44%；交通工具在小微企业民间借款的担保物中占比为 10.19%。机器 / 设备和财产权在小微企业民间借款的担保物中占比均未超过 10%，分别为 8.52% 和 2.35%。这表明，在民间借款的担保物中，房产同样是小微企业的首要选择。

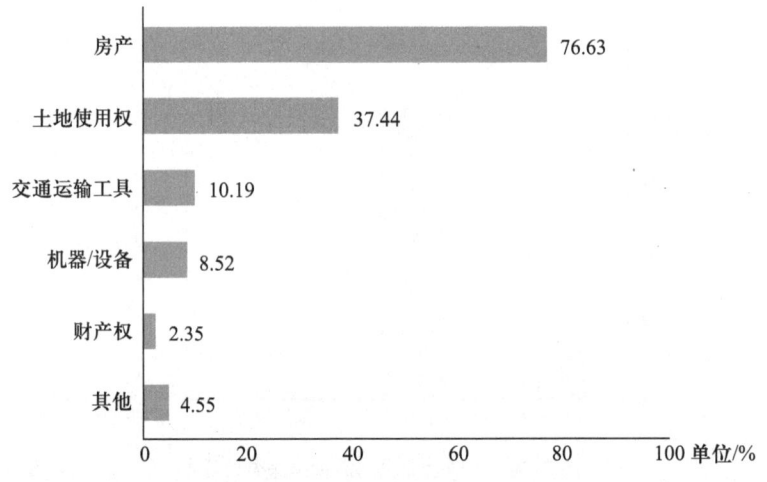

图 7-26　小微企业抵押 / 质押借款担保物分布

7.5　小微企业的信贷需求及其满足度

7.5.1　银行贷款需求及其满足度

表 7-9 描述了不同行业的小微企业的贷款需求情况。农、林、牧、渔业的贷款需求占比最高，为 72.1%；采矿业的贷款需求占比位居第二，为 60.0%；软件和技术信息服务业、金融业、住宿和餐饮业的贷款需求占比较低，分别为 25.0%、19.1% 和 17.3%；制造业的贷款需求占比为 52.9%；建筑业的贷款需求占比为 45.4%；电力、热力、燃气及水的生产和供应业的贷款需求占比为 40.0%；批发零售业的贷款需求占比为 38.4%；邮政业的贷款需求占比为 33.3%；交通运输和仓储业的贷款需求占比为 31.7%；房地产开发经营业、信息传输业、物业管理业、租赁和商务服务业的贷款需求占比依次为 31.4%、28.6%、26.8% 和 25.9%。

有贷款需求的小微企业，不一定会申请贷款，未申请贷款的小微企业比例呈现明显的行业差异性。如表 7-9 所示，贷款需求较大的邮政业中没有申请贷款的占比最高，为 33.3%；农、林、牧、渔业的贷款需求较大，但其中没有申请贷款的占比较高，达到 24.7%；而贷款需求排名第四的建筑业，未申请贷款的比例同样很高，占比为 15.6%；交通运输和仓储业，制造业，金融业，电力、热力、燃气及水的生产和供应业，住宿和餐饮业，物业管理业，未申请贷款的比重较低，均低于 10%；其他行业，如信息传输业、采矿业、租赁和商务服务业、软件和信息技术服务业，未申请贷款的占比在 10%~15%。可以看出，贷款需求越大的行业，小微企业未申请贷款的占比反而越高。

有贷款需求的小微企业，即使申请贷款也有可能被拒绝，贷款被拒的小微企业比例呈现明显的行业差异性。如表 7-9 所示，贷款需求较大的农、林、牧、渔业，申请贷款被拒绝的占比最高，为 11.9%，这可能主要是由于农 、林、牧、渔业一般存在较大的经营风险，而且缺乏抵押物；贷款申请被拒绝占比在 5%~10% 的行业有采矿业，电力、热力、燃气及水的生产和供应业，物业管理业，交通运输和仓储业，房地产开发经营业，建筑业；贷款申请被拒绝占比在 1%~5% 的行业有批发零售业、制造业、软件和信息技术服务业、租赁和商务服务业、金融业、信息传输业、住宿和餐饮业。

表 7-9　不同行业小微企业的贷款需求情况及借贷行为占比　　　单位 /%

行业	需要贷款	需要且申请过	需要但未申请过	需要且申请过但被拒绝
制造业	52.9	43.3	9.6	4.8
建筑业	45.4	29.8	15.6	5.9
批发零售业	38.4	27.1	11.3	5.0
住宿和餐饮业	17.3	11.7	5.6	1.4
软件和信息技术服务业	25.0	12.2	12.8	2.5
交通运输和仓储业	31.7	21.8	9.9	5.9
邮政业	33.3	0	33.3	0
采矿业	60.0	46.7	13.3	10.0
房地产开发经营业	31.4	19.6	11.8	5.9
租赁和商务服务业	25.9	12.7	13.2	2.2
物业管理业	26.8	24.4	2.4	9.8
信息传输业	28.6	14.3	14.3	1.4
电力、热力、燃气及水的生产和供应业	40.0	32.5	7.5	10.0
农、林、牧、渔业	72.1	47.4	24.7	11.9
金融业	19.1	9.6	9.5	1.9
其他	21.9	11.4	10.5	2.0
合计	40.4	28.4	12.0	4.8

　　表 7-10 报告了小微企业没有申请贷款的原因。32.9% 的小微企业因为贷款申请过程麻烦而没有申请贷款；然后是估计贷款申请不会被批准而未申请的小微企业，占比为31.0%；有 27.2% 和 17.6% 的小微企业是由于贷款利息太高和没有抵押（或担保人）而没有申请贷款；此外，有 11.0% 的小微企业是因为不知道如何申请贷款而没有申请；只有5.9% 的小微企业是因为担心还不起贷款而没有申请贷款。由此可见，还款能力并不是小微企业没有申请贷款的主要原因，简化申请程序是提升小微企业贷款申请意愿的重要途径之一。

表 7-10　小微企业没有申请银行贷款的原因及占比　　　单位 /%

没有申请银行贷款的原因	占比
不知道如何申请贷款	11.0
估计贷款申请不会被批准	31.0
申请过程麻烦	32.9
贷款利息太高	27.2

没有申请银行贷款的原因	占比
还款期限/方式不符合需求	7.0
不认识银行/信用社的工作人员	6.0
没有抵押（或担保人）	17.6
担心还不起贷款	5.9
其他	17.3

对因还款期限/方式不符合需求而未申请银行贷款的小微企业，图7-27进一步分析了其合意的还款期限/方式。小微企业偏好的还款期限平均为21.7个月；小微企业首选的还款方式是自助可循环，占比为31.15%；然后为等额本息的还款方式，占比为29.44%；一次还清的还款方式占比为18.30%；每期仅还利息，最后偿还本金的还款方式占比为12.90%。

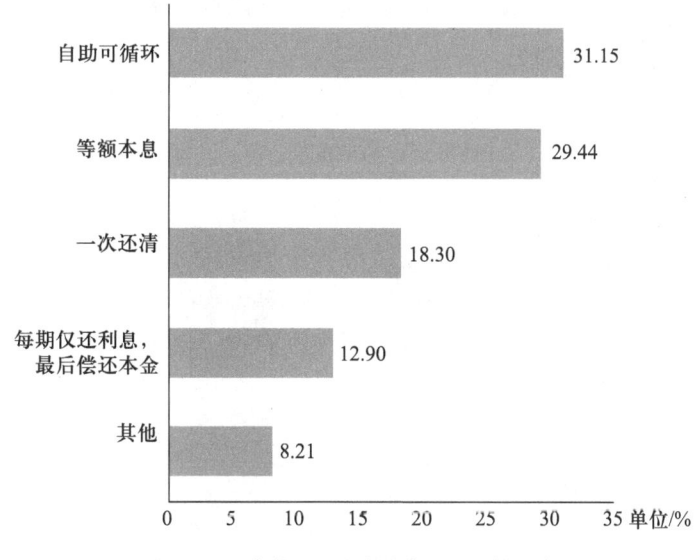

图7-27　小微企业认为最合适的还款方式

表7-11报告了小微企业贷款申请被拒绝的原因。47.8%的小微企业贷款申请被拒绝的原因是没有抵押品。没有担保也是小微企业贷款申请被拒绝的重要原因之一，占比高达28.2%。政策原因紧随其后，占比为20.1%，这也是限制小微企业获得银行贷款的重要原因之一。不认识银行/信用社工作人员、收入低，银行/信用社担心其还不起和项目风险较大也是小微企业贷款申请被拒绝的原因。

表 7-11　小微企业贷款申请被拒绝的原因及占比　　　　　单位 /%

贷款申请被拒绝的原因	占比
有银行贷款未还清	1.5
没有担保	28.2
不认识银行 / 信用社工作人员	13.8
收入低，银行 / 信用社担心还不起	12.4
没有抵押品	47.8
不良的信用记录	2.7
项目风险较大	9.0
政策原因	20.1
其他	18.9

图 7-28 报告了小微企业银行信贷需求的满足情况。32.1% 的小微企业的贷款能够完全满足需求，27.9% 的小微企业贷款满足大部分需求，满足一半需求的小微企业占比为9.7%，满足小部分需求的小微企业占比为 30.3%。这说明 60% 的小微企业通过银行贷款满足了全部或大部分信贷需求。

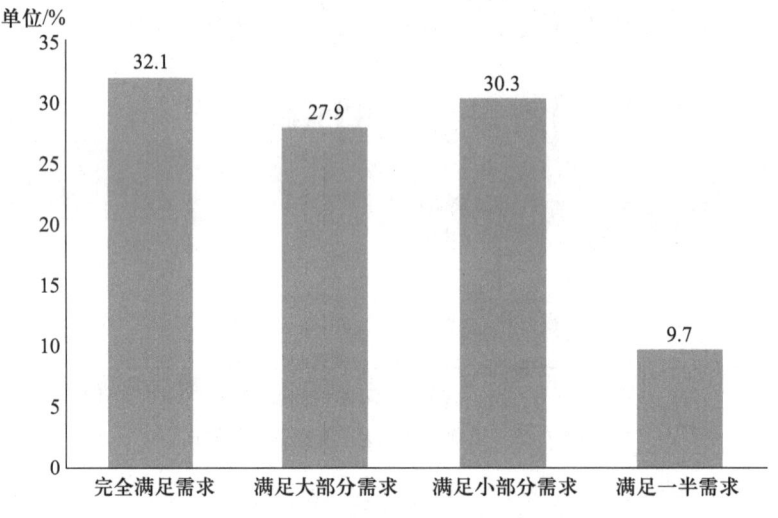

图 7-28　小微企业银行信贷需求的满足情况

7.5.2　民间借款需求及其满足度

表 7-12 报告了小微企业对民间借款的需求情况。整体而言，23.5% 的小微企业有民间借款需求。分行业来看，从事邮政业和采矿业的小微企业民间借款需求占比最高，分

别为 66.8% 和 60.9%；然后是农、林、牧、渔业，53.1% 的小微企业有民间借款需求；从事物业管理业、住宿和餐饮业、信息传输业的小微企业民间借款需求较低，占比分别为 8.8%、7.7% 和 6.9%；从事制造业的小微企业民间借款需求较高，占比 33.6%；从事电力、热力、燃气及水的生产和供应业的小微企业民间借款需求占比为 26.0%；从事交通运输和仓储业的小微企业民间借款需求占比为 25.1%；从事建筑业的小微企业民间借款需求占比为 23.9%；从事房地产开发经营业的小微企业民间借款需求占比为 22.0%；从事批发零售业、租赁和商务服务业、软件和信息技术服务业、金融业的小微企业民间借款需求占比分别为 19.9%、14.0%、12.9% 和 11.5%。

需要民间借款的小微企业，可能没有申请获得民间借款。表 7–12 显示，总体而言，有民间借款需求的小微企业中，3.8% 没有借款，说明绝大部分有民间借款需求的小微企业都会尝试申请民间借款，这可能是由于民间借款的方式灵活，借款便利度较高。19.7% 的小微企业借过并且获得了民间借款，借过但被拒绝的比例只有 1.1%，说明绝大部分小微企业的民间借款目标都能够实现。

表 7–12　不同行业小微企业的民间借款需求及借贷行为占比　　　　　　　　单位 /%

行业	是否需要民间借款	需要并且借到	需要但没有借过	借过但被拒绝
制造业	33.6	29.6	4.0	0.9
建筑业	23.9	15.8	8.1	2.6
批发零售业	19.9	17.3	2.6	0.9
住宿和餐饮业	7.7	6.2	1.5	1.5
软件和信息技术服务业	12.9	8.8	4.1	1.1
交通运输和仓储业	25.1	22.6	2.5	0.8
邮政业	66.8	0	66.8	0
采矿业	60.9	60.9	0	7.8
房地产开发经营业	22.0	15.7	6.3	1.2
租赁和商务服务业	14.0	11.5	2.5	1.1
物业管理业	8.8	8.8	0	0
信息传输业	6.9	4.5	2.4	0
电力、热力、燃气及水的生产和供应业	26.0	22.8	3.2	2.3
农、林、牧、渔业	53.1	45.4	7.7	1.2
金融业	11.5	7.9	3.6	1.0
其他	11.8	8.7	3.1	1.3
合计	23.5	19.7	3.8	1.1

图 7-29 报告了小微企业民间借款需求的满足情况。50.8% 的小微企业的民间借款需求能够得到完全或者大部分满足，40.2% 的小微企业的民间借款只能满足小部分需求，另有 8.9% 的小微企业民间借款能够满足一半需求。

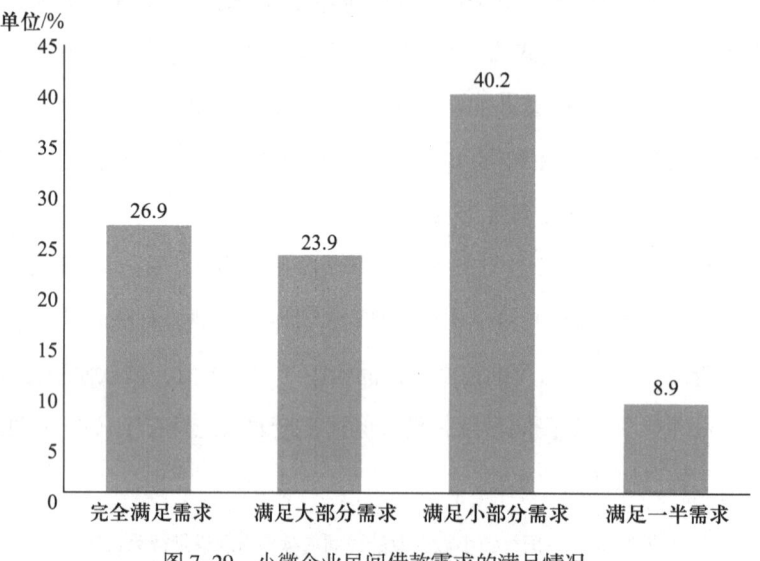

图 7-29　小微企业民间借款需求的满足情况

图 7-30 报告了小微企业最大的一笔民间借款的来源分布情况。52.2% 的小微企业的民间借款来源于朋友或者同事；19.5% 的借款来源于兄弟姐妹；27.8% 民间借款来源于其他亲属；来源于父母、公婆等长辈借款的只占 5.4%。只有 11.2% 的小微企业的民间借款

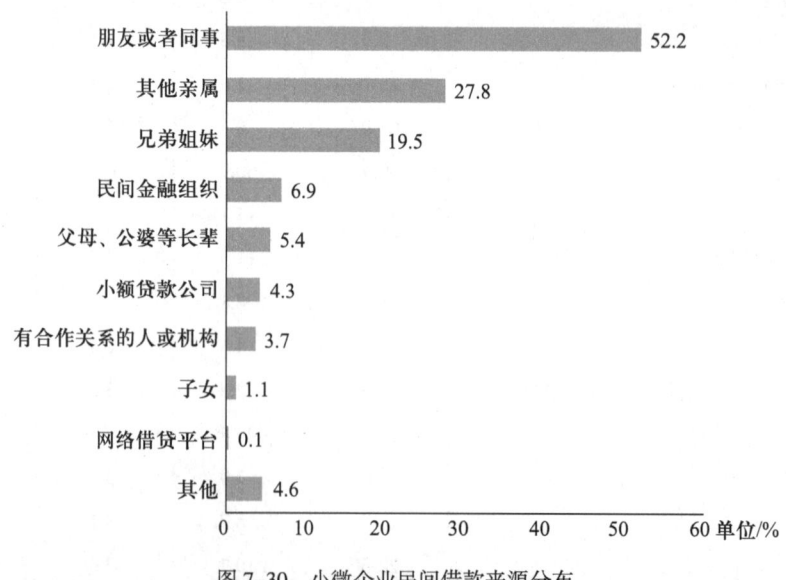

图 7-30　小微企业民间借款来源分布

来源于民间金融组织和小额贷款公司。这说明绝大部分小微企业的民间借款来源于朋友、同事及亲属，而来源于民间金融机构的较少。

值得注意的是，只有 0.1% 的小微企业的民间借款来源于网络借贷平台。这一方面是因为目前网络借贷平台并非民间融资的主要来源，另一方面说明网络借贷平台还有比较大的规范发展空间。

7.6　小微企业的银行贷款可得性

银行信贷的资金支持对小微企业的发展至关重要，能够帮助小微企业扩大生产，满足其资金需要并实现盈利。银行信贷的资金支持可以促进小微企业的良好发展，从长远来说也可以促进国民经济增长。然而，现有研究和实践都表明，我国小微企业获得银行信贷支持仍然不足，在外部融资上遇到了一些障碍，并产生了"融资难""融资贵"等现象。当然，部分小微企业受自身因素影响，因经营规模较小，抵御市场风险能力较弱，以及管理水平不高等因素，在信贷审核中往往达不到银行等金融机构出于资金安全考虑所设定的授信标准，造成银行贷款可得性较低。现有银行贷款无法获得，而不断扩大的信贷需求又得不到满足，这成为目前制约我国小微企业进一步发展的瓶颈。

本小节将"已获得银行贷款""申请了银行贷款但被拒绝""需要贷款但没有向银行申请"和"需要且正在申请"这四种情况的小微企业都界定为有银行贷款需求。其中，"已获得银行贷款"的小微企业被界定为银行贷款需求得到满足，即信贷可得；而"申请了银行贷款但被拒绝""需要贷款但没有向银行申请"和"需要且正在申请"的小微企业虽然有银行贷款需求，但由于自身原因或者其他原因而无法获得贷款，信贷需求未被满足，即信贷约束。

银行信贷可得性指数用于衡量需求被满足的程度，是指实际获得贷款的企业数量与有银行信贷需求的企业数量之比，取值的范围位于 0~100%。例如，银行信贷可得性指数为50%，表示在100家有银行信贷需求的小微企业中，实际能够获得银行贷款的有50家。小微企业银行信贷可得性指数构造方法如下：

$$银行信贷可得性 = \frac{已获得贷款的企业数量}{有银行贷款需求的企业数量} \times 100\%$$

$$银行信贷约束 =1- 银行信贷可得性$$

7.6.1　全国概况

根据 2015 年 CMES 数据计算，如图 7–31 所示，在全国范围内，小微企业的银行信贷可得性指数为 47.3%，即在 100 家有银行信贷需求的小微企业中，实际获得银行贷款的有 47.3 家，不到一半。

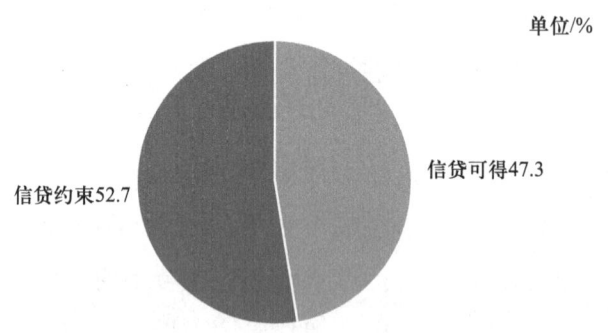

图 7–31　小微企业的银行贷款可得性指数

图 7–32 比较了不同组织形式小微企业的信贷可得和信贷约束。其中，独资小微企业的信贷可得性指数最高，为 51.2%；然后为有限责任公司和股份公司小微企业，信贷可得性指数分别为 48.2% 和 47.0%。农民合作社和合伙企业小微企业信贷可得性指数较低，分别为 43.6% 和 34.6%，银行信贷约束较为严重。

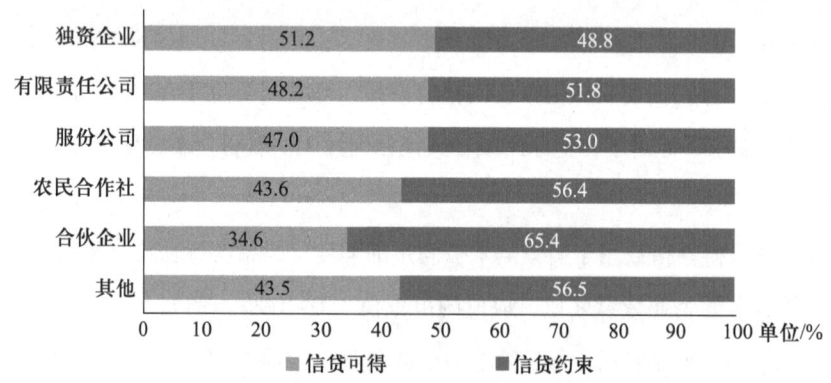

图 7–32　不同组织形式的小微企业信贷可得性指数分布

7.6.2　行业差异

图 7–33 展示了不同行业小微企业的信贷可得与信贷约束。制造业、住宿和餐饮业

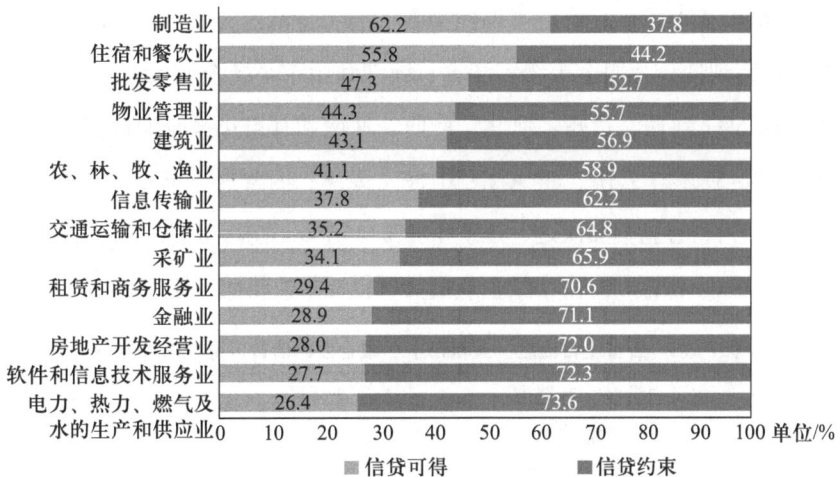

图 7-33　不同行业小微企业的信贷可得性指数分布

的信贷可得性指数较高，分别为 62.2% 和 55.8%；然后为批发零售业，物业管理业，建筑业，农、林、牧、渔业，信贷可得性指数分别为 47.3%、44.3%、43.1% 和 41.1%；房地产开发经营业，软件和信息技术服务业，电力、热力、燃气及水的生产和供应业信贷可得性指数较低，分别为 28.0%、27.7% 和 26.4%，大部分信贷需求没有被满足。

7.6.3　地区差异

图 7-34 描述了东部、中部和西部地区小微企业的信贷可得性指数分布。东部地区小微企业的信贷可得性指数为 52.8%；中部地区小微企业的信贷可得性指数为 39.4%；西部地区小微企业的信贷可得性指数为 44.6%，中部地区的信贷可得性指数相对较低。东部地区发达的金融市场使得小微企业的信贷可得性指数较高，而西部地区可能由于国家西部大开发政策的扶持，使得小微企业的信贷可得性指数比中部地区高。

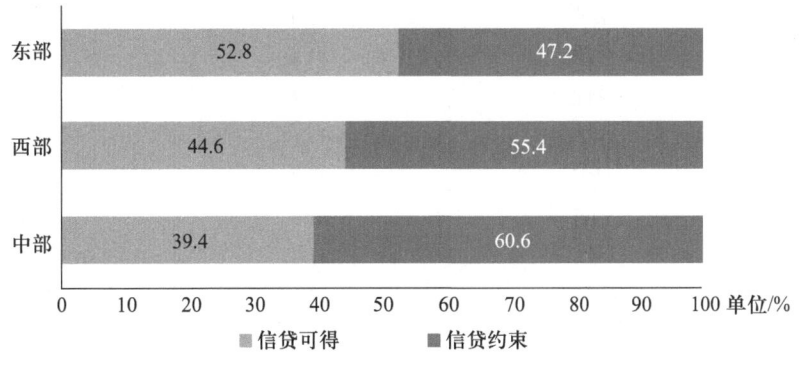

图 7-34　不同区域小微企业的信贷可得性指数分布

117

表7-13给出了小微企业信贷可得性指数的省（自治区、直辖市）排名。按照信贷可得性指数从高到低分为四个等级，江苏、浙江和山东小微企业信贷可得性指数较高，处于60.1%~69.5%；陕西、贵州、河北、广西、河南和甘肃小微企业信贷可得性指数次之，处于50.7%~57.2%；云南、黑龙江、上海、天津、内蒙古、宁夏、安徽、福建和四川小微企业信贷可得性指数又次之，处于40.3%~45.7%；广东、山西、湖南、湖北、吉林、重庆、辽宁、北京、江西和海南小微企业信贷可得性指数较低，处于20.8%~39.8%。

表7-13　各省（自治区、直辖市）小微企业的信贷可得性指数分布　　　　单位/%

序号	省（自治区、直辖市）	信贷可得	信贷约束
1	江苏	69.5	30.5
2	浙江	68.2	31.8
3	山东	60.1	39.9
4	陕西	57.2	42.8
5	贵州	55.1	44.9
6	河北	54.2	45.8
7	广西	53.8	46.2
8	河南	53.5	46.5
9	甘肃	50.7	49.3
10	云南	45.7	54.3
11	黑龙江	45.6	54.4
12	上海	45.5	54.5
13	天津	44.9	55.1
14	内蒙古	43.9	56.1
15	宁夏	43.5	56.5
16	安徽	42.2	57.8
17	福建	40.3	59.7
18	四川	40.3	59.7
19	广东	39.8	60.2
20	山西	38.0	62.0
21	湖南	37.3	62.7
22	湖北	34.7	65.3
23	吉林	33.1	66.9
24	重庆	32.9	67.1
25	辽宁	31.9	68.1
26	北京	31.4	68.6
27	江西	24.2	75.8
28	海南	20.8	79.2

注：调查样本不包括青海、新疆、西藏和港、澳、台地区。

7.7 小微企业的信贷偏好

图 7-35 报告了小微企业的融资渠道偏好。56.9% 的小微企业偏好于银行、信用社等正规渠道，13.0% 的小微企业偏好于亲朋好友、民间金融组织等非正规渠道，意味着绝大部分小微企业倾向于从正规金融机构获得融资。

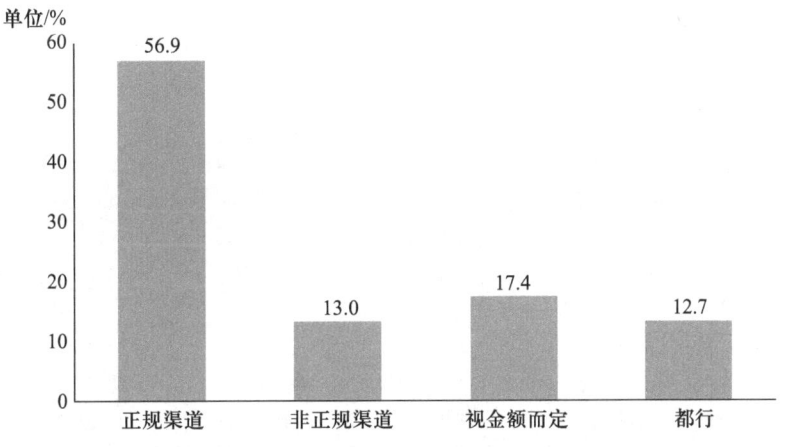

图 7-35　小微企业的融资渠道偏好分布

图 7-36 描述了能够接受银行贷款担保的小微企业接受的担保形式分布。小微企业申请银行贷款能够接受担保的比例为 75.6%，说明绝大多数的小微企业能够接受银行担保贷款。在接受担保贷款的小微企业中，能够接受担保的形式中占比最高的为抵押担保贷款，高达 71.1%，然后为保证担保贷款，占比为 43.0%；质押担保贷款占比为 20.5%；

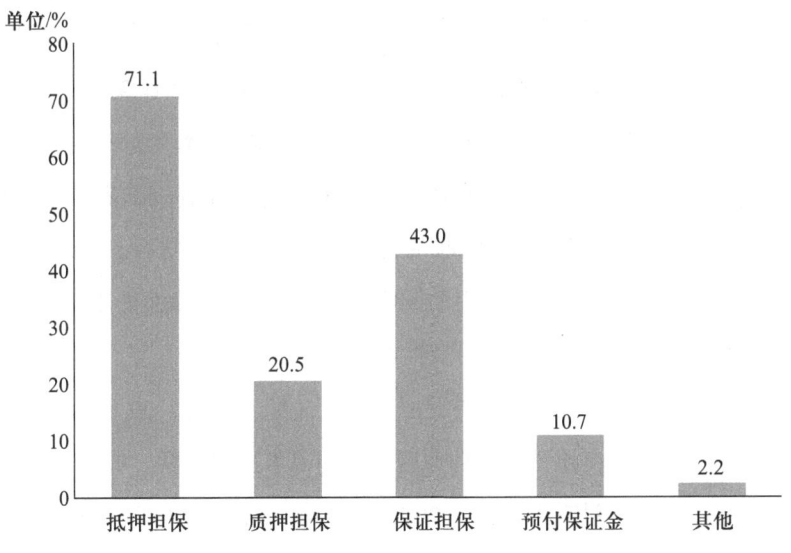

图 7-36　小微企业能够接受的担保形式分布

预付保证金形式的担保贷款占比最低，仅有 10.7%。

图 7-37 描述了在不区分借债渠道的情况下，小微企业可以承受的最高年利率。从全国来看，小微企业可承受的最高年利率为 4.08%。

分地区来看，西部地区的小微企业可承受的最高年利率最高，为 4.73%；然后为东部地区的小微企业，可承受的最高年利率为 4.20%；中部地区的小微企业可承受的最高年利率最低，为 3.24%。

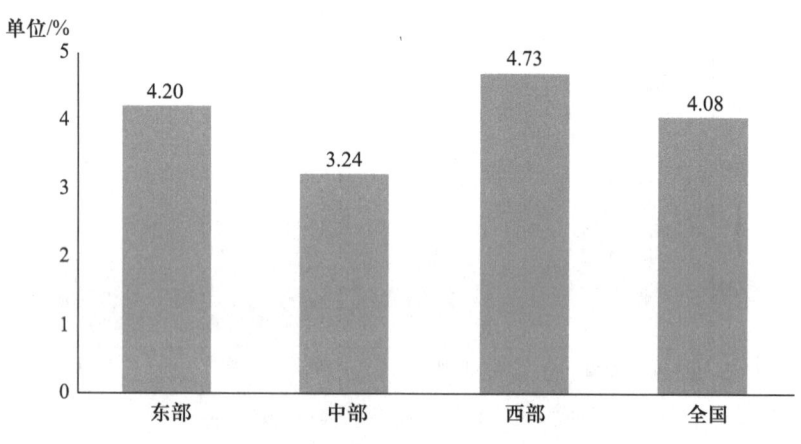

图 7-37　不同区域小微企业可承受的最高年利率

专题 7-1　如何提高银行贷款可得性

2015 年 CMES 调查表明，如图 7-38 所示，在有银行贷款需求的小微企业中，47.3%的小微企业获得贷款，30.3% 的小微企业有贷款需求却没有申请贷款，申请贷款被拒的小微企业占比为 11.9%，需要且正在申请贷款的小微企业占比为 10.5%。

如果仅从曾经申请（不包括正在申请）银行贷款的小微企业来看，79.9% 的小微企业获得贷款，银行贷款拒绝率为 20.1%。这主要是因为在有贷款需求的小微企业中，30.3% 的小微企业没有申请贷款和 10.5% 的小微企业正在申请贷款。由此看来，小微企业融资难的问题，不是因为申请后获得的比例低，而是很多小微企业未申请。也就是说，小微企业融资难，实际上是难在信贷可及性不强。

小微企业"申请贷款被拒绝"的首要原因来自自身。如图 7-39 所示，47.8% 的小微企业认为"没有抵押品"是申请被拒的原因。其他因素也很重要，如 28.2% 的小微企业认为申请被拒的原因是"没有人担保"；20.1% 的小微企业认为申请被拒是出于"政策原因"；13.8% 的小微企业认为申请被拒原因是"不认识银行 / 信用社工作人员"；12.4% 的

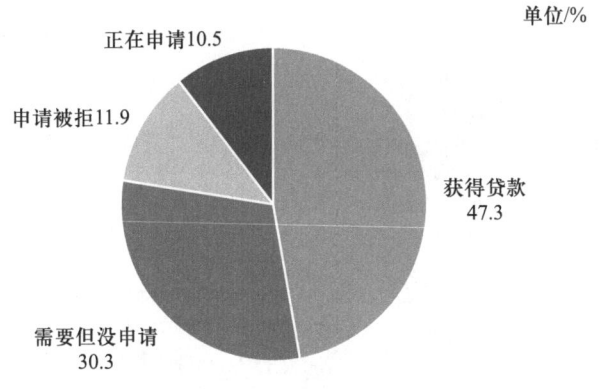

图 7-38　小微企业的贷款申请和获得情况

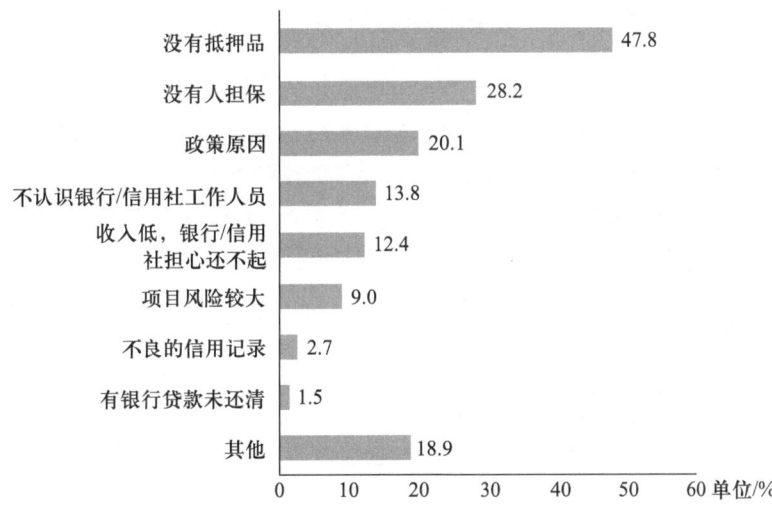

图 7-39　小微企业申请贷款但被银行拒绝的原因分布

小微企业认为申请被拒原因是"收入低，银行/信用社担心还不起"。

　　图 7-40 同样印证了小微企业贷款被拒的原因。在小微企业的贷款类型中，信用贷款占比仅为 24.1%，而抵押贷款占比高达 55.9%。其他的贷款类型分别为占比 19.7% 的保证贷款和占比 4.9% 的质押贷款。

　　图 7-41 描述了小微企业"需要贷款但未向银行申请"的主要原因。排名比较靠前的原因分别是"申请过程麻烦"和"估计贷款申请不会被批准"，占比为 32.9% 和 31.0%。此外，27.2% 的小微企业需要贷款但未申请是因为"贷款利息太高"；17.6% 的小微企业是因为"没有抵押/担保人"；11.0% 的小微企业是因为"不知道如何申请贷款"。这些大部分都是非市场因素，反映了银行对小微企业的信贷可及性存在问题。

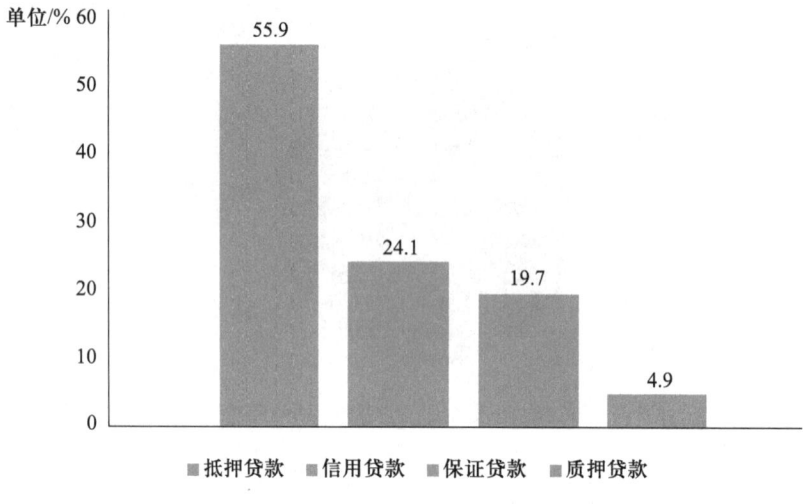

图 7-40　小微企业的银行贷款担保类型分布

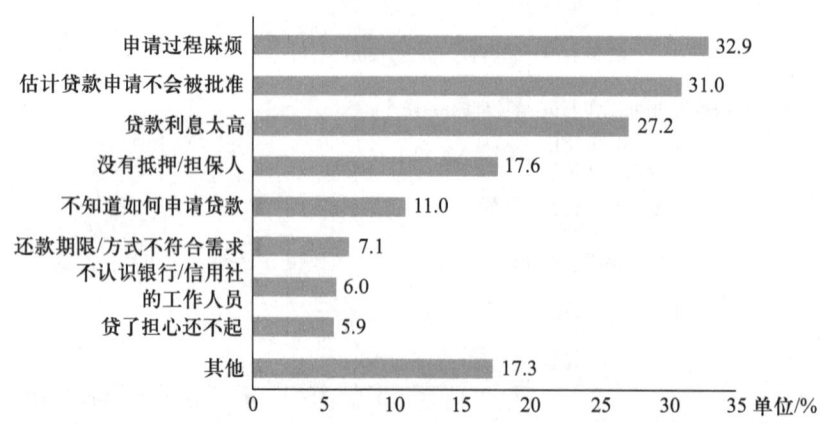

图 7-41　小微企业需要贷款但未申请的原因分布

因此，要提高小微企业的信贷可得性，一方面可以降低金融机构的放贷门槛，比如加大信用贷款的比例；另一方面应提升金融机构的服务质量，比如简化申请程序并加大宣传力度，同时应针对小微企业特点设置较为合意的还款期限和还款方式。

8 小微企业的债务负担

本章将使用资产负债率和资产收入比来衡量小微企业的债务负担。根据 2015 年 CMES 调查数据，我国有借贷小微企业的资产负债率平均为 30.1%，东部地区有借贷小微企业的资产负债率最高，为 32.0%。在有借贷的小微企业中，从事金融业的小微企业有超过 70% 的资产是通过负债形成的；在不同的企业组织形式中，有限责任公司和独资企业形式的小微企业资产负债率较高。

根据 2015 年 CMES 调查数据，我国有借贷小微企业的债务收入比平均为 34.8%，西部地区有借贷小微企业的债务收入比最高，为 36.7%。在有借贷的小微企业中，从事房地产开发经营业的小微企业收入占负债的近 80%；在不同的企业组织形式中，农民合作社形式的小微企业债务收入比较高。

全国范围内有借贷小微企业资不抵债的比例平均为 8.6%。东部地区有借贷小微企业的资不抵债比例最高，为 9.8%。从事金融业有借贷小微企业的资不抵债比例超过 40%；在不同的企业组织形式中，独资企业形式小微企业的资不抵债比例较高。

8.1 资产负债率

资产负债率是衡量企业债务负担的一个常用指标。本章的资产负债率等于小微企业负债总额除以小微企业资产总额，反映了债权人所提供的资本占全部资本的比例。其中，负债既包括从银行、信用社等金融机构的贷款和信用卡借款，也包括从亲戚朋友等处借入的民间借款。一般来说，企业的资产负债率处于0~100%。当资本负债率为0时，说明企业未能发挥财务杠杆的作用，未能做到盈利最大化；当资产负债率为100%的时候，说明企业负债过度，已经到了资不抵债的程度，面临破产清算。资产负债率的警戒线是70%，但不同行业企业的资产负债率水平存在很大差异。资不抵债比例则是衡量企业债务负债的另一个指标。本章的资不抵债比例等于小微企业的负债总额除以小微企业的营业收入。

8.1.1　地区差异

根据2015年CMES调查数据，我国有借贷小微企业的资产负债率平均为30.1%。图8-1统计了不同地区有借贷小微企业的资产负债率。其中，东部地区有借贷小微企业的资产负债率最高，为32.0%；然后为西部地区，有借贷小微企业的资产负债率为28.7%；中部地区有借贷小微企业的资产负债率为28.4%。可以看出，中部地区和西部地区有借贷小微企业的资产负债率大致持平。

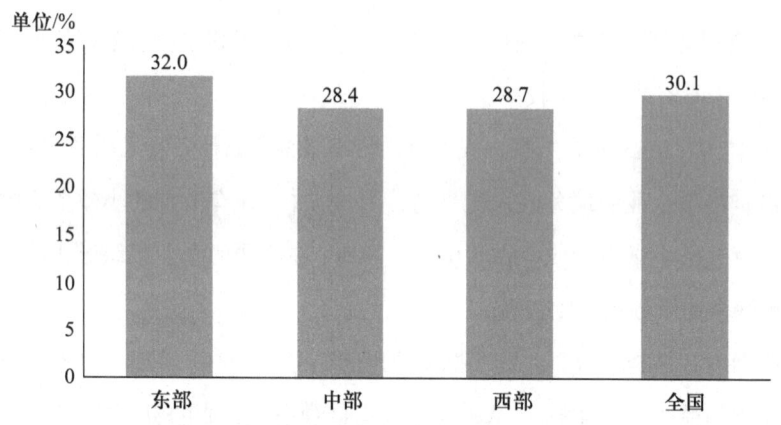

图8-1　不同区域小微企业的资产负债率

表8-1统计了不同省（自治区、直辖市）有借债小微企业的资产负债率。有借贷小微企业资产负债率较高的十个省（自治区、直辖市）分别为湖南、贵州、江西、北京、广西、山东、天津、浙江、辽宁和重庆，资产负债率在33.2%~40.5%。而有借贷小微企业资产负债率较低的十个省（自治区、直辖市）分别为广东、湖北、宁夏、四川、河南、安徽、陕西、山西、河北和内蒙古，资产负债率在11.6%~25.4%。

表 8-1 各省（自治区、直辖市）小微企业的资产负债率 单位 /%

序号	省（自治区、直辖市）	资产负债率
1	湖南	40.5
2	贵州	40.2
3	江西	38.9
4	北京	38.6
5	广西	37.9
6	山东	35.8
7	天津	35.5
8	浙江	34.6
9	辽宁	33.8
10	重庆	33.2
11	黑龙江	30.2
12	吉林	29.8
13	上海	29.7
14	福建	28.9
15	海南	28.5
16	甘肃	28.3
17	云南	27.5
18	江苏	25.8
19	广东	25.4
20	湖北	25.4
21	宁夏	24.7
22	四川	22.0
23	河南	21.0
24	安徽	20.4
25	陕西	20.3
26	山西	14.0
27	河北	13.6
28	内蒙古	11.6

注：调查样本不包括青海、新疆、西藏和港、澳、台地区。

8.1.2 行业差异

图 8-2 对比了不同行业小微企业的资产负债率。在有借贷的小微企业中，从事金融

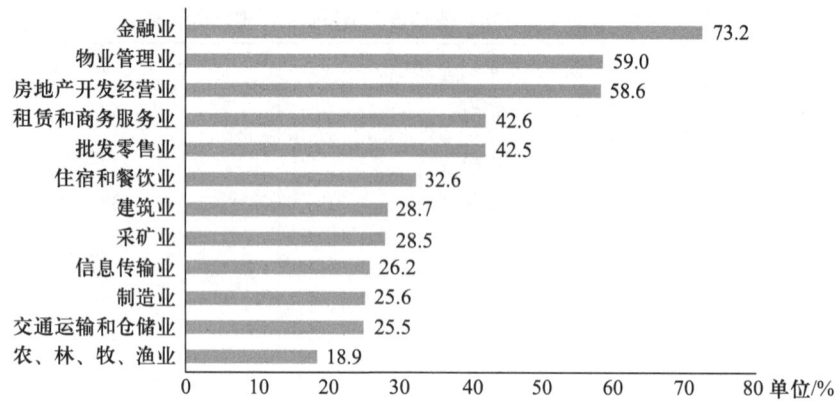

图 8-2　不同行业小微企业的资产负债率

业有借贷的小微企业资产负债率最高，达到 73.2%，意味着超过 70% 的资产是通过负债形成的；然后为物业管理业、房地产开发经营业，有借贷小微企业的资产负债率分别为 59.0% 和 58.6%；租赁和商务服务业、批发零售业、住宿和餐饮业中有借贷小微企业的资产负债率分别为 42.6%、42.5% 和 32.6%。有借贷小微企业的资产负债率最低的为农、林、牧、渔业，仅为 18.9%。

8.1.3　组织形式差异

图 8-3 比较了不同组织形式的小微企业资产负债率情况。在有借贷的小微企业中，有限责任公司和独资企业形式的小微企业资产负债率较高，分别为 32.7% 和 32.5%；股份公司形式的小微企业资产负债率为 25.1%；农民合作社和合伙企业形式的小微企业资产负债率分别为 22.4% 和 20.1%。

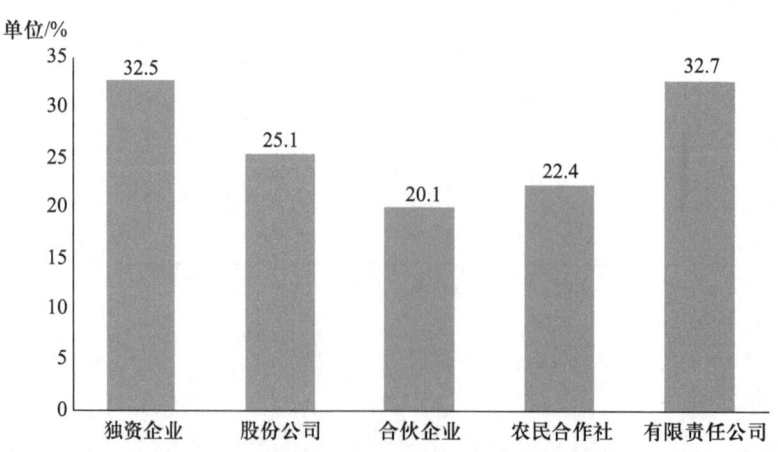

图 8-3　不同组织形式小微企业的资产负债率

8.2 债务收入比

8.2.1 区域差异

根据 2015 年 CMES 调查数据，我国有借贷的小微企业平均债务收入比为 34.8%。图 8-4 统计了不同地区有借贷小微企业的债务收入比。其中，西部地区有借贷小微企业债务收入比最高，为 36.7%；然后是中部地区有借贷小微企业债务收入比，为 35.3%；东部地区有借贷小微企业债务收入比为 33.2%。

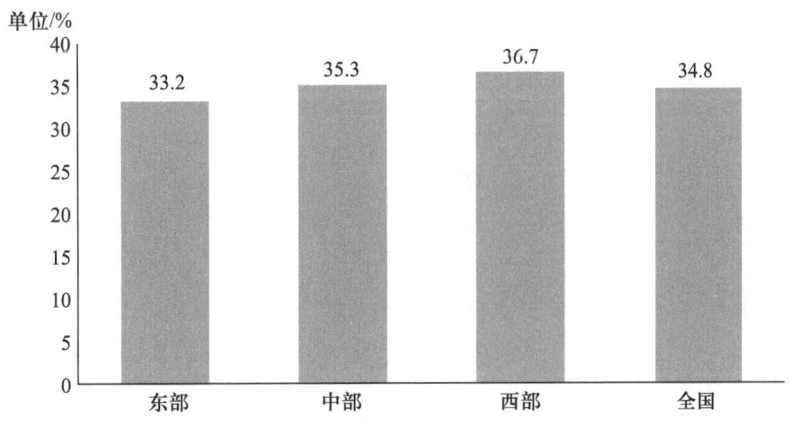

图 8-4　不同区域小微企业的债务收入比

表 8-2 统计了不同省（自治区、直辖市）有借贷小微企业的债务收入比。有借贷小微企业债务收入比较高的十个省（自治区、直辖市）为内蒙古、辽宁、贵州、北京、黑龙江、湖南、福建、甘肃、广西和重庆，债务收入比在 36.8%~70.0%。而有借贷小微企业债务收入比较低的十个省（自治区、直辖市）为江西、江苏、天津、安徽、广东、山西、河南、宁夏、河北和海南，债务收入比在 8.4%~26.5%。

表 8-2　各省（自治区、直辖市）小微企业的债务收入比　　　单位 /%

序号	省（自治区、直辖市）	债务收入比
1	内蒙古	70.0
2	辽宁	64.5
3	贵州	60.1
4	北京	59.6
5	黑龙江	49.1

序号	省（自治区、直辖市）	债务收入比
6	湖南	47.0
7	福建	44.5
8	甘肃	39.0
9	广西	36.9
10	重庆	36.8
11	吉林	33.2
12	山东	32.7
13	湖北	32.6
14	浙江	31.9
15	云南	30.5
16	上海	28.6
17	四川	28.5
18	陕西	28.1
19	江西	26.5
20	江苏	24.9
21	天津	24.4
22	安徽	24.1
23	广东	23.8
24	山西	23.2
25	河南	22.5
26	宁夏	20.4
27	河北	13.9
28	海南	8.4

注：调查样本不包括青海、新疆、西藏和港、澳、台地区。

8.2.2 行业差异

图 8-5 对比了不同行业小微企业的债务收入比。在有借贷的小微企业中，房地产开发经营业有借贷小微企业的债务收入比最高，达到 79.1%，这意味着近 80% 的收入被负债占据；然后为金融业和农、林、牧、渔业，有借贷小微企业的债务收入比分别为 55.2% 和 40.6%；租赁和商务服务业、批发零售业、交通运输和仓储业有借贷小微企业的债务收入比分别为 39.4%、38.4% 和 37.9%。有借贷小微企业债务收入比最低的为住宿和餐饮业，仅为 22.0%。

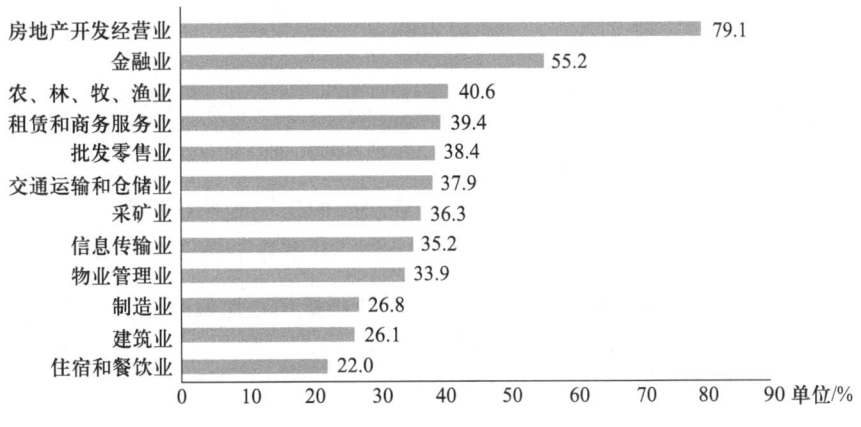

图 8-5 不同行业小微企业的债务收入比

8.2.3 组织形式差异

图 8-6 比较了不同组织形式的小微企业债务收入比情况。在有借贷的小微企业中，农民合作社形式的小微企业债务收入比较高，为 45.1%；独资企业形式的小微企业债务收入比为 37.4%；股份公司和合伙企业形式的小微企业债务收入比分别为 34.2% 和 32.9%；有限责任公司形式的小微企业债务收入比为 30.0%。

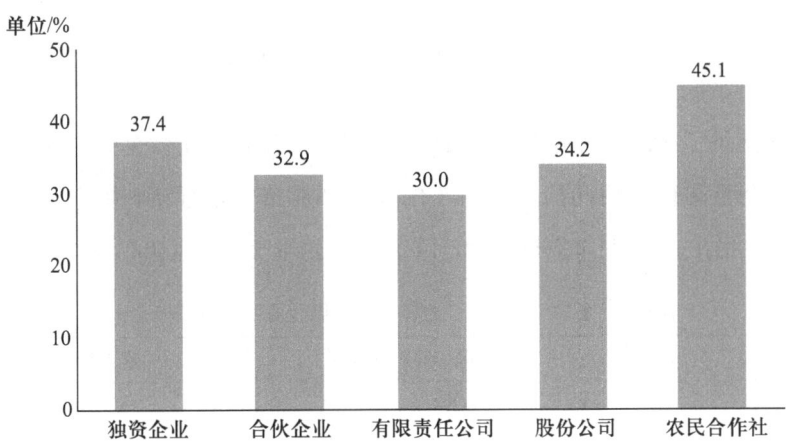

图 8-6 不同组织形式小微企业的债务收入比

8.3 债务风险

8.3.1 区域差异

本小节将资不抵债的小微企业视为有潜在风险的小微企业。图 8-7 显示了截至调查时，资不抵债的小微企业的占比。就全国而言，有借贷小微企业资不抵债的比例为8.6%。分地区来看，东部地区有借贷小微企业的资不抵债占比最高，为 9.8%；中部地区和西部地区有借贷小微企业资不抵债的占比，均为 7.7%。

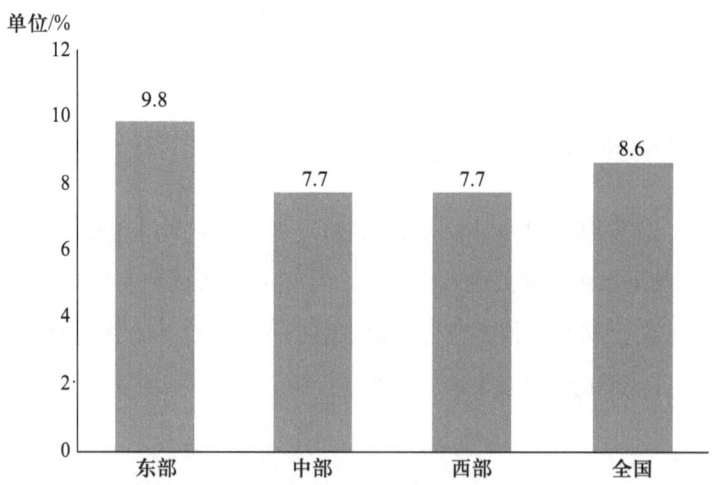

图 8-7 不同区域资不抵债的小微企业占比

表 8-3 统计了排前十名的省（自治区、直辖市）有借贷小微企业的资不抵债比例。有借贷小微企业资不抵债排前十名的省（自治区、直辖市）分别为海南、北京、江西、广西、吉林、湖南、山东、贵州、辽宁和天津，资不抵债的小微企业占比在 10.7%~24.2%。

表 8-3 各省（自治区、直辖市）小微企业的资不抵债占比   单位 /%

序号	省（自治区、直辖市）	资不抵债占比
1	海南	24.2
2	北京	19.0
3	江西	18.1
4	广西	16.8
5	吉林	15.6
6	湖南	13.9

序号	省（自治区、直辖市）	资不抵债占比
7	山东	13.7
8	贵州	12.6
9	辽宁	11.8
10	天津	10.7

注：调查样本不包括青海、新疆、西藏和港、澳、台地区。

8.3.2 行业差异

图 8-8 对比了排前十名行业的小微企业资不抵债的占比情况。在有借贷的小微企业中，金融业有借贷小微企业资不抵债的占比最高，达到 42.1%；然后为物业管理业和房地产开发经营业，有借贷小微企业资不抵债的占比分别为 32.0% 和 19.1%；租赁和商务服务业、批发零售业、软件和信息技术服务业、采矿业，有借贷小微企业资不抵债的占比分别为 17.6%、16.7%、10.4% 和 10.2%。住宿和餐饮业、交通运输和仓储业、建筑业，有借贷小微企业资不抵债的占比分别为 8.1%、6.4% 和 5.9%。

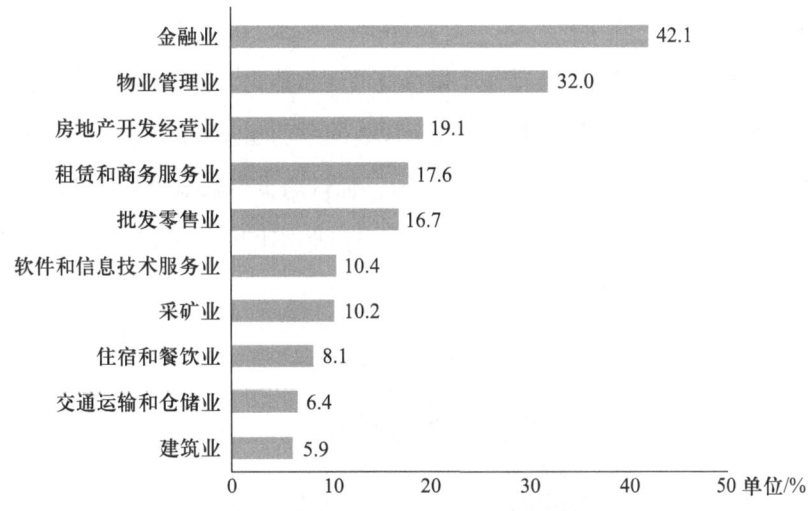

图 8-8　不同行业有借贷小微企业资不抵债情况

8.3.3 组织形式差异

图 8-9 比较了不同组织形式的小微企业资不抵债的占比情况。在有借贷的小微企业中，独资企业形式的小微企业资不抵债占比较高，为 10.8%。有限责任公司形式的小微

企业资不抵债的占比为 9.2%；股份公司形式的小微企业资不抵债的占比为 6.5%；合伙企业和农民合作社形式的小微企业资不抵债的占比分别为 5.3% 和 3.7%。

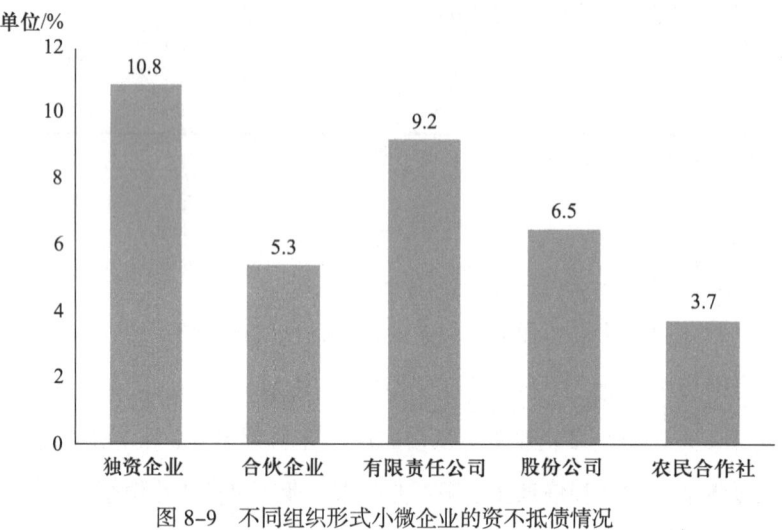

图 8-9　不同组织形式小微企业的资不抵债情况

专题 8-1　小微企业债务风险的主观感受和解决办法

　　2015 年 CMES 调查询问了有借债小微企业的还款能力。如图 8-10 所示，超过 90% 有借债小微企业还款没有问题。其中，完全没有问题的超过 50%，占比为 55.0%；基本没有问题的小微企业占比接近 40%，为 36.5%。而认为自身基本没有还款能力的小微企业仅占 8.5%。这和有借债小微企业中资不抵债的企业占比基本一致。

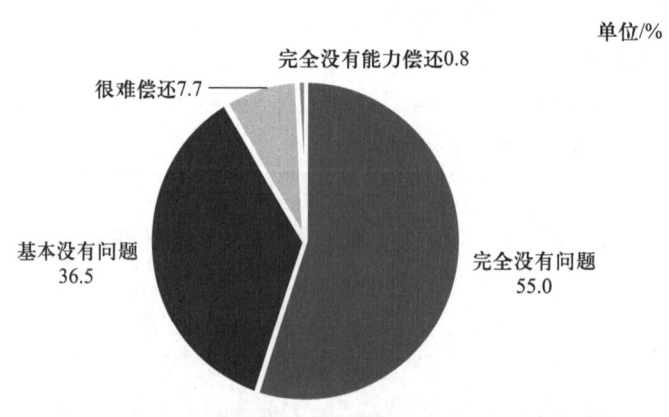

图 8-10　小微企业资金偿还能力的主观感受

调查进一步询问了如果资金出现问题，有借债小微企业采取什么样的措施进行补救。如图 8-11 所示，近 70% 的有借债小微企业会选择从其他渠道借款偿还，占比为 65.1%；采用民间手段催收旧账用来偿还的有借债小微企业占比为 27.8%；选择暂时不还，逾期拖着的有借债小微企业占比为 4.0%。

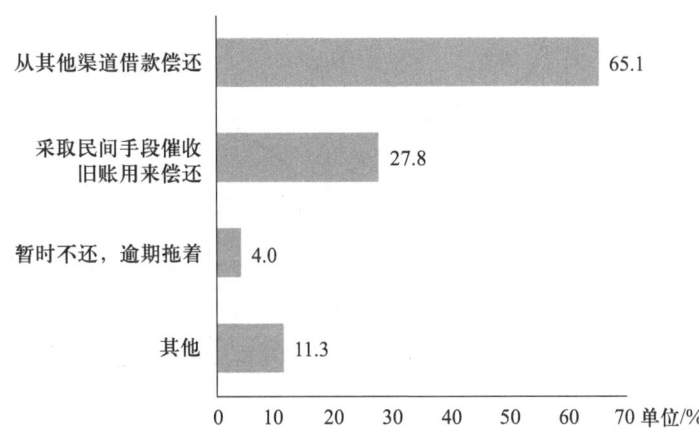

图 8-11　有借债小微企业采取的还款补救措施

专题 8-2　什么样的小微企业发展较困难

2015 年 CMES 数据显示，在有借债的小微企业中，全国有 8.6% 的小微企业资产小于负债。东部地区有借债小微企业资不抵债的占比为 9.8%；房地产开发经营业有借债小微企业债务收入比最高，达到 79.1%；独资企业形式的小微企业资不抵债占比较高，为10.8%。

哪类小微企业出现资不抵债的可能性更大呢？中心从企业主年龄、企业盈利状况、企业资产规模三个方面进行了深度分析。

1. 企业主年龄

从企业主年龄来看，如图 8-12 所示，25 岁以下的小微企业主经营的小微企业出现资不抵债的占比最高，为 22.2%。36 岁 ~40 岁的小微企业主经营的小微企业出现资不抵债的占比最低，仅为 5.1%；26 岁 ~30 岁的小微企业主经营的小微企业出现资不抵债的占比为 10.8%；31 岁 ~35 岁的小微企业主经营的小微企业出现资不抵债的占比为 8.6%；41 岁 ~50 岁的小微企业主经营的小微企业出现资不抵债的占比为 8.8%；51 岁 ~60 岁的小微企业主经营的小微企业出现资不抵债的占比为 9.7%；61 岁以上的小微企业主经营的小微企业

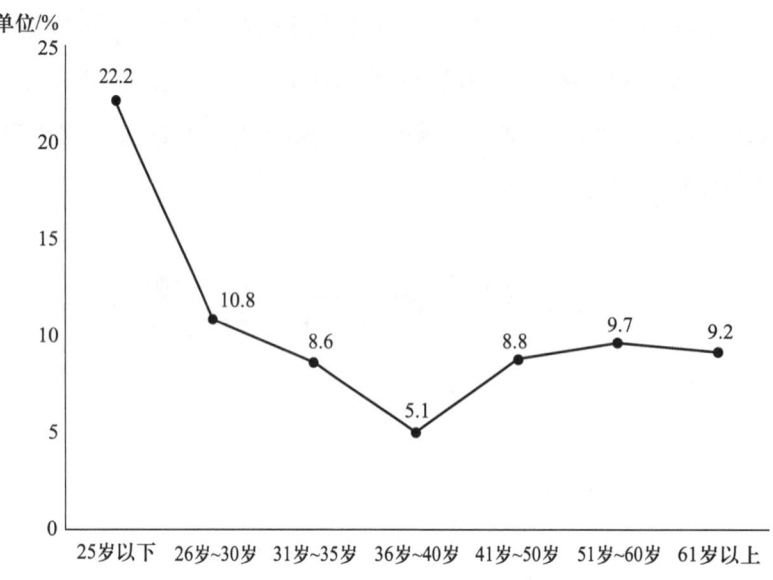

图 8-12　不同年龄的小微企业主经营小微企业的资不抵债情况

出现资不抵债的占比为 9.2%。

2. 企业盈利状况

图 8-13 显示了不同经营情况的小微企业的资不抵债的占比情况。其中，盈利小微企业资不抵债的占比为 7.1%；持平小微企业资不抵债的占比为 7.9%；亏损小微企业资不抵债的占比为 12.7%。可见，亏损小微企业出现资不抵债的可能性明显较高。

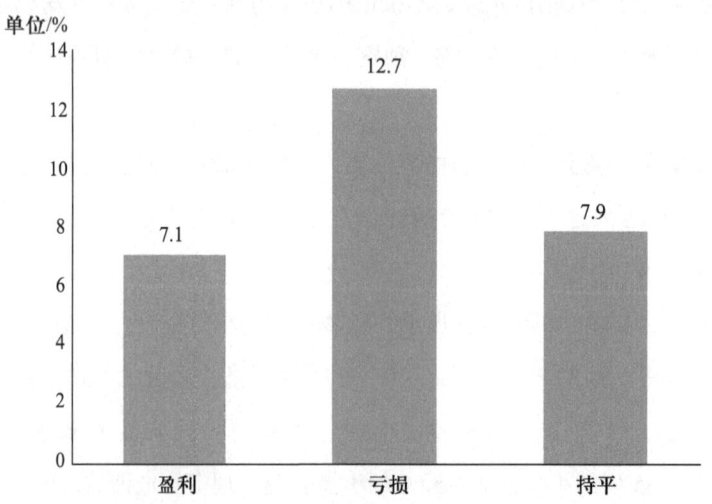

图 8-13　不同盈利状况小微企业资不抵债的情况

3. 企业资产规模

不同资产规模的小微企业呈现出不同的资不抵债的比例。如图 8-14 所示，随着小微企业资产的增加，资不抵债小微企业的占比呈现下降趋势。其中，资产规模最小（10万元以下区间）的小微企业出现资不抵债的占比最高，为 81.7%；资产规模最大（1 001万元以上区间）的小微企业出现资不抵债的占比最低，仅为 1.1%，二者相差 80.6%。

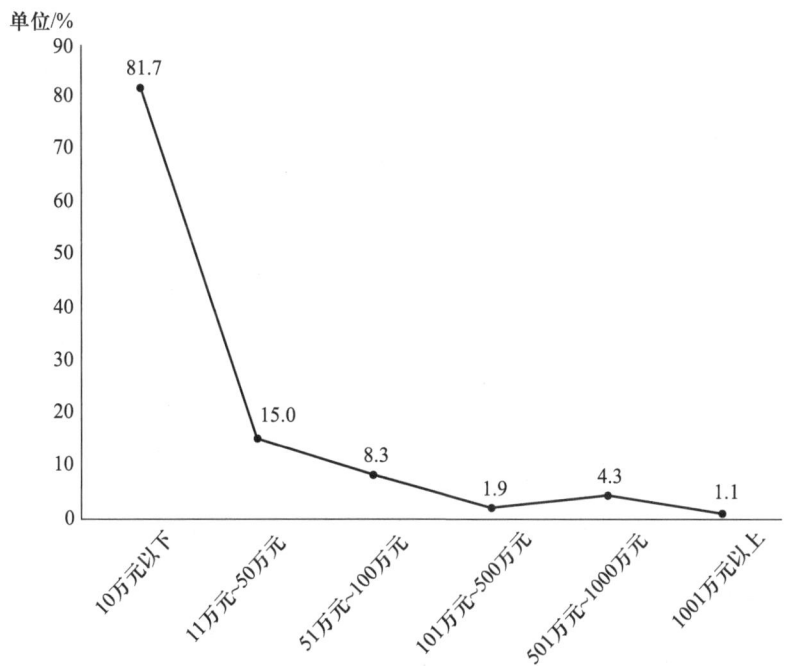

图 8-14　不同资产规模小微企业的资不抵债情况

小微企业资不抵债与企业主年龄呈现 U 形关系，即随着企业主年龄的增长，小微企业出现资不抵债的概率会下降；当增长到一定的年龄后，小微企业出现资不抵债的概率又会上升。

小微企业资不抵债与企业盈利状况存在相关关系。盈利状况好的小微企业发展态势和增长潜力更强，对资金的需求也更为旺盛，同时更容易获得外部资金，而非盈利小微企业更容易出现资不抵债。

小微企业资不抵债和企业资产规模也存在相关关系。资产规模越大的小微企业，越不容易出现资不抵债的情况。

9 人力资源

本章描述小微企业的人力资源情况。

从员工规模来看，从事物业管理业的小微企业员工人数最多，平均为 69.0 人；然后是从事制造业的小微企业，员工人数平均为 57.4 人。42.3% 的小微企业员工人数在 10 人及以下。全国小微企业员工平均年龄为 41.1 岁，大多数小微企业正式员工学历为高职 / 大专 / 本科，非正式员工学历以初中为主。

从招聘和离职情况来看，有 55.7% 的小微企业在 2014 年进行过招聘，其中信息传输业招聘员工人数最多，招聘的大学生人数也最多。从招聘计划来看，近 50% 的小微企业在未来一年有招聘计划，其中金融业小微企业计划招聘的员工人数最多，计划招聘的大学生人数也最多。值得注意的是，近 40% 的小微企业面临招工难的问题，应聘者薪酬不满意和应聘者技能不符合企业要求是招工难最主要的两个原因。2014 年，在有员工离职的小微企业中，87.7% 的小微企业存在员工主动辞职的情况，平均每个小微企业离职 3 个员工。

从企业培训的情况来看，近 70% 的小微企业在 2014 年组织了培训活动，其中内部培训是最主要的培训形式。从培训效果来看，78.2% 的小微企业员工认可企业培训的效果，缺乏合适的培训机构和培训人员是小微企业员工培训中存在的主要问题。

从薪酬来看，金融业小微企业的员工平均工资最高，每个月 4 820.5 元；然后是从事软件和信息技术服务业的小微企业的员工，平均工资为每个月 4 540.9 元。从人工成本上看，物业管理业、邮政业的人工成本远远高于其他行业。

从员工保险和福利来看，近 70% 的小微企业为普通员工购买了社会险金，超过 30%

的小微企业为员工购买了商业保险。近 90% 的小微企业提供了员工福利，免费的工作餐是最主要的福利形式。

9.1 基本情况

9.1.1 员工基本情况

9.1.1.1 员工人数

表 9–1 反映了分行业的小微企业员工人数情况。总体来看，从事物业管理业的小微企业员工人数最多，从事邮政业的小微企业员工人数最少。具体来看，从事物业管理业的小微企业员工平均为 69.0 人；然后是从事制造业的小微企业，平均有 57.4 名员工；从事建筑业的小微企业员工也较多，平均为 54.4 人；从事交通运输和仓储业小微企业的员工平均为 42.4 人；从事采矿业小微企业的员工平均为 33.6 人；从事房地产开发经营业小微企业的员工平均为 33.2 人；从事农、林、牧、渔业小微企业的员工平均为 30.6 人；从事住宿和餐饮业小微企业的员工平均为 28.8 人；从事金融业小微企业的员工平均为 27.7 人；从事软件和信息技术服务业小微企业的员工平均为 27.0 人；从事信息传输业小微企业的员工平均为 25.3 人；从事电力、热力、燃气及水的生产和供应业小微企业的员工平均为 24.0 人；从事租赁和商务服务业小微企业的员工平均为 19.5 人；从事批发零售业小微企业的员工平均为 18.0 人；从事邮政业小微企业的员工平均为 5.3 人；从事其他行业小微企业的员工平均为 23.7 人。

表 9–1　不同行业小微企业员工人数　　　　　　　　　　　　单位 / 人

行业	员工平均人数
物业管理业	69.0
制造业	57.4
建筑业	54.4
交通运输和仓储业	42.4
采矿业	33.6
房地产开发经营业	33.2
农、林、牧、渔业	30.6
住宿和餐饮业	28.8

行业	员工平均人数
金融业	27.7
软件和信息技术服务业	27.0
信息传输业	25.3
电力、热力、燃气及水的生产和供应业	24.0
租赁和商务服务业	19.5
批发零售业	18.0
邮政业	5.3
其他	23.7

图 9-1 报告了不同员工规模的小微企业的分布情况。总体来看，80% 以上的小微企业员工规模在 50 人以下，其中员工人数在 10 人以下的小微企业占比近 50%。具体来看，10 人及以下的小微企业最多，占比为 42.3%；11 人~20 人的小微企业，占比为 19.5%；21 人~30 人的小微企业，占比为 9.8%；31 人~40 人的小微企业，占比为 5.4%；41 人~50 人的小微企业，占比为 5.2%；51 人~60 人的小微企业，占比为 2.6%；61 人~70 人的小微企业，占比为 1.8%；71 人~80 人的小微企业，占比为 1.7%；81 人~90 人的小微企业，占比为 0.8%；91 人~100 人的小微企业，占比为 1.8%；101 人~125 人的小微企业，占比为 1.6%；126 人~150 人的小微企业，占比为 1.3%；151 人~175 人的小微企业，占比为 0.5%；176 人~200 人的小微企业，占比为 1.1%；201 人~300 人的小微企业，占比为 1.5%；300 人以上的小微企业，占比为 3.1%。

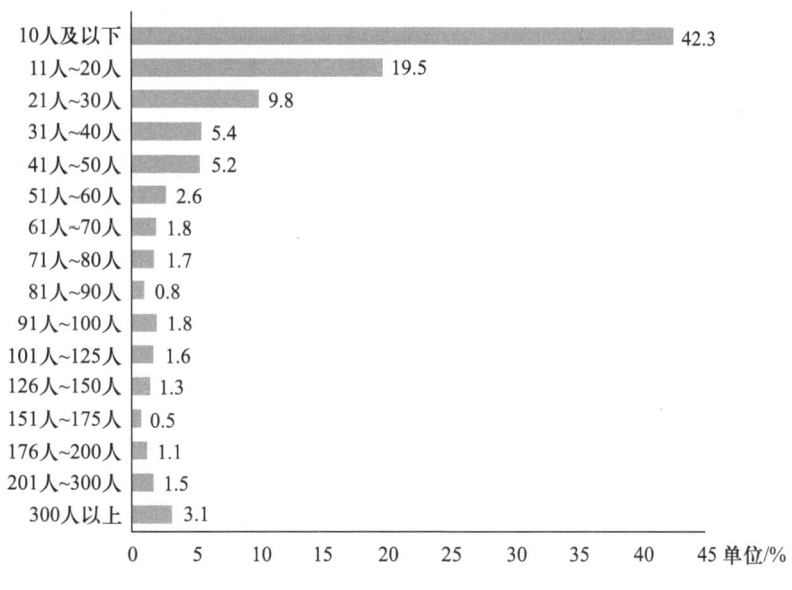

图 9-1　不同员工规模的小微企业分布情况

9.1.1.2 员工年龄

表 9-2 报告了不同行业的小微企业员工年龄的分布情况。总体来看，从事农、林、牧、渔业的小微企业员工的平均年龄最高，从事邮政业的小微企业员工的平均年龄最低。具体来看，从事农、林、牧、渔业的小微企业的员工平均年龄和中位数最高，均值为 41.1 岁，中位数为 40.0 岁；从事采矿业的小微企业的员工平均年龄为 37.3 岁，中位数为 36.0 岁；从事制造业的小微企业的员工平均年龄为 36.8 岁，中位数为 35.0 岁；从事交通运输和仓储业的员工平均年龄为 36.4 岁，中位数为 37.0 岁；从事电力、热力、燃气及水的生产和供应业的小微企业的员工平均年龄为 35.8 岁，中位数 35.0 岁；从事房地产开发经营业的小微企业的员工平均年龄为 35.1 岁，中位数为 35.0 岁；从事物业管理业的小微企业的员工平均年龄为 34.5 岁，中位数为 35.0 岁；从事批发零售业的小微企业的员工平均年龄为 34.2 岁，中位数为 35.0 岁；从事建筑业的小微企业的员工平均年龄为 33.5 岁，中位数为 35.0 岁；从事租赁和商务服务业的小微企业的员工平均年龄为 32.2 岁，中位数为 30.0 岁；从事住宿和餐饮业的小微企业的员工平均年龄为 31.3 岁，中位数为 30.0 岁；从事金融业的小微企业的员工平均年龄为 29.1 岁，中位数为 28.0 岁；从事软件和信息技术服务业的小微企业的员工平均年龄为 28.5 岁，中位数为 28.0 岁；从事信息传输业的小微企业的员工平均年龄为 28.4 岁，中位数为 28.0 岁；从事邮政业的小微企业的员工平均年龄为 27.4 岁，中位数为 25.0 岁；从事其他行业的小微企业的员工平均年龄为 31.2 岁，中位数为 30.0 岁。

表 9-2　不同行业小微企业员工年龄分布　　　　　　　　　　单位 / 岁

行业	均值	中位数
农、林、牧、渔业	41.1	40.0
采矿业	37.3	36.0
制造业	36.8	35.0
交通运输和仓储业	36.4	37.0
电力、热力、燃气及水的生产和供应业	35.8	35.0
房地产开发经营业	35.1	35.0
物业管理业	34.5	35.0
批发零售业	34.2	35.0
建筑业	33.5	35.0
租赁和商务服务业	32.2	30.0
住宿和餐饮业	31.3	30.0
金融业	29.1	28.0

行业	均值	中位数
软件和信息技术服务业	28.5	28.0
信息传输业	28.4	28.0
邮政业	27.4	25.0
其他	31.2	30.0

9.1.1.3　员工受教育程度

图9-2报告了小微企业正式员工的学历情况。问卷询问的是"贵企业正式员工的学历以什么为主"。根据问卷结果来看，正式员工以高职/大专/本科学历为主的小微企业较多。具体来说，43.2%的小微企业正式员工学历以高职/大专/本科为主；28.7%的小微企业正式员工学历以职高/中专/高中为主；24.7%的小微企业正式员工学历以初中为主；2.9%的小微企业正式员工学历以小学为主；0.5%的小微企业正式员工学历以研究生为主。

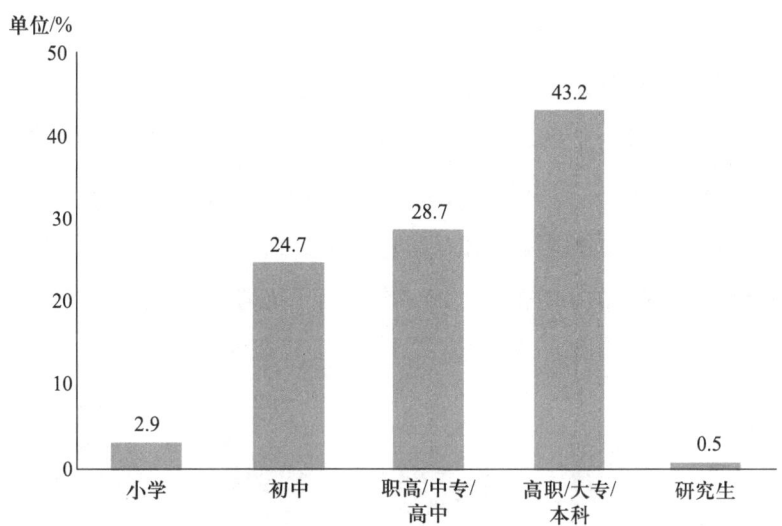

图9-2　小微企业正式员工受教育程度情况

图9-3报告了小微企业非正式员工的学历情况。问卷询问的是"贵企业非正式员工的学历以什么为主"。根据问卷结果来看，非正式员工以初中学历为主的小微企业较多。具体来说，12.3%的小微企业非正式员工学历以小学为主；41.5%的小微企业非正式员工学历以初中为主；26.7%的小微企业非正式员工学历以职高/中专/高中为主；19.1%的小微企业非正式员工学历以高职/大专/本科为主；0.4%的小微企业非正式员工学历以研究生为主。

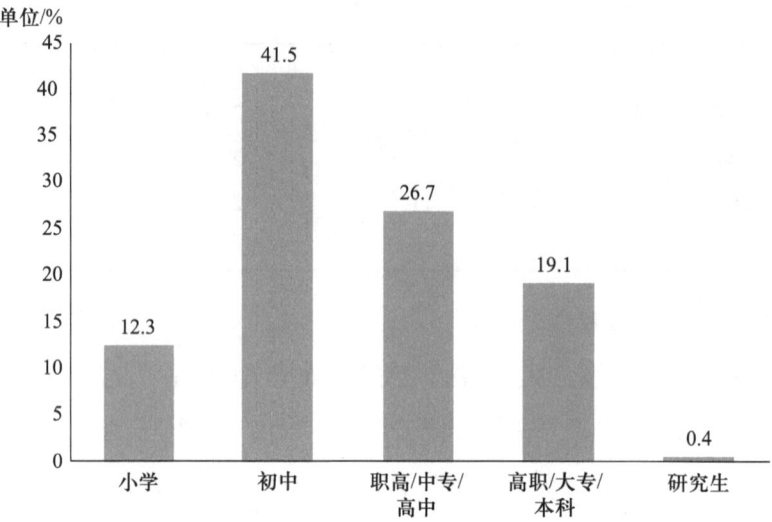

图 9-3　小微企业非正式员工受教育程度情况

9.1.2　招聘与离职

9.1.2.1　招聘总体情况

图 9-4 报告了小微企业在 2014 年的招聘情况。从全国来看，55.7% 的小微企业在 2014 年进行了招聘，44.3% 的小微企业没有进行招聘。分地区来看，西部地区 58.2% 的小微企业在 2014 年进行了招聘，占比最高；东部地区 55.6% 的小微企业在 2014 年进行了招聘；中部地区 52.9% 的小微企业在 2014 年进行了招聘。

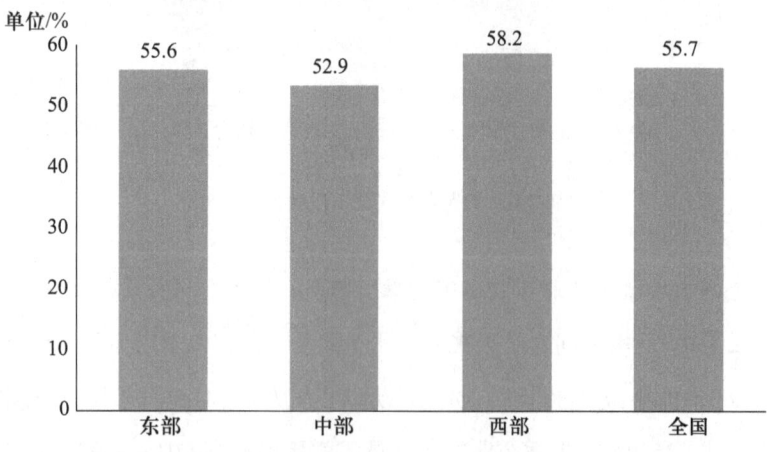

图 9-4　2014 年小微企业招聘情况

表 9-3 报告了不同行业的小微企业平均招聘人数和招聘人数占现有员工人数比例的情况。总体来看，从事信息传输业的小微企业招聘人数最多，从事邮政业的小微企业招聘人数最少。具体来看，从事信息传输业的小微企业招聘人员最多，平均 11.6 人，招聘员工占现有员工人数比例为 45.8%；从事物业管理业的小微企业平均招聘 9.7 人，招聘员工占现有员工人数比例为 14.1%；从事金融业的小微企业平均招聘 8.8 人，招聘员工占现有员工人数比例为 31.8%；从事制造业的小微企业平均招聘 8.6 人，招聘员工占现有员工人数比例为 15.0%；从事住宿和餐饮业的小微企业平均招聘 8.2 人，招聘员工占现有员工人数比例为 28.5%；从事建筑业的小微企业平均招聘 7.5 人，招聘员工占现有员工人数比例为 13.8%；从事采矿业的小微企业平均招聘 6.2 人，招聘员工占现有员工人数比例为 18.5%；从事软件和信息技术服务业的小微企业平均招聘 6.1 人，招聘员工占现有员工人数比例为 22.6%；从事房地产开发经营业的小微企业平均招聘 4.5 人，招聘员工占现有员工人数比例为 13.6%；从事农、林、牧、渔业的小微企业平均招聘 3.9 人，招聘员工占现有员工人数比例为 12.7%；从事租赁和商务服务业的小微企业平均招聘 3.7 人，招聘员工占现有员工人数比例为 19.0%；从事交通运输和仓储业的小微企业平均招聘 3.4 人，招

表 9-3　不同行业小微企业招聘人数情况

行业	招聘人数 / 人	招聘人数占现有员工比例 /%
信息传输业	11.6	45.8
物业管理业	9.7	14.1
金融业	8.8	31.8
制造业	8.6	15.0
住宿和餐饮业	8.2	28.5
建筑业	7.5	13.8
采矿业	6.2	18.5
软件和信息技术服务业	6.1	22.6
房地产开发经营业	4.5	13.6
农、林、牧、渔业	3.9	12.7
租赁和商务服务业	3.7	19.0
交通运输和仓储业	3.4	8.0
批发零售业	3.1	17.2
电力、热力、燃气及水的生产和供应业	2.8	11.7
邮政业	2.3	43.4
其他	5.6	23.6

员工占现有员工人数比例为 8.0%；从事批发零售业的小微企业平均招聘 3.1 人，招聘员工占现有员工人数比例为 17.2%；从事电力、热力、燃气及水的生产和供应业的小微企业平均招聘 2.8 人，招聘员工占现有员工人数比例为 11.7%；从事邮政业的小微企业平均招聘 2.3 人，招聘员工占现有员工人数比例为 43.4%；从事其他行业的小微企业平均招聘 5.6 人，招聘员工占现有员工人数比例为 23.6%。

9.1.2.2 招聘大学生情况

表 9-4 报告了不同行业小微企业招聘的大学生人数及招聘的大学生人数占总招聘人数的比例的情况。具体来看，从事信息传输业的小微企业平均招聘 2.3 名大学生，占总招聘人数的比例为 19.8%；从事金融业的小微企业平均招聘 2.1 名大学生，占总招聘人数的比例为 23.9%；从事软件和信息技术服务业的小微企业平均招聘 2.0 名大学生，占总招聘人数的比例为 32.8%；从事物业管理业的小微企业平均招聘 1.6 名大学生，占总招聘人数的比例为 16.5%；从事建筑业的小微企业平均招聘 1.5 名大学生，占总招聘人数的比例

表 9-4　不同行业小微企业招聘大学生情况

行业	招聘大学生人数 / 人	招聘大学生人数占总招聘人数比例 /%
信息传输业	2.3	19.8
金融业	2.1	23.9
软件和信息技术服务业	2.0	32.8
物业管理业	1.6	16.5
建筑业	1.5	20.0
住宿和餐饮业	1.1	13.4
租赁和商务服务业	1.0	27.0
邮政业	1.0	43.5
房地产开发经营业	1.0	22.2
制造业	0.7	8.1
批发零售业	0.4	12.9
电力、热力、燃气及水的生产和供应业	0.3	10.7
交通运输和仓储业	0.3	8.8
农、林、牧、渔业	0.3	7.7
采矿业	0.2	3.2
其他	1.5	26.8

为 20.0%；从事住宿和餐饮业的小微企业平均招聘 1.1 名大学生，占总招聘人数的比例为 13.4%；从事租赁和商务服务业的小微企业平均招聘 1.0 名大学生，占总招聘人数的比例为 27.0%；从事邮政业的小微企业平均招聘 1.0 名大学生，占总招聘人数的比例为 43.5%；从事房地产开发经营业的小微企业平均招聘 1.0 名大学生，占总招聘人数的比例为 22.2%；从事制造业的小微企业平均招聘 0.7 名大学生，占总招聘人数的比例为 8.1%；从事批发零售业的小微企业平均招聘 0.4 名大学生，占总招聘人数的比例为 12.9%；从事电力、热力、燃气及水的生产和供应业的小微企业平均招聘 0.3 名大学生，占总招聘人数的比例为 10.7%；从事交通运输和仓储业的小微企业平均招聘 0.3 名大学生，占总招聘人数的比例为 8.8%；从事农、林、牧、渔业的小微企业平均招聘 0.3 名大学生，占总招聘人数的比例为 7.7%；从事采矿业的小微企业平均招聘 0.2 名大学生，占总招聘人数的比例为 3.2%；从事其他行业的小微企业平均招聘 1.5 名大学生，占总招聘人数的比例为 26.8%。

9.1.2.3 招聘计划

图 9-5 报告了小微企业未来一年的招聘计划情况。48.5% 的小微企业在未来一年有招聘计划，20.3% 的小微企业将视情况而定，31.2% 的小微企业在未来一年没有招聘计划。

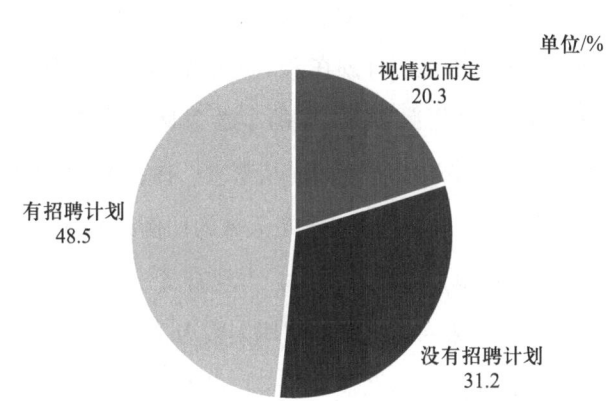

图 9-5　小微企业未来一年的招聘计划情况

图 9-6 分析了不同区域小微企业未来一年的招聘计划。可以看到，中部地区有招聘计划的小微企业的占比最高，为 49.8%；西部地区有 49.6% 的小微企业有招聘计划；东部地区有招聘计划的小微企业占比最低，为 47.3%。

单位/%

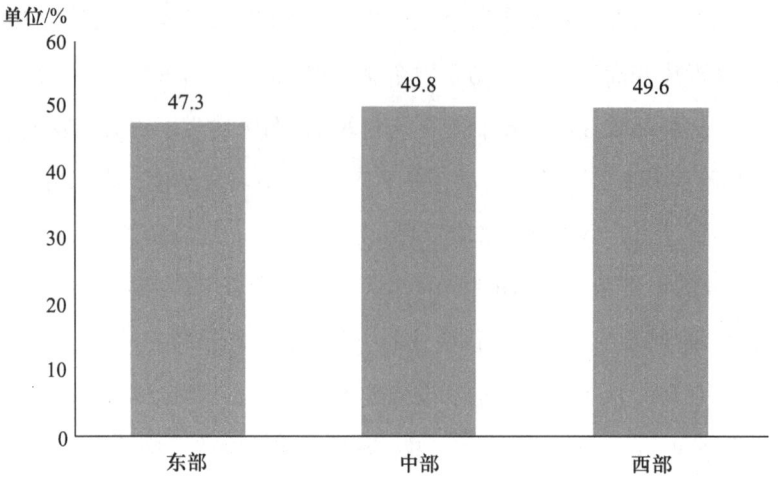

图 9-6　不同区域小微企业未来一年的招聘计划情况

　　表 9-5 报告了不同行业小微企业计划招聘的人数和计划招聘人数占现有员工人数比例的情况。具体来看，从事金融业的小微企业计划在未来一年招聘的平均人数为 11.0 人，占现有员工人数的比例为 39.7%；从事信息传输业的小微企业计划在未来一年招聘的平均人数为 7.6 人，占现有员工人数的比例为 30.0%；从事房地产开发经营业的小微企业计划在未来一年招聘的平均人数为 7.0 人，占现有员工人数的比例为 21.1%；从事制造业的小微企业计划在未来一年招聘的平均人数为 6.6 人，占现有员工人数的比例为 11.5%；从事软件和信息技术服务业的小微企业计划在未来一年招聘的平均人数为 5.8 人，占现有员工人数的比例为 21.5%；从事住宿和餐饮业的小微企业计划在未来一年招聘的平均人数为 5.7 人，占现有员工人数的比例为 19.8%；从事农、林、牧、渔业的小微企业计划在未来一年招聘的平均人数为 4.7 人，占现有员工人数的比例为 15.4%；从事建筑业的小微企业计划在未来一年招聘的平均人数为 4.7 人，占现有员工人数的比例为 8.6%；从事物业管理业的小微企业计划在未来一年招聘的平均人数为 4.7 人，占现有员工人数的比例为 6.8%；从事采矿业的小微企业计划在未来一年招聘的平均人数为 3.8 人，占现有员工人数的比例为 11.3%；从事租赁和商务服务业的小微企业计划在未来一年招聘的平均人数为 3.5 人，占现有员工人数的比例为 17.9%；从事交通运输和仓储业的小微企业计划在未来一年招聘的平均人数为 3.0 人，占现有员工人数的比例为 7.1%；从事邮政业的小微企业计划在未来一年招聘的平均人数为 2.7 人，占现有员工人数的比例为 50.9%；从事批发零售业的小微企业计划在未来一年招聘的平均人数为 2.6 人，占现有员工人数的比例为 14.4%；从事电力、热力、燃气及水的生产和供应业的小微企业计划在未来一年招聘的平

表 9-5　不同行业小微企业计划招聘情况

行业	计划招聘人数 / 人	计划招聘人数占现有员工人数比例 /%
金融业	11.0	39.7
信息传输业	7.6	30.0
房地产开发经营业	7.0	21.1
制造业	6.6	11.5
软件和信息技术服务业	5.8	21.5
住宿和餐饮业	5.7	19.8
农、林、牧、渔业	4.7	15.4
建筑业	4.7	8.6
物业管理业	4.7	6.8
采矿业	3.8	11.3
租赁和商务服务业	3.5	17.9
交通运输和仓储业	3.0	7.1
邮政业	2.7	50.9
批发零售业	2.6	14.4
电力、热力、燃气及水的生产和供应业	1.5	6.3
其他	4.7	19.8

均人数为 1.5 人，占现有员工人数的比例为 6.3%；从事其他行业的小微企业计划在未来一年招聘的平均人数为 4.7 人，占现有员工人数的比例为 19.8%。

表 9-6 报告了不同行业小微企业平均计划招聘大学生情况。具体来看，从事金融业的小微企业平均计划招聘大学生 3.8 人，占计划招聘员工人数的 34.5%；从事软件和信息技术服务业的小微企业平均计划招聘大学生 2.6 人，占计划招聘人数的 44.8%；从事邮政业的小微企业平均计划招聘大学生 2.3 人，占计划招聘人数的 85.2%；从事建筑业的小微企业平均计划招聘大学生 2.1 人，占计划招聘人数的 44.7%；从事物业管理业的小微企业平均计划招聘大学生 1.9 人，占计划招聘人数的 40.4%；从事信息传输业的小微企业平均计划招聘大学生 1.6 人，占计划招聘人数的 21.1%；从事制造业的小微企业平均计划招聘大学生 1.3 人，占计划招聘人数的 19.7%；从事住宿和餐饮业的小微企业平均计划招聘大学生 1.3 人，占计划招聘人数的 22.8%；从事租赁和商务服务业的小微企业平均计划招聘大学生 1.2 人，占计划招聘人数的 34.3%；从事房地产开发经营业的小微企业平均计划招聘大学生 1.0 人，占计划招聘人数的 14.3%；从事采矿业的小微企业平均计划招聘大学

表 9-6　不同行业小微企业计划招聘大学生情况

行业	计划招聘大学生 / 人	计划招聘大学生占计划招聘人数比例 /%
金融业	3.8	34.5
软件和信息技术服务业	2.6	44.8
邮政业	2.3	85.2
建筑业	2.1	44.7
物业管理业	1.9	40.4
信息传输业	1.6	21.1
制造业	1.3	19.7
住宿和餐饮业	1.3	22.8
租赁和商务服务业	1.2	34.3
房地产开发经营业	1.0	14.3
采矿业	0.9	23.7
农、林、牧、渔业	0.9	19.1
批发零售业	0.8	30.8
交通运输和仓储业	0.5	16.7
电力、热力、燃气及水的生产和供应业	0.4	26.7
其他	1.7	36.2

生 0.9 人，占计划招聘人数的 23.7%；从事农、林、牧、渔业的小微企业平均计划招聘大学生 0.9 人，占计划招聘人数的 19.1%；从事批发零售业的小微企业平均计划招聘大学生 0.8 人，占计划招聘人数的 30.8%；从事交通运输和仓储业的小微企业平均计划招聘大学生 0.5 人，占计划招聘人数的 16.7%；从事电力、热力、燃气及水的生产和供应业的小微企业平均计划招聘大学生 0.4 人，占计划招聘人数的 26.7%；从事其他行业的小微企业计划招聘大学生 1.7 人，占计划招聘人数的 36.2%。

9.1.2.4　招工难情况

图 9-7 报告了小微企业招工难的情况。2014 年，全国 37.9% 的小微企业存在招工难的问题。分地区来看，东部地区有 40.3% 的小微企业存在招工难的问题；西部地区有 35.9% 的小微企业存在招工难的问题；中部地区有 34.1% 的小微企业存在招工难的问题。

图 9-8 描述了小微企业招工难的原因。在存在招工难问题的小微企业中，薪酬问题是招工难的主要原因，43.4% 的小微企业认为招工难的原因是应聘者对薪酬不满意；然后是应聘者技能不符合小微企业用工要求，占比为 40.6%；31.4% 的小微企业认为应聘者人

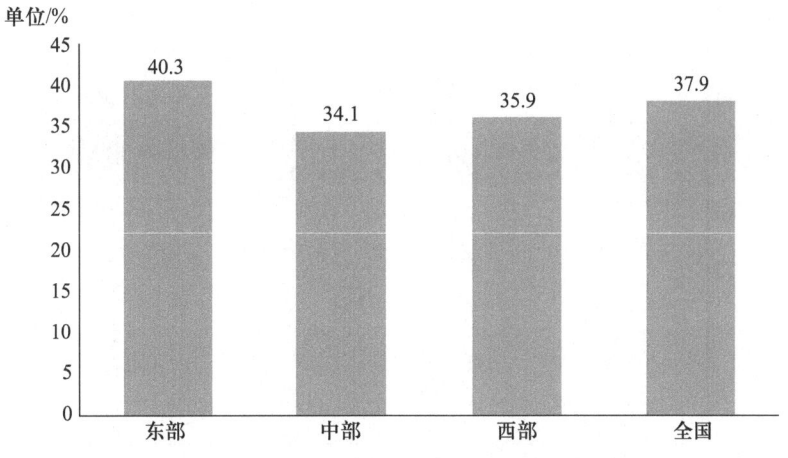

图 9-7　小微企业招工难的情况

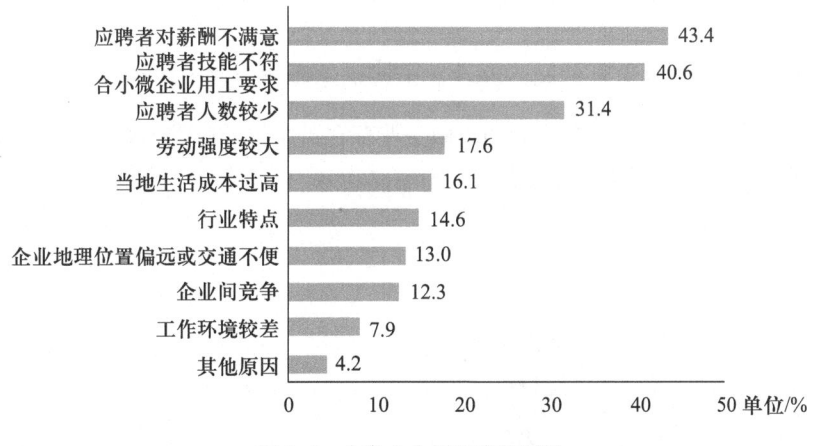

图 9-8　小微企业招工难的原因

数较少是招工难的原因；17.6% 的小微企业认为劳动强度较大是招工难的原因；16.1% 的小微企业认为当地生活成本过高是招工难的原因；14.6% 的小微企业认为招工难的原因是行业特点（如朝阳产业、夕阳产业等）；13.0% 的小微企业认为企业地理位置偏远或交通不便是招工难的原因；12.3% 的小微企业把招工难归因于企业间竞争；7.9% 的小微企业把招工难归因于工作环境较差；有 4.2% 的小微企业把招工难归结为其他原因。

9.1.2.5　员工离职

图 9-9 报告了小微企业员工离职的情况。2014 年，全国有 56.6% 的小微企业存在员工离职现象。分地区来看，西部地区有 60.1% 的小微企业存在员工离职现象，占比最高；东部地区有 57.0% 的小微企业存在员工离职现象；中部地区有 51.5% 的小微企业存在员工离职现象，占比最低。

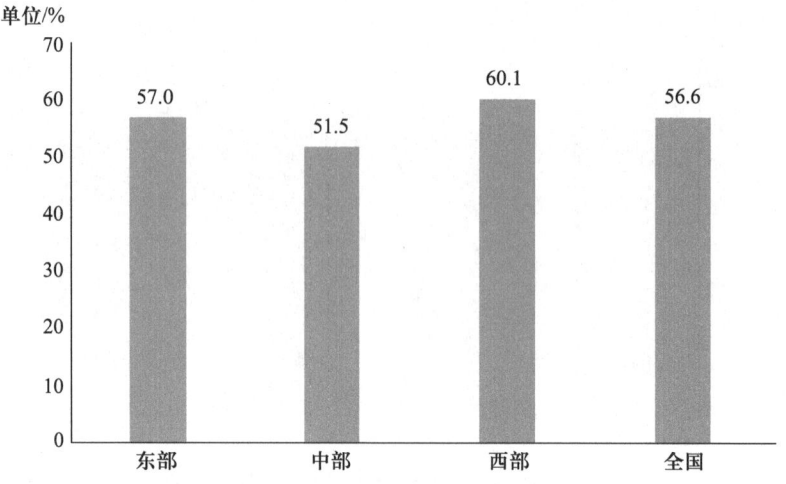

图 9-9　小微企业员工离职的情况

图 9-10 报告了有员工离职的小微企业中各类离职原因所占比例。87.7% 的小微企业存在员工主动辞职的情况，20.3% 的小微企业存在员工被停职或免职等被动离职情况，7.3% 的小微企业存在员工退休或其他原因离职的情况。

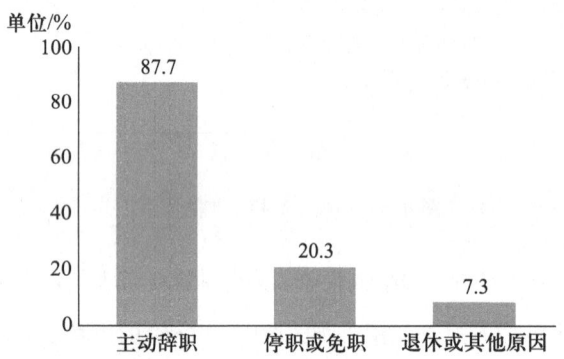

图 9-10　有员工离职的小微企业中各类离职原因

表 9-7 报告了不同行业小微企业 2014 年的员工辞职情况。如表 9-7 所示，从事物流管理业的小微企业员工辞职的数量最多，平均 8.0 人，占企业现有员工数量的 11.6%；从事制造业的小微企业平均辞职员工 5.7 人，占企业现有员工数量的 9.9%；从事住宿和餐饮业的小微企业平均辞职员工 5.6 人，占企业现有员工数量的 19.4%；从事信息传输业的小微企业平均辞职员工 5.3 人，占企业现有员工数量的 20.9%；从事金融业的小微企业平均辞职员工 4.4 人，占企业现有员工数量的 15.9%；从事房地产开发经营业的小微企业平均辞职员工 3.8 人，占企业现有员工数量的 11.4%；从事软件和信息技术服务业的小微

表 9-7 小微企业辞职人员的行业分布情况

行业	辞职员工数 / 人	辞职人数占现有人员比例 /%
物业管理业	8.0	11.6
制造业	5.7	9.9
住宿和餐饮业	5.6	19.4
信息传输业	5.3	20.9
金融业	4.4	15.9
房地产开发经营业	3.8	11.4
软件和信息技术服务业	3.1	11.5
建筑业	3.0	5.5
租赁和商务服务业	2.6	13.3
交通运输和仓储业	2.5	5.9
批发零售业	1.8	10.0
邮政业	1.7	32.1
采矿业	1.5	4.5
电力、热力、燃气及水的生产和供应业	1.2	5.0
农、林、牧、渔业	0.9	2.9
其他	3.0	12.7

企业平均辞职员工 3.1 人，占企业现有员工数量的 11.5%；从事建筑业的小微企业平均辞职员工 3.0 人，占企业现有员工数量的 5.5%；从事租赁和商务服务业的小微企业平均辞职员工 2.6 人，占企业现有员工数量的 13.3%；从事交通运输和仓储业的小微企业平均辞职员工 2.5 人，占企业现有员工数量的 5.9%；从事批发零售业的小微企业平均辞职员工 1.8 人，占企业现有员工数量的 10.0%；从事邮政业的小微企业平均辞职员工 1.7 人，占企业现有员工数量的 32.1%；从事采矿业的小微企业平均辞职员工 1.5 人，占企业现有员工数量的 4.5%；从事电力、热力、燃气及水的生产和供应业的小微企业平均辞职员工 1.2 人，占企业现有员工数量的 5.0%；从事农、林、牧、渔业的小微企业平均辞职员工 0.9 人，占企业现有员工数量的 2.9%；从事其他行业的小微企业平均辞职员工 3.0 人，占企业现有员工数量的 12.7%。

9.1.3 培训

9.1.3.1 培训方式

图 9-11 报告了小微企业在 2014 年组织培训的情况。2014 年，有 66.5% 的小微企业组织了培训活动。分地区来看，西部地区有 68.5% 的小微企业组织了培训活动，中部地区有 68.1% 的小微企业组织了培训活动，东部地区有 65.0% 的小微企业组织了培训活动。

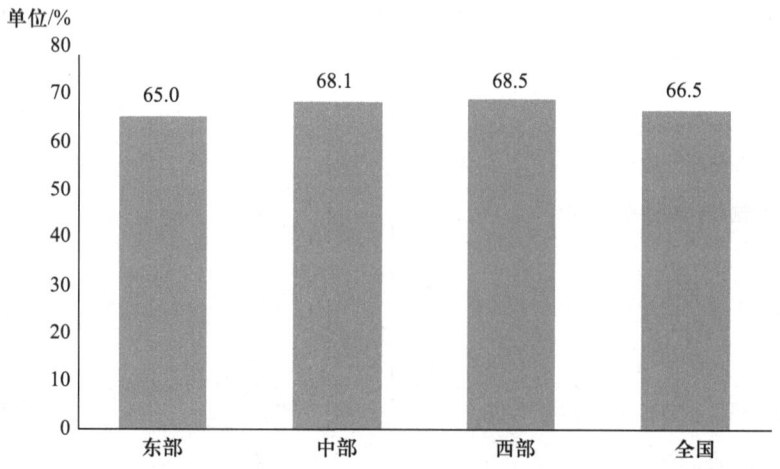

图 9-11 2014 年小微企业组织培训的情况

图 9-12 报告了小微企业组织培训的方式。在 2014 年，84.5% 的小微企业进行了内部培训，37.9% 的小微企业进行了外部培训，两项培训都有的小微企业占比为 22.4%。

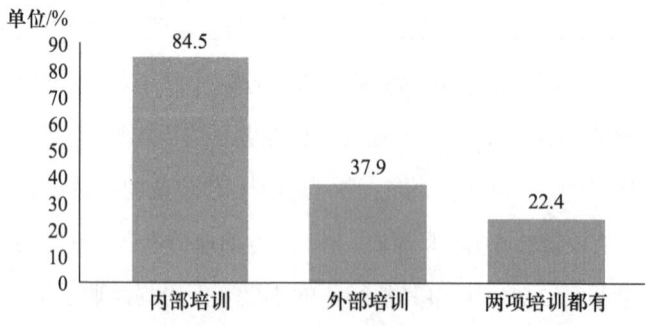

图 9-12 2014 年小微企业培训方式

9.1.3.2 培训内容

图 9-13 报告了小微企业员工的培训内容。69.9% 的小微企业对员工进行了专业知识培训，48.2% 的小微企业对员工进行了入职基础培训，36.6% 的小微企业对员工进行了操作技能培训，34.6% 的小微企业对员工进行了营销或销售技能培训，32.9% 的小微企业对员工进行了安全教育培训，23.3% 的小微企业对员工进行了交流与沟通培训，21.7% 的小微企业对员工进行了质量管理培训，21.1% 的小微企业对员工进行了客户关系和客户服务培训，20.2% 的小微企业对员工进行了生产管理培训，19.9% 的小微企业对员工进行了管理技能培训，18.8% 的小微企业对员工进行了团队建设培训，8.5% 的小微企业对员工进行了财务知识培训，6.9% 的小微企业对员工进行了领导力开发培训，3.1% 的小微企业对员工进行了学历、职称培训，0.1% 的小微企业对员工进行了其他培训。

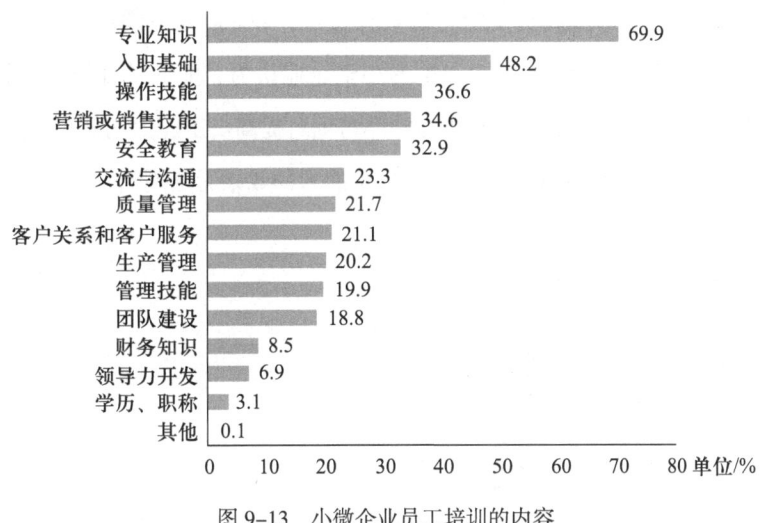

图 9-13　小微企业员工培训的内容

图 9-14 报告了小微企业培训的师资来源。76.5% 的小微企业培训的师资来源于企业内部员工，27.0% 的小微企业培训的师资来源于外部机构专业培训师，10.8% 的小微企业培训的师资来源于其他企业管理者，8.5% 的小微企业培训的师资来源于高校或科研机构的学者或专家，7.3% 的小微企业培训的师资来源于政府人员，1.7% 的小微企业培训的师资来源于民间公益性组织的管理者，0.3% 的小微企业培训的师资为其他来源。

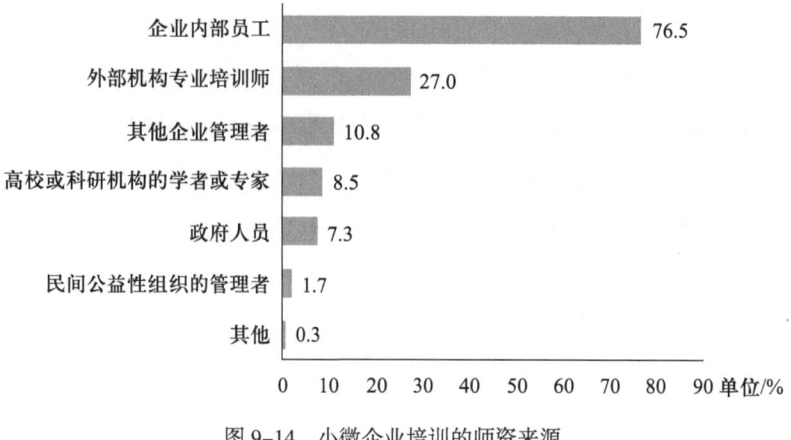

图 9-14　小微企业培训的师资来源

9.1.3.3　培训对员工能力的影响

图 9-15 报告了 2014 年小微企业外部培训对员工能力提高的影响。36.4% 的小微企业认为企业的外部培训对提高员工能力的效果很好，42.8% 的小微企业认为企业的外部培训对提高员工能力的效果较好，18.4% 的小微企业认为企业的外部培训对提高员工能力的效果一般，只有 1.1% 的小微企业认为外部培训对提高员工能力的效果较差或者很差，还有 1.3% 的小微企业认为外部培训对提高员工能力的效果无法判断。

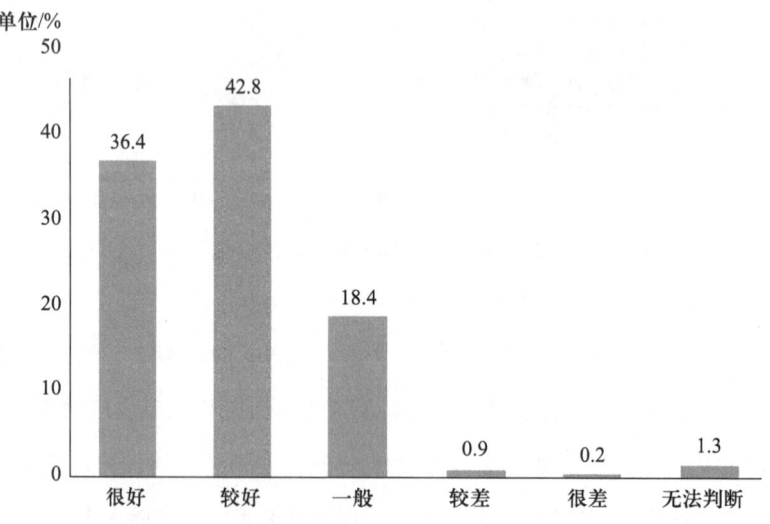

图 9-15　小微企业外部培训对员工能力提高的影响

9.1.3.4 培训对公司绩效的影响

图 9-16 报告了 2014 年小微企业外部培训对公司绩效的影响。28.0% 的小微企业认为外部培训对公司绩效的影响很好，40.4% 的小微企业认为外部培训对公司绩效的影响较好，27.1% 的小微企业认为外部培训对公司绩效的影响一般，只有 4.5% 的小微企业认为外部培训对公司绩效的影响较差、很差或无法判断。

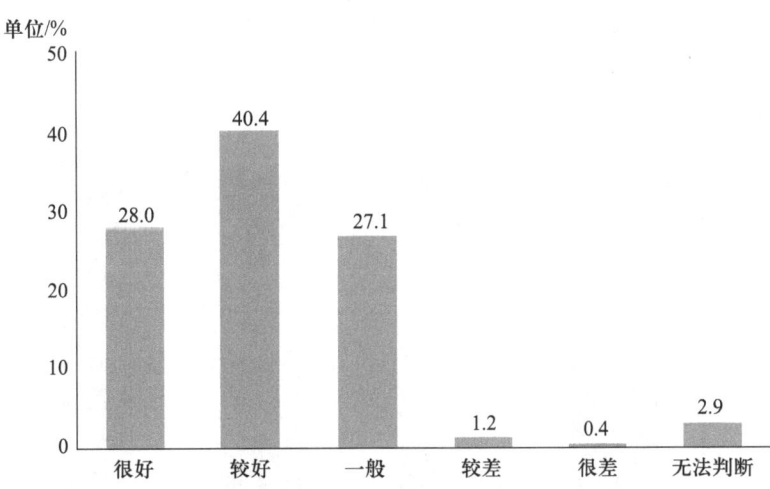

图 9-16　2014 年小微企业外部培训对公司绩效的影响

9.1.3.5 员工培训中存在的问题

图 9-17 分析了小微企业在员工培训过程中存在的问题。总体来看，在员工培训中，缺乏合适的培训机构和人员是小微企业存在的主要问题。具体来看，33.7% 的小微企业认为企业缺乏合适的培训机构和人员；29.9% 的小微企业没有时间安排培训；29.6% 的小微企业认为培训效果不明显；27.6% 的小微企业认为职工参与培训的积极性不高；21.8%

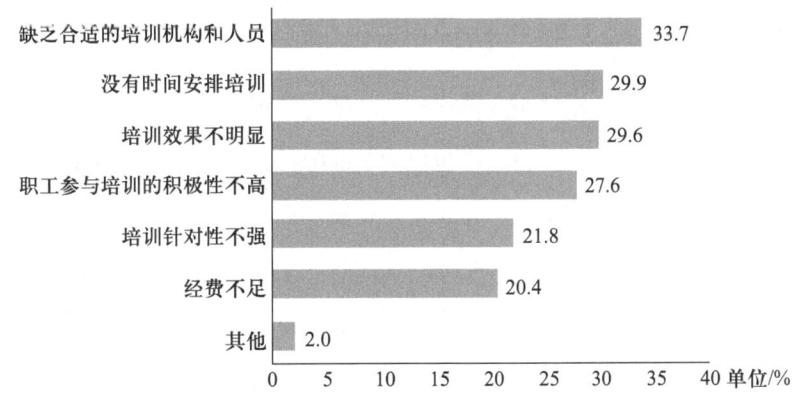

图 9-17　在员工培训中小微企业存在的问题

的小微企业认为培训针对性不强；20.4% 的小微企业认为培训的经费不足。

9.1.3.6　未来员工培训计划

图 9-18 描述了小微企业未来一年的员工培训计划。2014 年，全国有 66.0% 的小微企业计划在未来一年安排员工培训。分地区看，中部地区有 69.1% 的小微企业计划在未来一年安排员工培训，西部地区有 68.6% 的小微企业计划在未来一年安排员工培训，东部地区有 63.7% 的小微企业计划在未来一年安排员工培训。

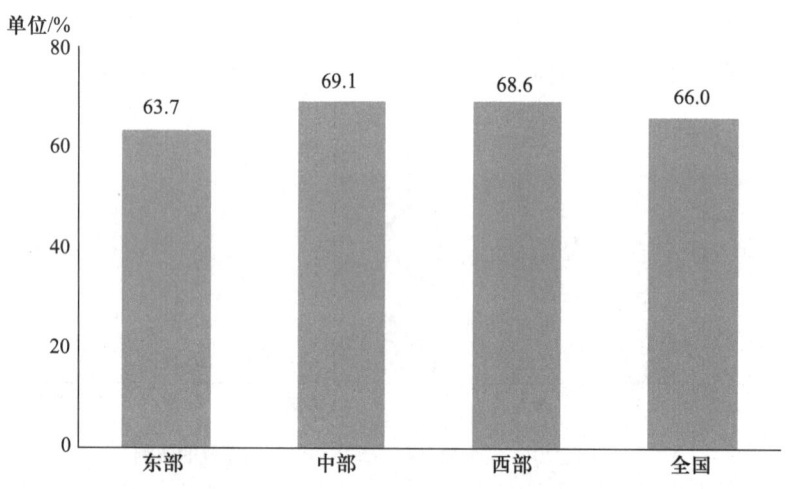

图 9-18　小微企业未来一年的员工培训计划

9.2　员工薪酬和福利

9.2.1　基本薪酬

9.2.1.1　员工平均工资

表 9-8 反映了不同行业小微企业普通员工的平均工资情况。整体来看，2014 年我国小微企业人均工资为 3 556.0 元 / 月，中位数为 3 000.0 元 / 月。按行业来看，金融业、软件和信息技术服务业、信息传输业、建筑业、租赁和商务服务业人均工资水平较高，分别为 4 820.5 元 / 月、4 540.9 元 / 月、4 202.3 元 / 月、4 181.2 元 / 月和 3 938.3 元 / 月，中位数分别为 3 500.0 元 / 月、4 000.0 元 / 月、3 200.0 元 / 月、3 500.0 元 / 月和 3 000.0 元 / 月；物业管理业，住宿和餐饮业，农、林、牧、渔业，制造业，电力、热力、燃气及水的生产和供应业人均工资较低，分别为 2 503.3 元 / 月、2 908.7 元 / 月、3 134.8 元 / 月、

表 9-8　不同行业小微企业普通员工的工资状况　　　　　　　单位/元/月

行业	均值	中值
金融业	4 820.5	3 500.0
软件和信息技术服务业	4 540.9	4 000.0
信息传输业	4 202.3	3 200.0
建筑业	4 181.2	3 500.0
租赁和商务服务业	3 938.3	3 000.0
采矿业	3 805.9	3 500.0
房地产开发经营业	3 735.7	3 000.0
邮政业	3 518.3	4 000.0
批发零售业	3 349.6	3 000.0
交通运输和仓储业	3 303.1	3 000.0
电力、热力、燃气及水的生产和供应业	3 244.9	3 000.0
制造业	3 243.2	3 000.0
农、林、牧、渔业	3 134.8	2 800.0
住宿和餐饮业	2 908.7	3 000.0
物业管理业	2 503.3	2 500.0
其他	3 753.0	3 000.0
平均	3 556.0	3 000.0

3 243.2 元/月和 3 244.9 元/月，中位数分别为 2 500.0 元/月、3 000.0 元/月、2 800.0 元/月、3 000.0 元/月和 3 000.0 元/月。

9.2.1.2　企业人工成本

图 9-19 反映了 2014 年不同行业的小微企业人工成本的分布情况。本书用雇佣员工（普通员工与管理人员）的总成本占总销售收入的比例衡量人工成本。整体来看，小微企业平均人工成本为 28.2%。具体来看，从事物业管理业的小微企业人工成本最高，为 53.0%；从事邮政业的小微企业人工成本排名第二，为 51.9%；从事软件和信息技术服务业的小微企业人工成本为 38.6%；从事租赁和商务服务业的小微企业人工成本为 34.6%；从事信息传输业的小微企业人工成本为 31.0%；从事建筑业的小微企业人工成本为 29.5%；从事金融业的小微企业人工成本为 27.9%；从事采矿业的小微企业人工成本为 27.7%；从事住宿和餐饮业的小微企业人工成本为 26.3%；从事农、林、牧、渔业的小微企业人工成本为 25.8%；从事房地产开发经营业的小微企业人工成本为 25.8%；从事交通运输和仓储业的小微企业人工成本为 25.4%；从事制造业的小微企业人工成本为 24.7%；

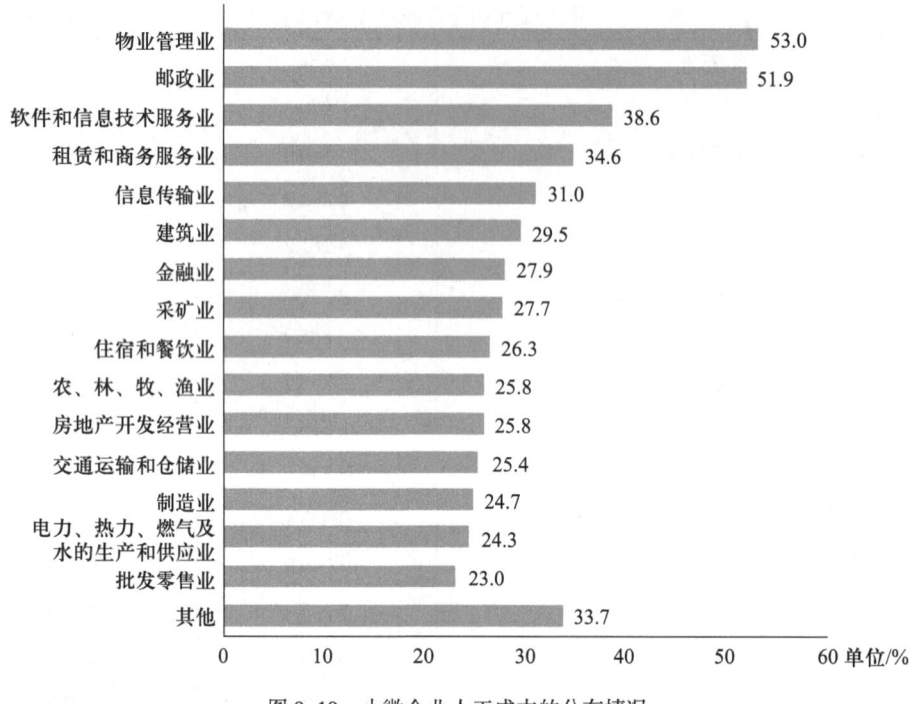

图 9-19　小微企业人工成本的分布情况

从事电力、热力、燃气及水的生产和供应业的小微企业人工成本为 24.3%。从事批发零售业的小微企业人工成本为 23.0%，为所有行业中最低；从事其他行业的小微企业，人工成本为 33.7%。

9.2.2　保险

9.2.2.1　员工基本险金

图 9-20 描述了 2014 年小微企业为员工购买险金的情况。本书的险金主要指社会保险和住房公积金。我国有 69.4% 的小微企业为普通员工购买了险金。其中东部地区为普通员工购买险金的小微企业占比最高，为 76.0%；西部地区有 64.1% 的小微企业为普通员工购买了险金；中部地区有 57.4% 的小微企业为普通员工购买了险金。

图 9-21 反映了 2014 年不同行业小微企业为普通员工购买险金的情况。从事邮政业的所有小微企业都为员工购买了险金；90.1% 的从事物业管理业的小微企业为员工购买了险金；89.6% 的从事电力、热力、燃气及水的生产和供应业的小微企业为员工购买了险金；82.7% 的从事软件和信息技术服务业的小微企业为员工购买了险金；80.3% 的从事建筑业的小微企业为员工购买了险金；80.3% 的从事金融业的小微企业为员工购买了险金；

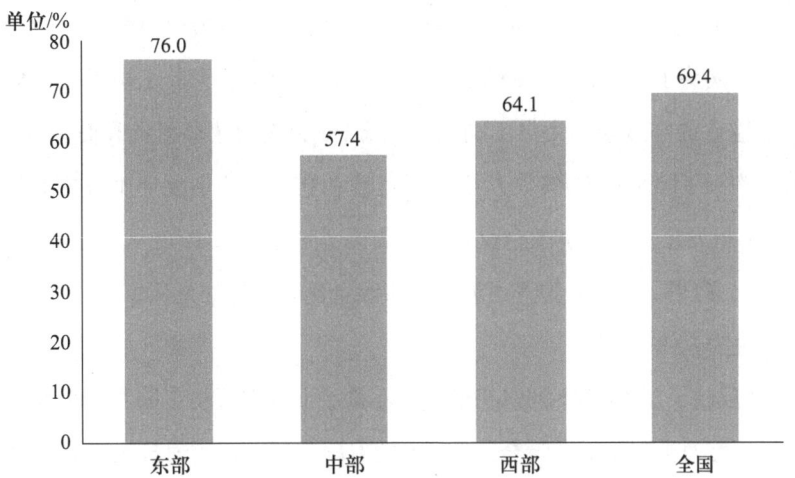

图 9-20　小微企业为普通员工购买险金的情况

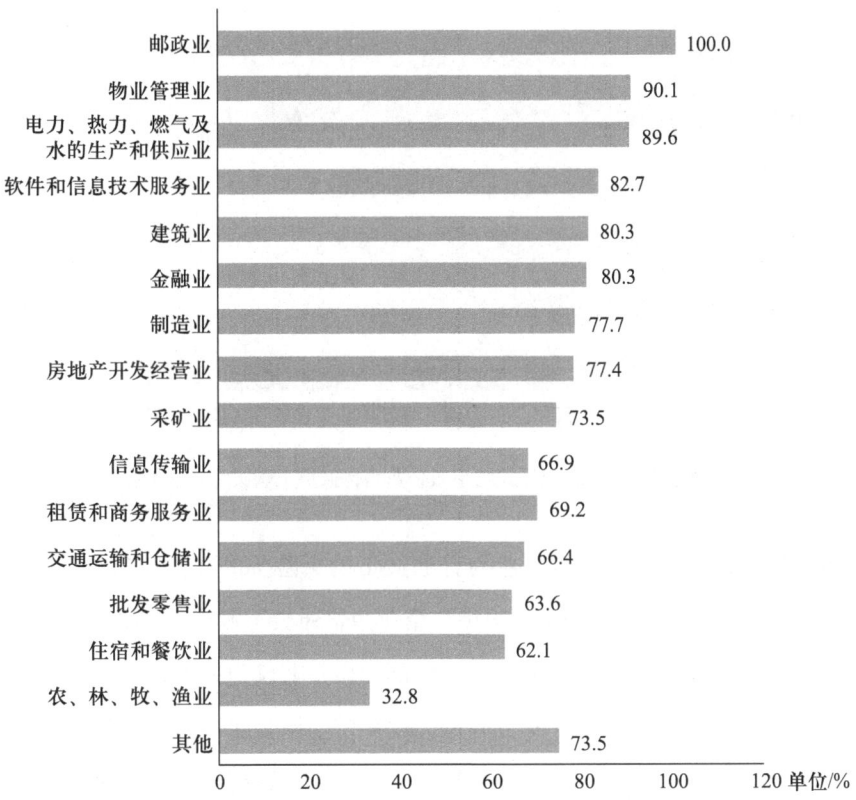

图 9-21　不同行业小微企业为普通员工购买险金的情况

77.7% 的从事制造业的小微企业为员工购买了险金；77.4% 的从事房地产开发经营业的小微企业为员工购买了险金；73.5% 的从事采矿业的小微企业为员工购买了险金；66.9% 的从事信息传输业的小微企业为员工购买了险金；69.2% 的从事租赁和商务服务业的小微企业为员工购买了险金；66.4% 的从事交通运输和仓储业的小微企业为员工购买了险金；63.6% 的从事批发零售业的小微企业为员工购买了险金；62.1% 的从事住宿和餐饮业的小微企业为员工购买了险金；为普通员工购买险金比例最低的是从事农、林、牧、渔业的小微企业，仅为 32.8%。

图 9-22 反映了 2014 年不同组织形式的小微企业为普通员工购买险金的情况。79.4% 的股份公司为普通员工购买了险金，76.2% 的有限责任公司为通员工购买了险金，62.8% 的合伙企业为普通员工购买了险金，61.0% 的独资企业为普通员工购买了险金，23.4% 的农民合作社为普通员工购买了险金，82.1% 的其他企业为普通员工购买了险金。

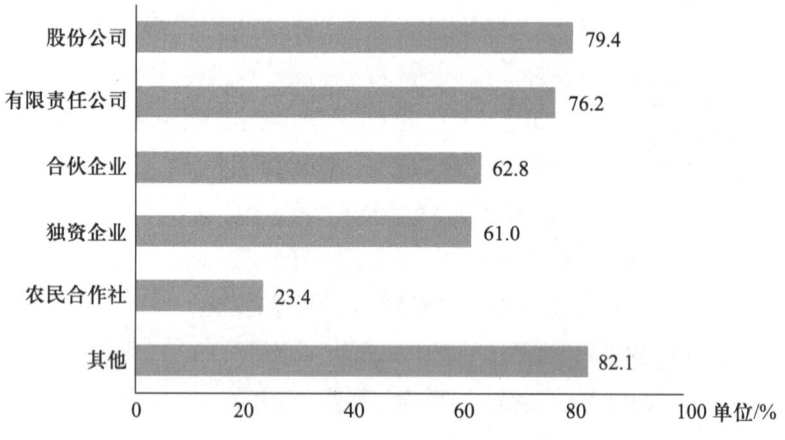

图 9-22　不同组织形式的小微企业为普通员工购买险金的情况

图 9-23 描述了 2014 年小微企业为普通员工购买险金的种类。37.1% 的小微企业为普通员工购买了"五险"，35.6% 的小微企业为普通员工购买了"五险一金"，10.5% 的小微企业仅为员工购买了工伤保险，5.3% 的小微企业仅为员工购买了大病医疗保险，3.4% 的小微企业仅为员工购买了医疗保险，2.2% 的小微企业仅为员工购买了生育保险，1.9% 的小微企业仅为员工购买了养老保险，1.2% 的小微企业仅为员工购买了住房公积金，1.1% 的小微企业仅为员工购买了失业保险，1. 6% 的小微企业仅为员工购买了其他保险。

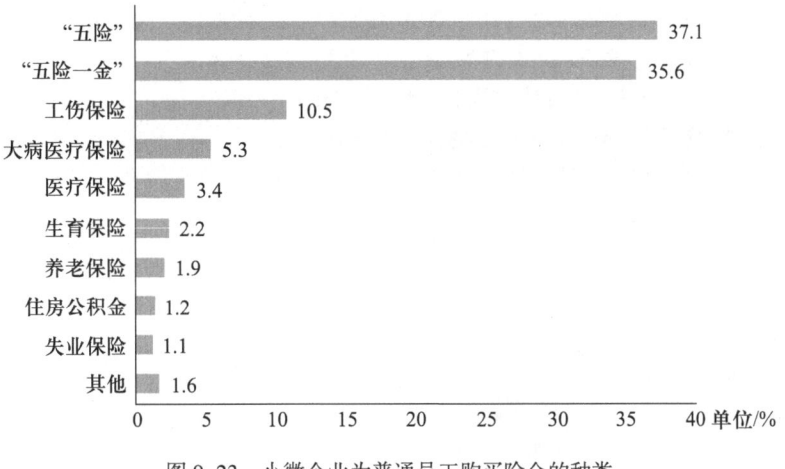

图 9-23　小微企业为普通员工购买险金的种类

9.2.2.2　员工商业保险

图 9-24 报告了 2014 年小微企业为员工购买商业保险的情况。全国有 32.5% 的小微企业为员工购买了商业保险。分地区来看，东部地区有 28.3% 的小微企业为员工购买了商业保险，中部地区有 37.5% 的小微企业为员工购买了商业保险，西部地区有 38.1% 的小微企业为员工购买了商业保险。

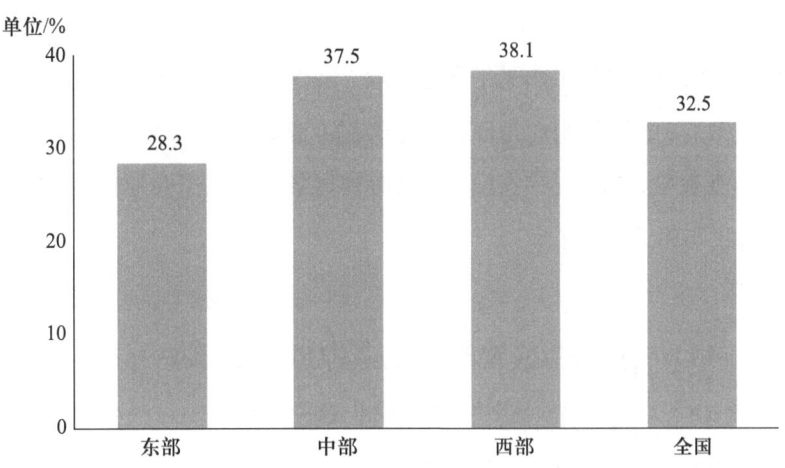

图 9-24　小微企业为普通员工购买商业保险的情况

图 9-25 报告了 2014 年不同行业小微企业为普通员工购买商业保险的情况。为普通员工购买商业保险的比例超过 50% 的为从事邮政业、采矿业和建筑业的小微企业。大多数小微企业为普通员工购买商业保险的比例在 20%~50%。从事金融业和房地产开发经营业的小微企业为普通员工购买商业保险的比例最低，分别为 18.2% 和 10.0%。从事其

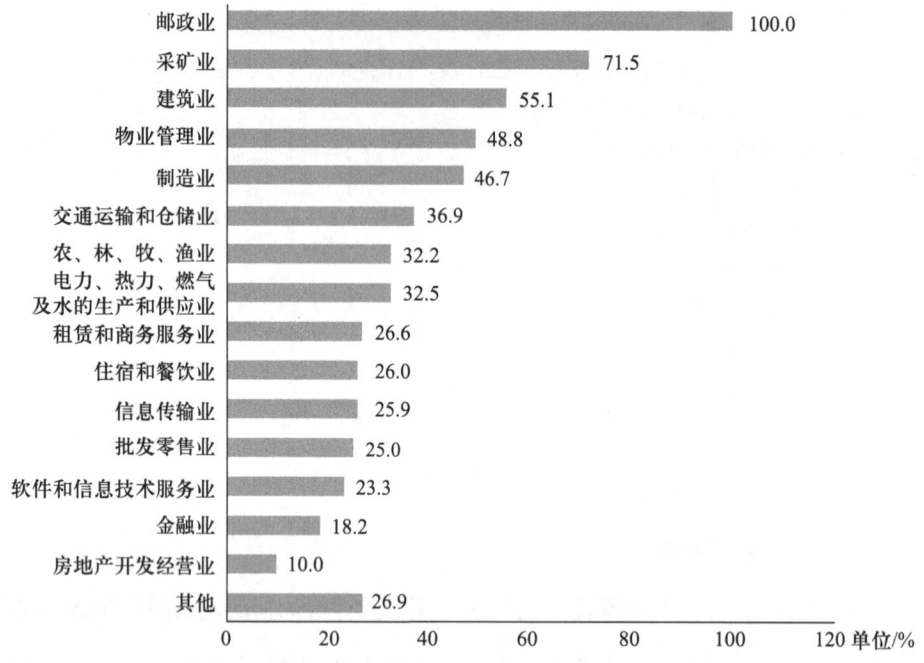

图 9-25　不同行业小微企业为普通员工购买商业保险的情况

他行业的小微企业为普通员工购买商业保险的比例为 26.9%。

图 9-26 报告了 2014 年不同组织形式的小微企业为普通员工购买商业保险的情况。43.7% 的股份公司为普通员工购买了商业保险，32.5% 的有限责任公司为普通员工购买了商业保险，31.5% 的独资企业为普通员工购买了商业保险，31.0% 的合伙企业为普通员工购买了商业保险，27.2% 的农民合作社为普通员工购买了商业保险，27.2% 的其他企业为普通员工购买了商业保险。

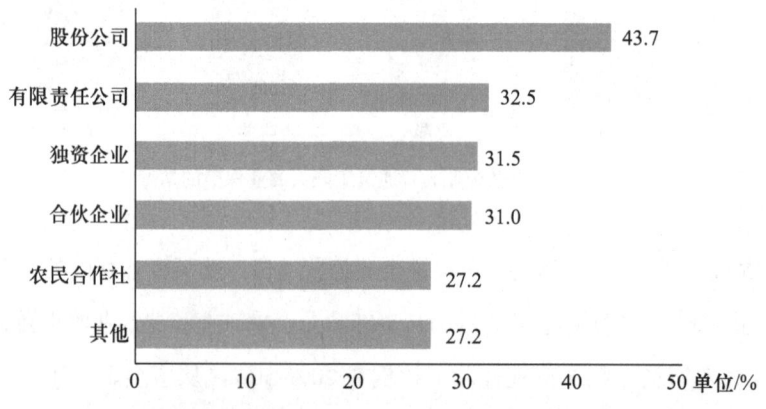

图 9-26　不同组织形式的小微企业为普通员工购买商业保险的情况

图 9-27 报告了 2014 年小微企业为普通员工购买的商业保险的类型。85.7% 的小微企业为普通员工购买了意外伤害保险，13.0% 的小微企业为普通员工购买了人寿保险，8.3% 的小微企业为普通员工购买了健康保险，3.8% 的小微企业为普通员工购买了财产保险，4.1% 的小微企业为普通员工购买了其他保险。

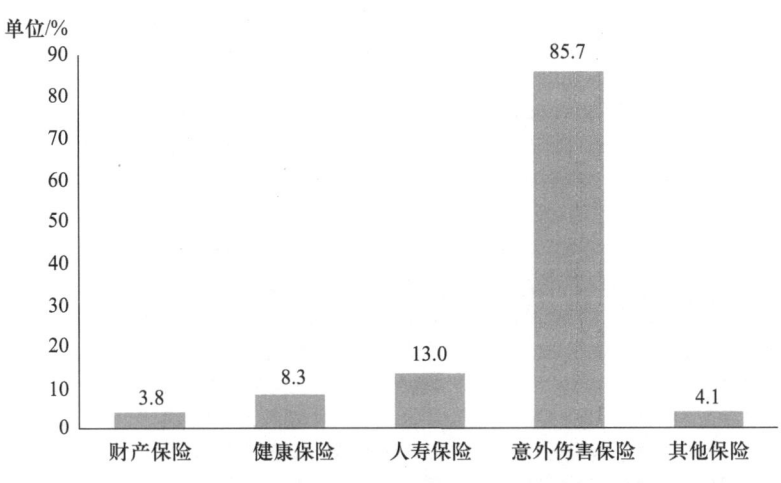

图 9-27　小微企业为普通员工购买商业保险的类型

9.2.3　员工福利

图 9-28 报告了 2014 年小微企业的员工福利情况。员工福利包括免费工作餐、带薪休假、差旅补贴、通信补贴、实物奖励、企业组织旅游、提供住房、免费体检、燃油补贴或配车、住房补贴、解决家属工作等。全国有 87.7% 的小微企业提供了员工福利，东部地区有 88.0% 的小微企业提供了员工福利，中部地区有 84.8% 的小微企业提供了员工福利，西部地区有 89.3% 的小微企业提供了员工福利。

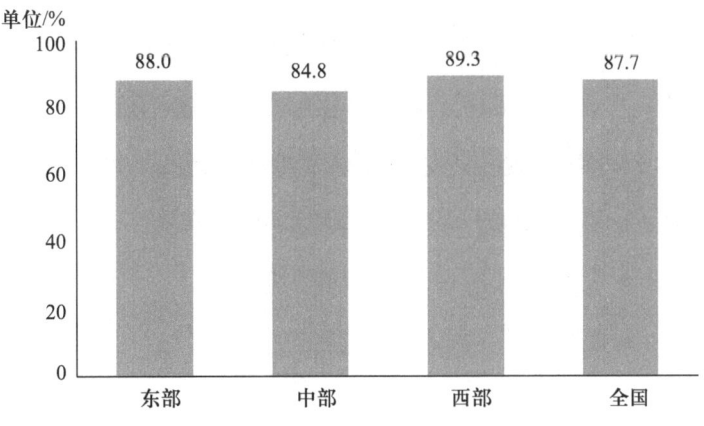

图 9-28　小微企业的员工福利情况

图 9-29 报告了 2014 年不同行业小微企业的员工福利情况。大部分行业为员工提供福利的小微企业的比例超过了 90%。房地产开发经营业，租赁和商务服务业，批发零售业，交通运输和仓储业，农、林、牧、渔业为员工提供福利的小微企业的比例较低，分别为 88.2%、84.6%、83.3%、72.7% 和 70.3%。

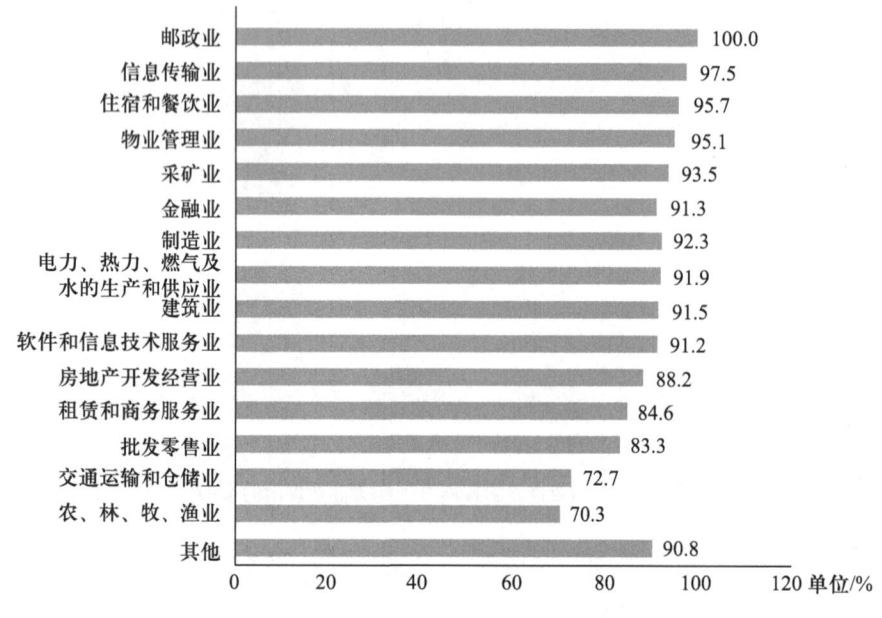

图 9-29 不同行业小微企业的员工福利情况

图 9-30 报告了 2014 年不同组织形式的小微企业员工的福利情况。91.3% 的有限责任公司小微企业为员工提供了福利；90.3% 的股份公司小微企业为员工提供了福利；85.4% 的合资企业小微企业为员工提供了福利；84.2% 的独资企业小微企业为员工提供了福利；64.5% 的农民合作社小微企业为员工提供了福利；为员工提供福利的其他小微企业占比为 75.4%。

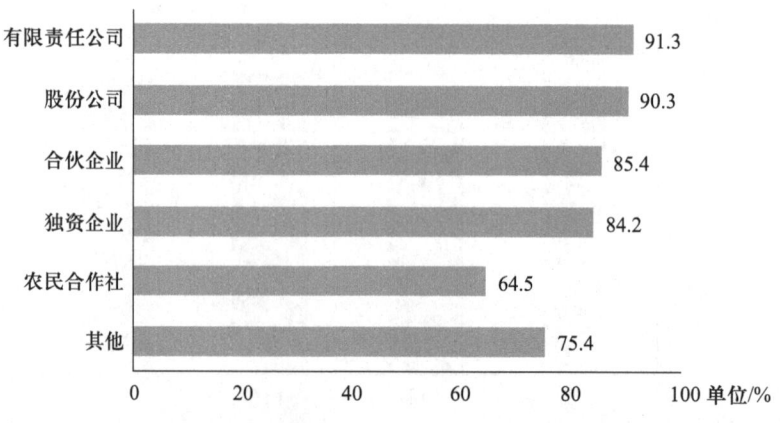

图 9-30 不同组织形式的小微企业的员工福利情况

图 9-31 报告了 2014 年小微企业为员工提供福利的类型。60.6% 的小微企业为员工提供了免费工作餐；47.7% 的小微企业为员工提供了带薪年假；46.1% 的小微企业为员工提供了差旅补贴；43.3% 的小微企业为员工提供了通信补贴；37.8% 的小微企业为员工提供了实物奖励；35.7% 的小微企业为员工组织旅游；34.8% 的小微企业为员工提供了住房；23.5% 的小微企业为员工提供了免费体检；19.5% 的小微企业为员工提供了燃油补贴或配车；9.9% 的小微企业为员工提供了住房补贴；5.3% 的小微企业为员工解决家属工作；1.1% 的小微企业为员工分配住房；2.8% 的小微企业为员工提供了其他福利。

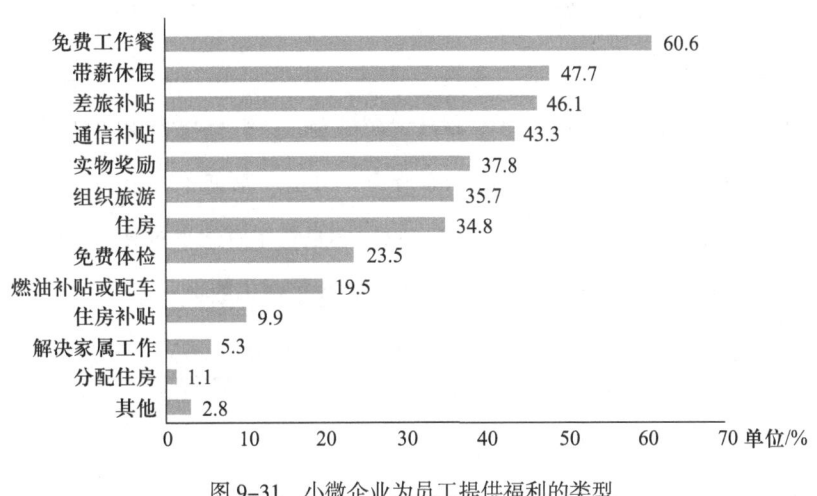

图 9-31　小微企业为员工提供福利的类型

专题 9-1　最低工资水平与招聘

表 9-9 报告了最低工资水平对企业招聘的影响。这里根据各地区最低工资水平排序并分为三个层次，分别为最低工资水平较低地区、最低工资水平一般地区和最低工资水平较高地区，然后进行分类统计，结果发现最低工资水平较低地区的小微企业在过去一年的平均招聘人数为 5.7 人，最低工资水平较高地区的小微企业在过去一年的平均招聘人数为 5.4 人，低于前者。这说明最低工资水平越高，小微企业的招聘人数可能越少，原因在于最低工资水平可能增加了企业的人工成本，使得企业尽量减少招聘。

表 9-9　最低工资水平与招聘人数　　　　　　　　　　　　　　　单位 / 人

地区	平均招聘人数
最低工资水平较低地区	5.7
最低工资水平一般地区	6.0
最低工资水平较高地区	5.4

表 9-10 报告了最低工资对员工离职的影响。统计结果发现，最低工资水平较低地区的小微企业在 2014 年的平均离职人数为 3.1 人，最低工资水平较高地区的小微企业在 2014 年的平均离职人数为 3.2 人，高于前者。这说明最低工资水平越高，小微企业的离职人数越多，企业可能出于控制人工成本的考虑，减少了员工数量。

表 9-10　最低工资水平与离职人数　　　　　　　　单位 / 人

地区	平均离职人数
最低工资水平较低地区	3.1
最低工资水平一般地区	3.6
最低工资水平较高地区	3.2

　　表 9-11 报告了最低工资对小微企业员工的影响。统计结果发现，最低工资水平较低地区的小微企业在 2014 年的平均员工人数为 37.4 人，最低工资水平较高地区的小微企业的平均员工人数为 29.2 人，低于前者。这说明最低工资水平越高，小微企业的员工人数越少，企业可能出于控制人工成本的考虑，减少了员工数量。

表 9-11　最低工资水平与员工人数　　　　　　　　单位 / 人

地区	平均员工人数
最低工资水平较低地区	37.4
最低工资水平一般地区	29.9
最低工资水平较高地区	29.2

　　表 9-12 报告了最低工资水平对小微企业平均工资的影响。统计结果发现，最低工资水平较低地区的小微企业 2014 年的平均工资为 3 159.8 元 / 月，最低工资水平较高地区的小微企业 2014 年的平均工资为 4 172.5 元 / 月，高于前者。这说明最低工资水平越高的地区，小微企业的平均工资越高。

表 9-12　最低工资水平与平均工资　　　　　　　　单位 / 元 / 月

地区	平均工资
最低工资水平较低地区	3 159.8
最低工资水平一般地区	3 326.3
最低工资水平较高地区	4 172.5

　　表 9-13 报告了最低工资水平对小微企业人工成本的影响。统计结果发现，最低工资水平较低地区的小微企业在 2014 年的人工成本占营业收入的 25.6%，最低工资水平较高地区的小微企业在 2014 年的人工成本占营业收入的 29.8%。这说明最低工资水平越高

的地区，企业的人工成本越高。

表 9-13　最低工资水平对小微企业人工成本的影响　　　　　　单位 /%

地区	人工成本
最低工资水平较低地区	25.6
最低工资水平一般地区	29.0
最低工资水平较高地区	29.8

专题 9-2　最低工资水平与企业绩效

表 9-14 报告了最低工资水平对小微企业绩效的影响。统计结果发现，最低工资水平较低地区的小微企业在 2014 年的总资产收益率（ROA）为 13.5%，低于最低工资水平较高地区的 18.2%。不过销售利润率（ROS）显示，在最低工资水平较低地区，小微企业的销售利润率为 7.6%，高于最低工资水平较高地区的 5.2%。这可能是由于最低工资水平较高的地区，人工成本较高，导致销售成本较高，进而销售利润率较低。

表 9-14　最低工资水平对小微企业绩效的影响　　　　　　单位 /%

地区	ROA	ROS
最低工资水平较低地区	13.5	7.6
最低工资水平一般地区	11.0	3.1
最低工资水平较高地区	18.2	5.2

表 9-15 报告了最低工资水平对小微企业再投资的影响。统计结果发现，最低工资水平较低地区的小微企业再投资比例为 41.9%，而最低工资水平较高地区的小微企业再投资比例为 33.5%，明显低于前者。这说明最低工资水平越高，则小微企业再投资比例越低，可能不利于小微企业的投资和扩张。

表 9-15　最低工资水平对小微企业再投资的影响　　　　　　单位 /%

地区	利润再投资比例
最低工资水平较低地区	41.9
最低工资水平一般地区	38.8
最低工资水平较高地区	33.5

10 企业研发与创新

本章描述了小微企业的创新情况。整体来看，2014 年，超过 30% 的小微企业有研发与创新活动，自主研发是其主要的创新方式。在存在创新行为的企业中，65.9% 的小微企业有自己的研发人员，如何保守技术秘密成为企业面临的主要问题。近 90% 有研发与创新活动的小微企业有创新产出，但是大多没有申请专利，大多数小微企业认为自己的创新产出很容易或者较容易被模仿。新产品和新技术 / 新工艺成为最主要的产出形式。约 80% 研究出新产品的小微企业将新产品投入了生产。约 30% 的小微企业存在其他创新形式，营销创新和服务创新成为最主要的创新形式。

近 70% 的小微企业认为创新的风险较高、很高或者一般，不到 20% 的小微企业在创新过程中享受到了税收减免政策或者政府补贴。不知道相关政策是很多小微企业没有获得政府税收优惠的主要原因。近 80% 的小微企业认为在创新的过程中需要政府的支持和帮助，税收优惠政策是小微企业最期待的政策。在制约小微企业创新的因素中，没有必要创新是最主要的制约因素，因此，小微企业自身的认识水平依旧是制约其创新的关键因素。

10.1 研发投入

1. 研发与创新基本情况

图 10–1 报告了小微企业 2014 年的研发与创新情况。2014 年全国有 32.1% 的小微企

业有研发与创新活动。从地区来看，中部地区的小微企业在 2014 年的研发与创新率最高，为 33.8%；东部地区有 31.8% 的小微企业在 2014 年有研发与创新活动；西部地区只有 31.5% 的小微企业在 2014 年有研发与创新活动，占比最低。

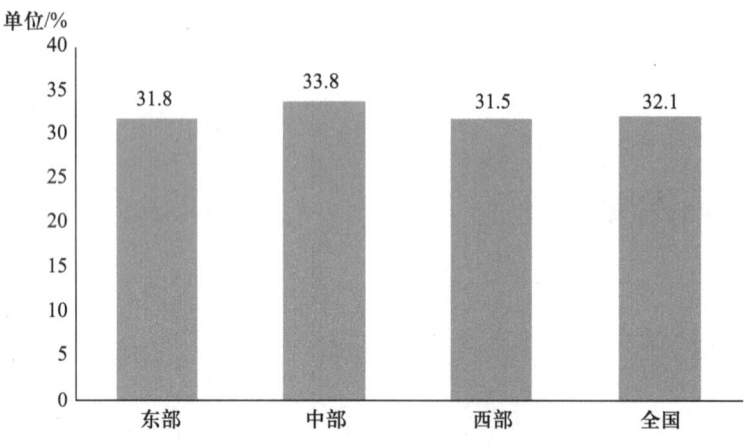

图 10-1　2014 年小微企业研发与创新状况

图 10-2 报告了有研发与创新活动的小微企业的研发与创新形式。其中自主研发是最主要的研发与创新方式，73.2% 的小微企业有自主研发，26.7% 的小微企业的研发与创新形式是合作研发，26.0% 的小微企业的研发与创新形式是引进技术，11.3% 的小微企业的研发与创新形式是委托其他单位研发，0.5% 的小微企业的研发与创新形式是其他方式。

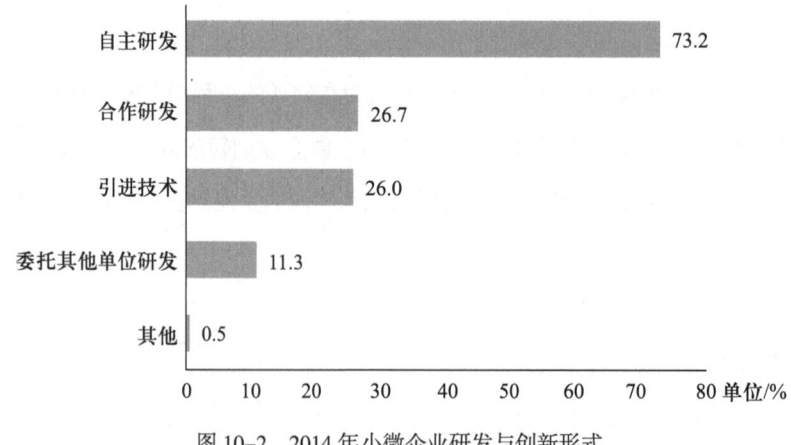

图 10-2　2014 年小微企业研发与创新形式

2. 研发人员

图 10-3 报告了 2014 年小微企业研发人员情况，在有产品或技术上的研发与创新活动的小微企业中，65.9% 的小微企业有自己的研发人员。从地区来看，东部地区有 68.8% 的小微企业有自己的研发人员，中部地区有 67.2% 的小微企业有自己的研发人员，西部地区有 58.3% 的小微企业有自己的研发人员。

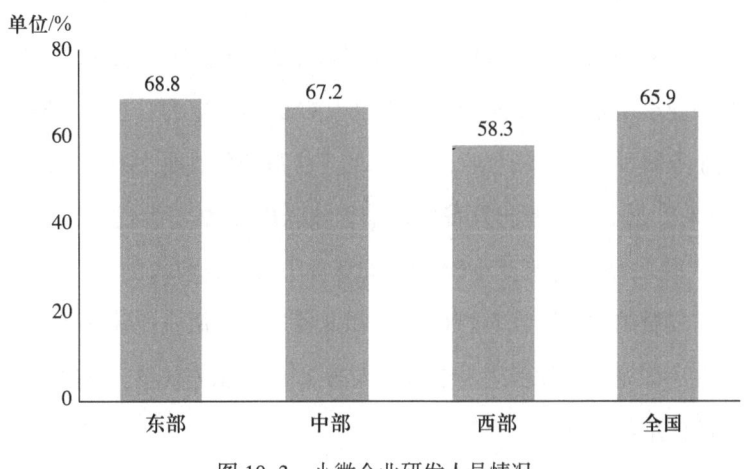

图 10-3　小微企业研发人员情况

图 10-4 报告了 2014 年小微企业在研发方面所面临的挑战。总体来看，全国有 57.4% 的小微企业认为研发人员给企业带来了挑战。在受到挑战的企业中，50.4% 的小微企业认为企业研发人才很难留住，63.7% 的小微企业害怕技术秘密被研发人员泄露，9.0% 的小微企业认为企业面临其他挑战。

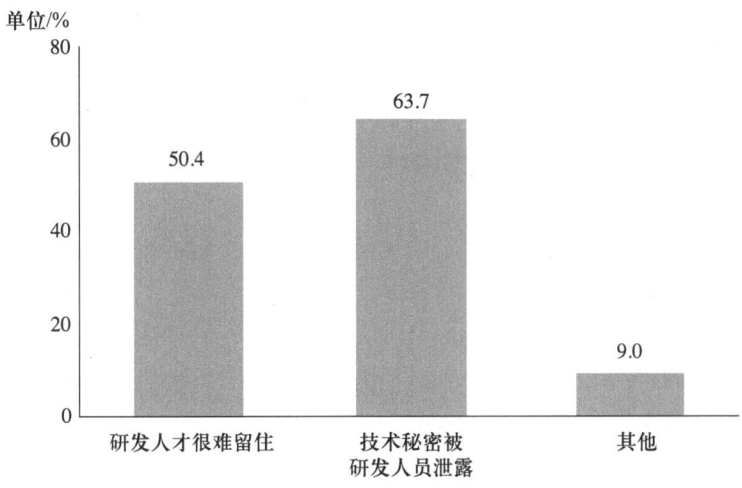

图 10-4　研发人员给小微企业带来的挑战

3. 研发费用

表 10-1 报告了小微企业在 2014 年研发费用的行业分布情况。2014 年，法人小微企业平均研发支出占销售收入的 1.9%，其中投入比例较高的是邮政业小微企业，其研发费用占销售收入的 55.6%，信息传输业小微企业研发费用占销售收入的 38.1%，软件和信息技术服务业小微企业研发费用占销售收入的 3.0%，制造业小微企业研发费用占销售收入的 1.4%，农、林、牧、渔业小微企业研发费用占销售收入的 0.9%，金融业小微企业研发费用占销售收入的 0.7%，房地产开发经营业小微企业研发费用占销售收入的 0.7%，租赁和商务服务业小微企业研发费用占销售收入的 0.5%，电力、热力、燃气及水的生产和供应业小微企业研发费用占销售收入的 0.5%，住宿和餐饮业小微企业研发费用占销售收入的 0.4%，采矿业小微企业研发费用占销售收入的 0.3%，批发零售业小微企业研发费用占销售收入的 0.3%，建筑业小微企业研发费用占销售收入的 0.2%，交通运输和仓储业小微企业研发费用占销售收入的 0.1%，物业管理业小微企业研发费用占销售收入的 0.1%，其他行业小微企业研发费用占销售收入的 2.7%。总体来看，我国小微企业研发费用占销售收入的比重仍然较低。

表 10-1 小微企业研发费用的行业分布情况　　　　单位 /%

行业	研发费用 / 销售收入
邮政业	55.6
信息传输业	38.1
软件和信息技术服务业	3.0
制造业	1.4
农、林、牧、渔业	0.9
金融业	0.7
房地产开发经营业	0.7
租赁和商务服务业	0.5
电力、热力、燃气及水的生产和供应业	0.5
住宿和餐饮业	0.4
采矿业	0.3
批发零售业	0.3
建筑业	0.2
交通运输和仓储业	0.1
物业管理业	0.1
其他	2.7
平均	1.9

10.2 研发产出

1. 研发产出基本情况

图 10-5 报告了不同区域有研发与创新活动的小微企业在 2014 年的研发与创新产出情况。在 2014 年有研发与创新活动的小微企业中，全国有 87.7% 的小微企业有研发与创新产出。按地区来看，东部地区有研发与创新产出的占比最高，为 90.3%；西部地区有 85.8% 的小微企业有研发与创新产出；中部地区有 83.3% 的小微企业有研发与创新产出，占比最低。

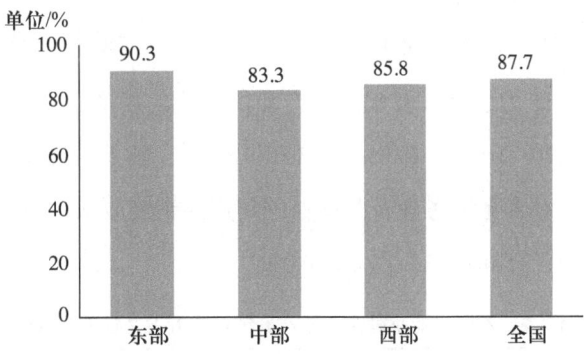

图 10-5　2014 年不同区域小微企业研发与创新产出情况

图 10-6 报告了有研发与创新产出的小微企业的产出形式。大多数小微企业是以新产品的形式产出，占比为 68.0%；52.3% 的小微企业有新技术 / 新工艺；另外有 3.0% 的小微企业是以其他形式产出。

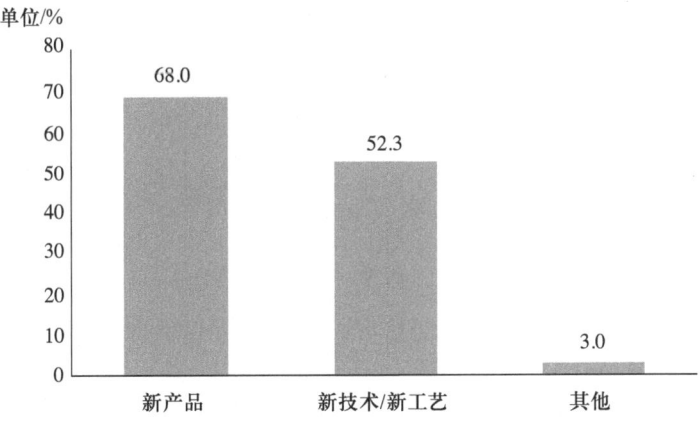

图 10-6　2014 年小微企业研发与创新产出形式

2. 新产品投入情况

图 10-7 报告了研发与创新产出形式是新产品的小微企业的新产品生产情况。83.2%小微企业的新产品投入了生产。

表 10-2 分行业报告了小微企业新产品销售收入占总销售收入的比例。整体来看，新产品的销售收入占小微企业总销售收入的 23.0%，说明小微企业的新产品有较好的经济效益。按行业来看，采矿业，交通运输和仓储业，软件和信息技术服务业，

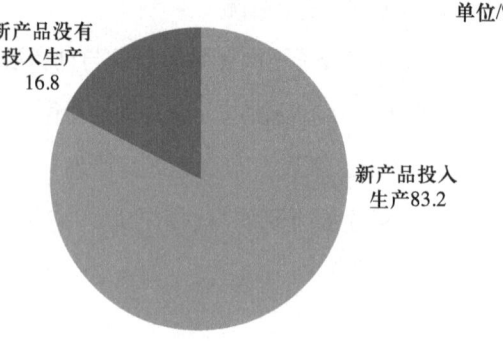

单位/%

图 10-7　小微企业新产品投入生产的情况

信息传输业，电力、热力、燃气及水的生产和供应业的新产品销售收入占总销售收入比例较高，分别为 52.2%、50.0%、46.0%、40.3% 和 37.4%。物业管理业，住宿和餐饮业，农、林、牧、渔业，租赁和商务服务业及邮政业的新产品销售收入占总销售收入比例较低，分别为 0.6%、13.0%、15.0%、17.0% 和 20.0%。

表 10-2　不同行业小微企业新产品销售收入占总销售收入情况　　　　单位 /%

行业	新产品销售收入 / 销售收入
采矿业	52.2
交通运输和仓储业	50.0
软件和信息技术服务业	46.0
信息传输业	40.3
电力、热力、燃气及水的生产和供应业	37.4
建筑业	35.6
金融业	33.6
批发零售业	27.6
制造业	21.6
邮政业	20.0
租赁和商务服务业	17.0
农、林、牧、渔业	15.0
住宿和餐饮业	13.0
物业管理业	0.6
其他	20.3
平均	23.0

图 10-8 报告了小微企业关于新技术 / 新工艺对企业销售收入影响的主观评价。87.0% 的小微企业认为新技术 / 新工艺增加了企业的销售收入，说明绝大部分小微企业的新技术 / 新工艺能为企业带来收益。

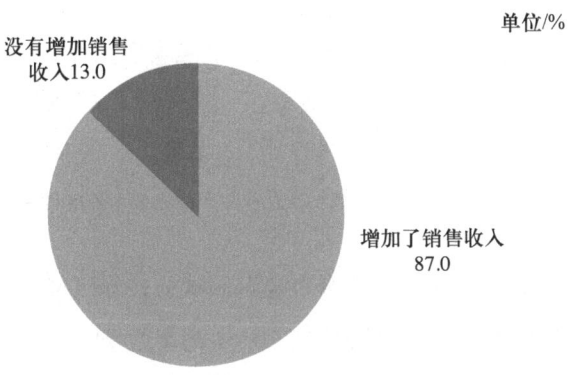

单位/%

没有增加销售收入13.0

增加了销售收入87.0

图 10-8　新技术（新工艺）对企业销售收入的影响

3. 申请专利情况

图 10-9 报告了有研发与创新活动的小微企业的专利申请情况。只有 22.8% 的有创新活动的小微企业已经申请专利，还有 6.2% 的小微企业正在申请专利，高达 71.0% 的小微企业没有申请专利，这意味着有研发与创新活动的小微企业的专利申请情况还有待改善。

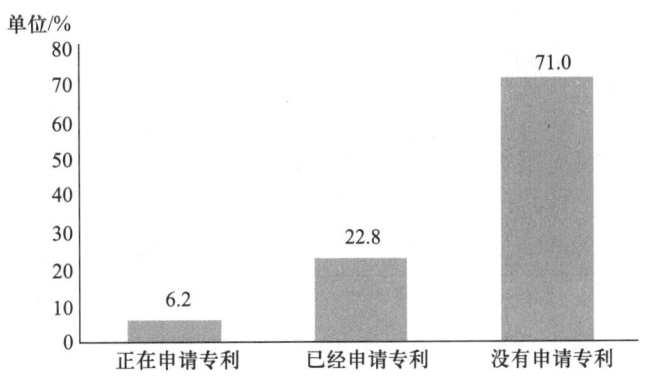

单位/%

图 10-9　小微企业专利申请情况

10.3　其他创新

图 10-10 报告了 2014 年不同区域小微企业除产品和技术外的创新情况。29.4% 的小

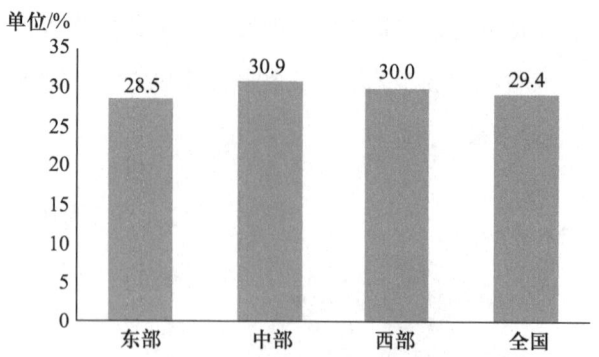

图 10-10 2014 年不同区域小微企业除产品和技术外的创新情况

微企业有除新产品、新技术 / 新工艺之外的创新形式。按地区来看，中部地区有 30.9% 的小微企业有其他方面的创新，西部地区有 30.0% 的小微企业有其他方面的创新，东部地区有 28.5% 的小微企业有其他方面的创新，占比最低。

图 10-11 报告了 2014 年小微企业其他创新的形式。在有其他创新活动的小微企业中，62.7% 的小微企业有营销方面的创新，占比最高；54.6% 的小微企业有服务方面的创新；26.8% 的小微企业有文化方面的创新；25.4% 的小微企业有组织方面的创新；另外有 0.8% 的小微企业有其他方面的创新。

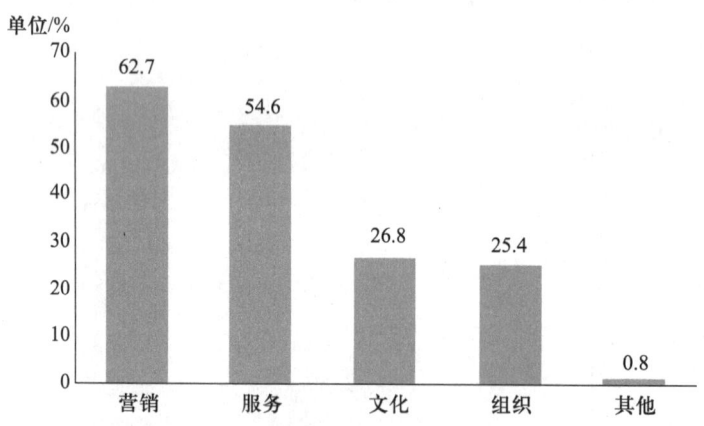

图 10-11 2014 年小微企业其他创新的形式

10.4 研发与创新优惠政策

1. 对研发与创新税收优惠政策的了解

图 10-12 报告了小微企业对研发与创新方面的税收优惠政策的了解情况。高达

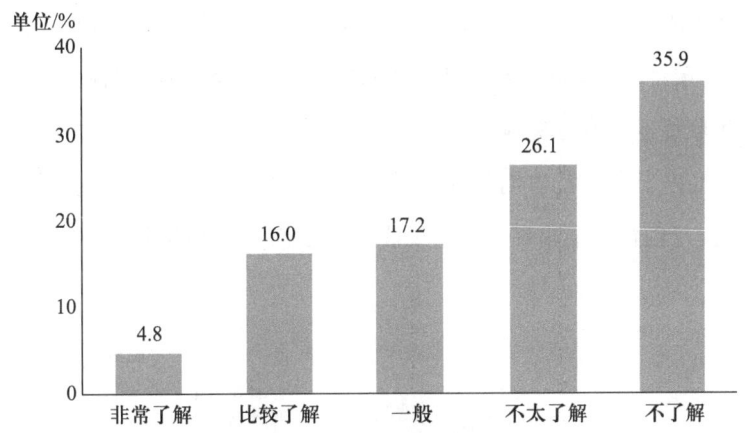

图 10-12　小微企业对研发与创新的税收优惠政策的了解情况

35.9%的小微企业不了解研发与创新方面的税收优惠政策；26.1%的小微企业不太了解研发与创新方面的税收优惠政策；17.2%的小微企业一般性了解研发与创新方面的税收优惠政策；16.0%的小微企业比较了解研发与创新方面的税收优惠政策；4.8%的小微企业非常了解研发与创新方面的税收优惠政策。总体来看，我国小微企业对研发与创新方面的税收优惠政策了解度较低，小微企业需要更多地了解相关的优惠政策，减轻自己在研发与创新方面的税收负担。

2. 对研发与创新税收优惠政策的评价

图 10-13 报告了小微企业对研发与创新方面的税收优惠政策的作用的评价。10.3%的小微企业认为研发与创新方面的税收优惠政策没有帮助，15.8%的小微企业认为研发与创新方面的税收优惠政策没有太大帮助，43.7%的小微企业认为研发与创新方面的税

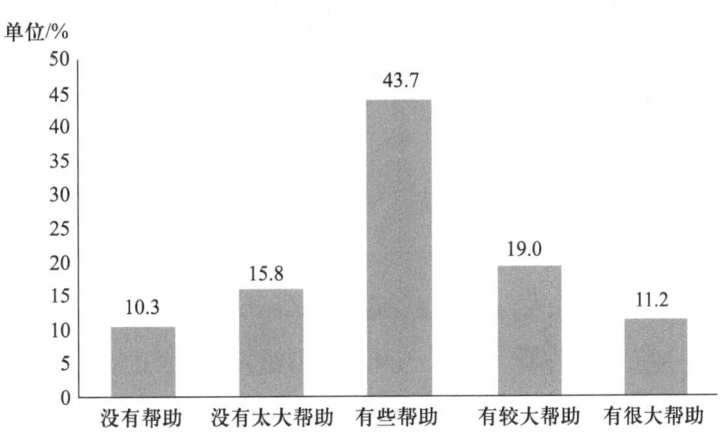

图 10-13　小微企业对研发与创新方面的税收优惠政策的作用的评价

收优惠政策有些帮助，19.0% 的小微企业认为研发与创新方面的税收优惠政策有较大帮助，11.2% 的小微企业认为研发与创新方面的税收优惠政策有很大帮助。

3. 研发税收优惠政策的获得

图 10-14 报告了有研发与创新的小微企业是否享受到税收优惠政策的情况。仅有 18.6% 的有研发与创新的企业享受到了税收优惠政策，绝大多数小微企业没有享受到税收优惠政策。

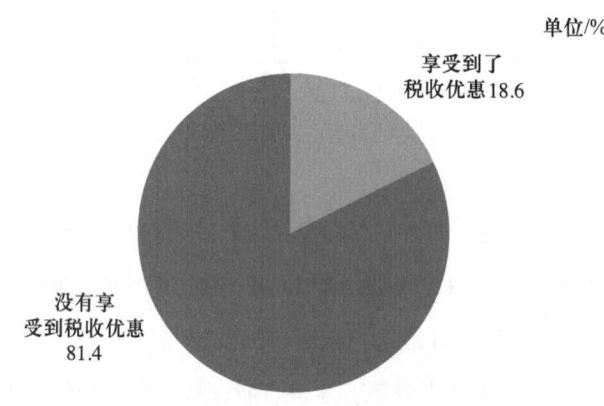

图 10-14　小微企业是否享受到研发税收优惠政策

表 10-3 报告了享受到研发与创新税收优惠政策的小微企业税收优惠总额占销售收入比例的情况。整体来看，全国小微企业平均获得税收优惠 32.8 万元，占小微企业销售收入的 2.9%；东部地区小微企业平均获得税收优惠 29.4 万元，占销售收入的 1.8%；中部地区小微企业平均获得税收优惠 44.5 万元，占销售收入的 2.5%；西部地区小微企业平均获得税收优惠 27.1 万元，占销售收入的 5.6%。

表 10-3　小微企业税收优惠总额占销售收入比例的情况

地区	税收优惠总额 / 万元	税收优惠总额 / 销售收入 /%
全国	32.8	2.9
东部	29.4	1.8
中部	44.5	2.5
西部	27.1	5.6

图 10-15 报告了小微企业没有获得税收优惠的原因。高达 60.9% 有研发与创新的小微企业是由于不知道有关政策，25.2% 有研发与创新的小微企业知道有关政策，但是未申请；5.9% 有研发与创新的小微企业是由于申请没有获得批准；还有 5.3% 有研发与创新的小微企业正在申请。由此可见，我国有研发与创新的小微企业没有获得税收优惠的主

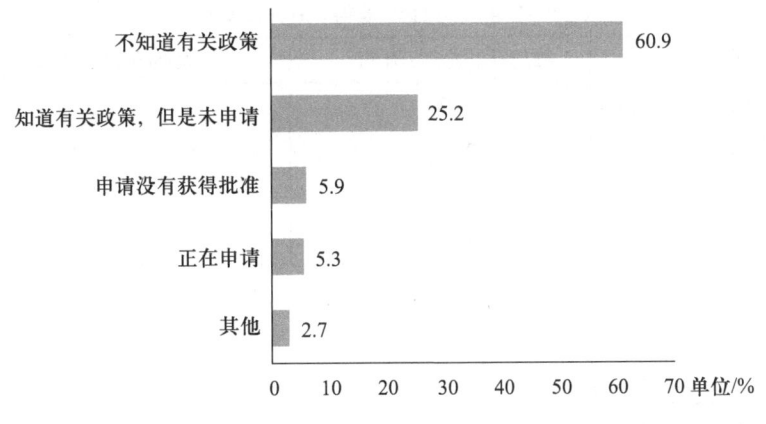

图 10-15　小微企业没有获得税收优惠的原因

要原因是因为不知道有关政策，因此，企业有必要经常关注相关税收政策，政府相关部门也需要加大相关政策的宣传力度。

4. 获得政府补贴的情况

图 10-16 报告了 2014 年有研发与创新的小微企业获得政府补贴的情况。18.8% 有研发与创新的企业获得政府补贴。小微企业获得政府补贴的比例仍然很低。

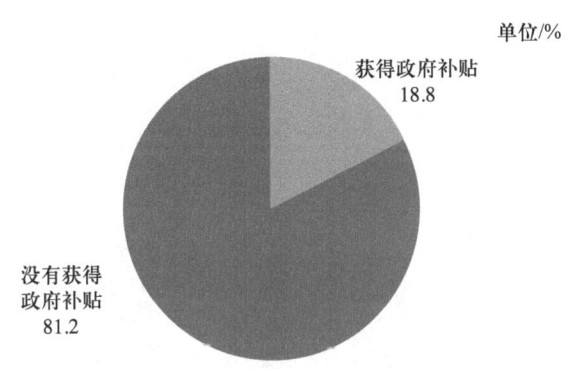

图 10-16　小微企业是否获得政府补贴

表 10-4 描述了 2014 年小微企业获得政府补贴的情况。整体来看，全国小微企业平均获得税收补贴 26.3 万元，占小微企业销售收入的 2.5%；东部地区小微企业平均获得税收补贴 24.8 万元，占销售收入的 1.8%；中部地区小微企业平均获得税收补贴 48.4 万元，占销售收入的 2.0%；西部地区小微企业平均获取税收补贴 11.5 万元，占销售收入的 4.2%。

表 10-4　小微企业获得政府补贴情况

地区	政府补贴总额 / 万元	政府补贴总额 / 销售收入 /%
全国	26.3	2.5
东部	24.8	1.8
中部	48.4	2.0
西部	11.5	4.2

10.5　研发与创新的风险

1. 基本情况

图 10-17 报告了有研发与创新的小微企业的研发与创新风险情况。15.2% 有研发与创新的小微企业认为研发与创新活动没有风险；16.3% 有研发与创新的小微企业认为研发与创新活动风险较低；41.0% 有研发与创新的小微企业认为研发与创新活动风险一般；21.7% 有研发与创新的小微企业认为研发与创新活动有较高风险；5.8% 有研发与创新的小微企业认为研发与创新活动有很高风险。

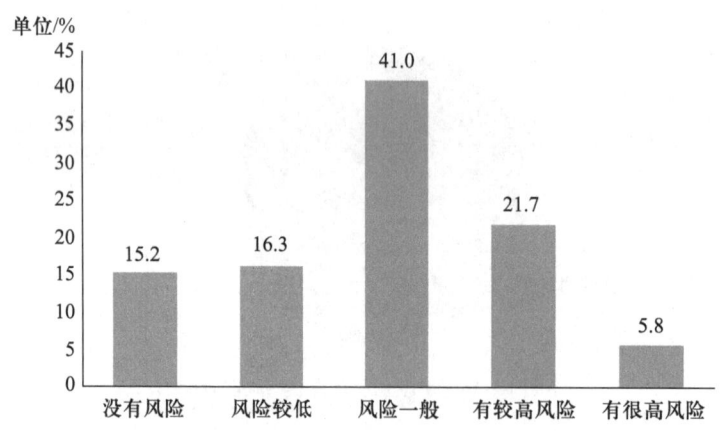

图 10-17　小微企业的研发与创新风险的情况

2. 被模仿的难易程度

图 10-18 报告了有研发与创新的小微企业的创新成果被模仿的难易程度。30.6% 的小微企业认为自己所进行的研发与创新活动非常容易被模仿；31.6% 的小微企业认为自己所进行的研发与创新活动比较容易被模仿；16.7% 的小微企业认为自己所进行的研发与创

新活动一般容易被模仿；17.6%的小微企业认为自己所进行的研发与创新活动不太容易被模仿；3.5%的小微企业认为自己所进行的研发与创新活动非常不容易被模仿。整体来看，小微企业的研发与创新成果存在较大的模仿风险。

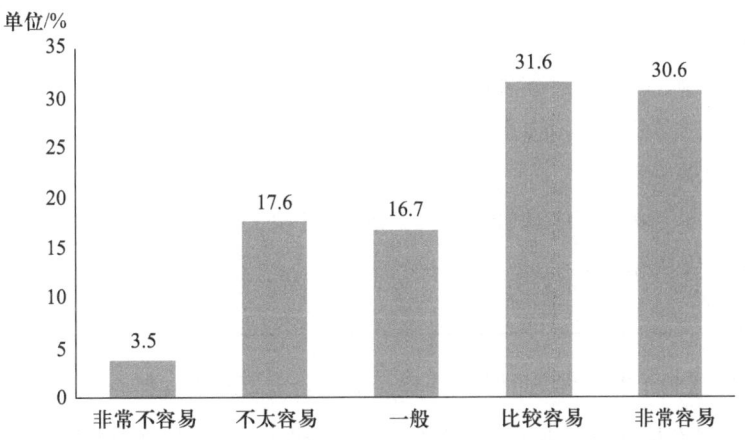

图 10-18　小微企业的研发与创新成果被模仿的难易程度

3. 对研发与创新成果的保护

图 10-19 报告了有研发与创新的小微企业对创新成果的保护情况。71.0%有研发与创新的小微企业对自己的创新成果采取了保护措施，表明当前我国小微企业的创新成果保护意识较为良好。

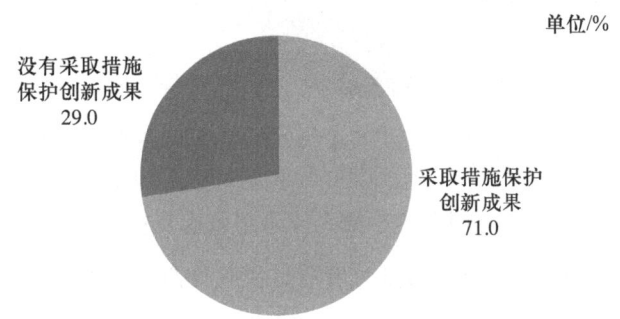

图 10-19　小微企业对创新成果的保护情况

表 10-5 报告了有研发与创新的小微企业采用保护创新成果措施的比例。51.8%有研发与创新的小微企业会选择申请专利保护创新成果；49.4%有研发与创新的小微企业通过不断创新，使竞争对手无法赶超来保护创新成果；29.4%有研发与创新的小微企业选择保守技术秘密，不申请专利来保护创新成果；12.6%有研发与创新的小微企业会选择诉诸法律手段来保护创新成果；4.6%有研发与创新的小微企业对那些易于被模仿侵权的创新，

从一开始就不投入；4.0% 有研发与创新的小微企业会寻求当地政府来保护创新成果；还有 2.5% 有研发与创新的小微企业会用其他方法保护创新成果。

表 10-5　有研发与创新的小微企业采用保护创新成果措施的比例　　　单位 /%

保护创新成果措施	占比
申请专利	51.8
不断创新，使竞争对手无法赶超	49.4
保守技术秘密，不申请专利	29.4
诉诸法律手段	12.6
对那些易于被模仿侵权的创新，从一开始就不投入	4.6
寻求当地政府	4.0
其他	2.5

图 10-20 报告了有研发与创新的小微企业是否需要政府支持企业保护创新成果的情况。77.5% 有研发与创新的小微企业需要政府支持企业创新成果的保护工作。

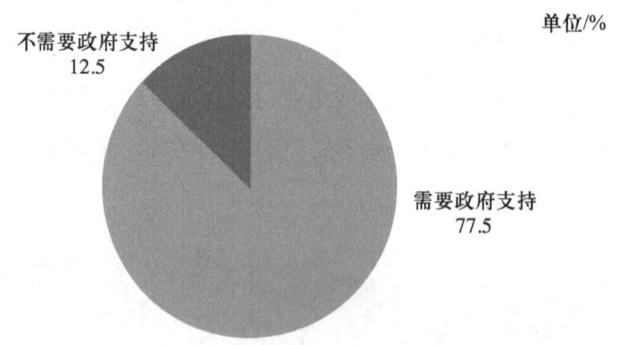

图 10-20　小微企业是否需要政府支持企业保护创新成果

表 10-6 报告了有研发与创新的小微企业希望政府支持企业保护创新成果的方式。66.7% 有研发与创新的小微企业希望政府通过税收优惠支持小微企业保护创新成果；42.0% 有研发与创新的小微企业希望获得政府的专项贷款支持；32.8% 有研发与创新的小微企业希望获得政府给予申请专利登记的政府补贴；24.8% 有研发与创新的小微企业希望企业开发计划被列入政府计划项目；19.6% 有研发与创新的小微企业希望政府提供定期培训和技术指导；18.7% 有研发与创新的小微企业希望能够通过政府采购专利产品；还有 2.3% 有研发与创新的小微企业希望政府提供其他支持来保护企业的创新成果。

表 10-6　小微企业希望政府给予的保护创新成果的方式分布　　　　单位 /%

希望政府保护创新成果方式	比例
税收优惠	66.7
专项贷款支持	42.0
申请专利登记的政府补贴	32.8
开发计划被列入政府计划项目	24.8
定期培训和技术指导	19.6
政府采购专利产品	18.7
其他	2.3

4. 制约小微企业研发与创新活动的因素

表 10-7 报告了制约小微企业研发与创新活动的因素。最主要的制约因素是小微企业认为没有必要创新，高达 32.0% 的小微企业认为没有必要创新。29.4% 的小微企业认为市场因素制约了小微企业的研发与创新，如缺乏相关市场信息。分别有 24.0% 和 21.3% 的小微企业认为缺乏研发人员和缺少研发经费制约了企业的研发与创新。创新意识不够强和技术容易被模仿也是制约企业研发与创新的重要原因。分别有 10.1%、7.6% 和 7.6% 的小微企业认为研发风险过大、知识产权保护体系不健全和政策限制制约了研发与创新。由此可见，制约研发与创新的主要因素来自企业自身。

表 10-7　制约小微企业研发与创新活动的因素的分布　　　　单位 /%

制约小微企业创新的因素	占比
没必要创新	32.0
市场因素	29.4
缺乏研发人员	24.0
缺少研发经费	21.3
创新意识不够强	17.8
技术被模仿容易	13.9
研发风险过大	10.1
知识产权保护体系不健全	7.6
政策限制	7.6
其他	3.9

专题 10-1 企业研发与创新的影响因素

图 10-21 报告了小微企业主学历与小微企业研发与创新的关系。其中，企业主学历为研究生的小微企业创新率最高，54.7% 的小微企业有研发与创新活动；企业主学历为高职 / 大专 / 本科的小微企业中有 37.9% 的企业有研发与创新活动；企业主学历为职高 / 中专 / 高中的小微企业中有 33.5% 的企业有研发与创新活动；企业主学历为初中的小微企业中有 31.9% 的企业有研发与创新活动；企业主学历为小学的小微企业中有 30.4% 的企业有研发与创新活动；企业主没上过学的小微企业中有 27.7% 的企业有研发与创新活动。

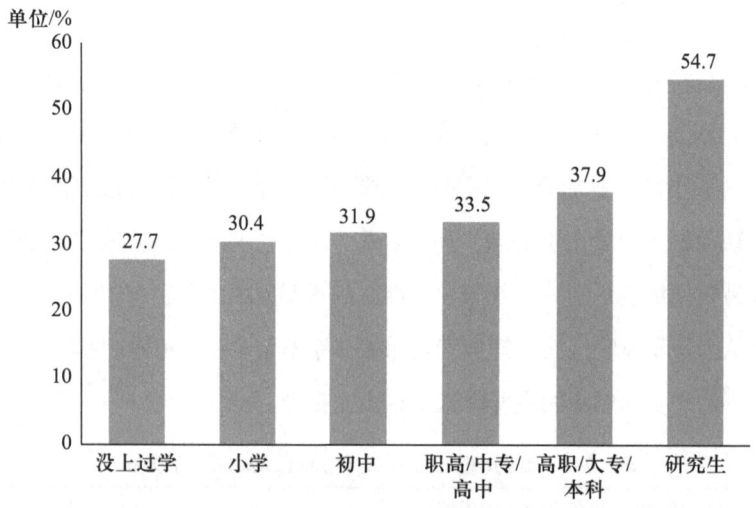

图 10-21　小微企业主学历与小微企业创新的关系

图 10-22 报告了小微企业主的创业经历和小微企业研发与创新的关系。企业主有创业经历的小微企业中，有 41.3% 的小微企业有研发与创新活动；企业主没有创业经历的小微企业中有 27.0% 的小微企业有研发与创新活动。

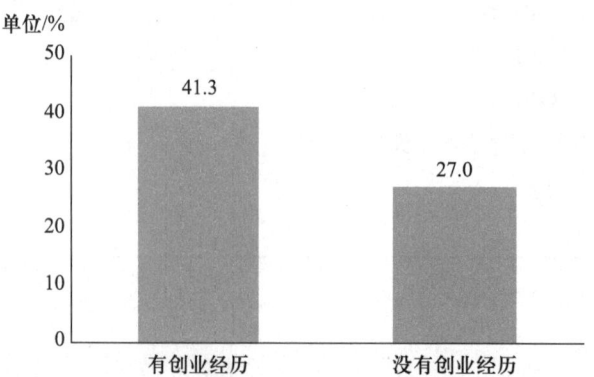

图 10-22　小微企业主有无创业经历与小微企业研发与创新的关系

图 10-23 报告了小微企业主社会关联和小微企业研发与创新的关系。企业主有社会关联的小微企业中，有 33.9% 的小微企业有研发与创新活动；企业主没有社会关联的小微企业中，有 31.9% 的小微企业有研发与创新活动。

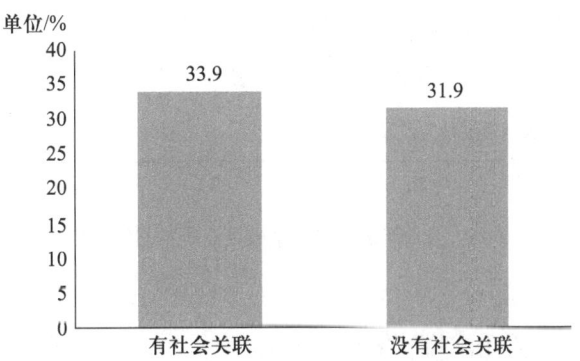

图 10-23　小微企业主社会关联与小微企业研发与创新的关系

图 10-24 报告了高新技术企业和小微企业研发与创新的关系。高新技术企业中有 71.0% 的小微企业有研发与创新活动，非高新技术企业中有 37.2% 的小微企业有研发与创新活动。

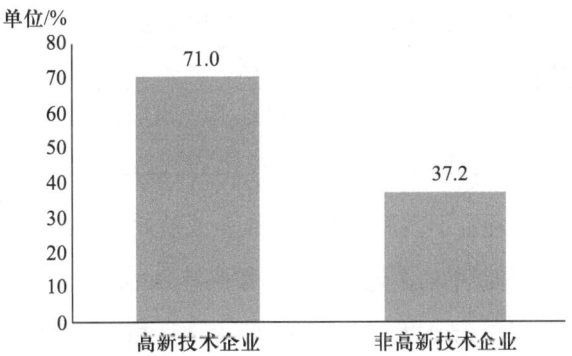

图 10-24　高新技术企业与小微企业研发与创新的关系

图 10-25 报告了小微企业组织形式和小微企业研发与创新的关系。在组织形式是股份公司的小微企业中，有 41.6% 的小微企业有研发与创新活动；在组织形式是有限责任公司的小微企业中，有 34.1% 的小微企业有研发与创新活动；在组织形式是合伙企业的小微企业中，有 30.4% 的小微企业有研发与创新活动；在组织形式是农民合作社的小微企业中，有 30.2% 的小微企业有研发与创新活动；在组织形式是独资企业的小微企业中，有 28.0% 的小微企业有研发与创新活动；在其他小微企业中，有 21.7% 的小微企业有研发与创新活动。

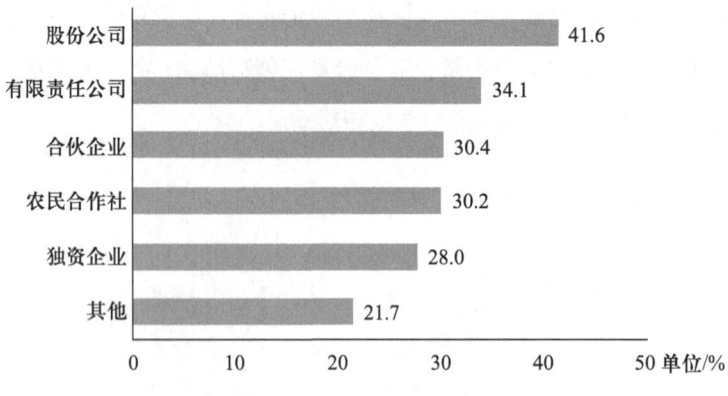

图10-25 企业组织形式与小微企业研发与创新的关系

专题10-2 企业研发和创新与企业绩效

表10-8报告了企业研发和创新对小微企业绩效的影响。企业研发和创新与企业绩效呈负相关关系，没有研发与创新的小微企业平均的资产收益率（ROA）为16.2%，销售收益率（ROS）为6.2%；有研发与创新的小微企业平均的资产收益率（ROA）为9.5%，销售收益率（ROS）为4.4%。

表 10-8　小微企业研发和创新对企业绩效的影响　　　　　　单位 /%

企业是否有研发和创新	资产收益率	销售收益率
没有	16.2	6.2
有	9.5	4.4

表10-9分区报告了企业研发和创新对小微企业绩效的影响。这里用各市平均的创新率作为各市小微企业创新率的衡量标准，并按照其分布划分为高创新率地区、中等创新率地区和低创新率地区。结果发现，与高创新率地区相比，低创新率地区的小微企业的绩效显著高于高创新率地区的小微企业。例如低创新率地区小微企业的平均总资产收益率和销售收益率分别为16.3%和6.8%，而高创新率地区小微企业的平均总资产收益率和销售收益率分别为8.9%和3.7%。

表 10-9　地区创新率与企业绩效　　　　　　单位 /%

地区	总资产收益率	销售收益率
低创新率地区	16.3	6.8
中等创新率地区	17.4	6.6
高创新率地区	8.9	3.7

专题 10-3　企业研发和创新与企业再投资

表 10-10 报告了小微企业研发和创新与再投资之间的关系。有研发和创新的小微企业的利润再投资比例为 43.8%；没有研发和创新的小微企业的利润再投资比例为 35.8%。

表 10-10　小微企业研发和创新与企业利润再投资比例　　　单位 /%

企业是否研发与创新	利润再投资比例
有	43.8
没有	35.8

表 10-11 分区报告了小微企业研发和创新与企业再投资之间的关系。结果发现，与高创新率地区相比，低创新率地区的小微企业利润再投资比例低于高创新率地区的小微企业。低创新率地区的小微企业的利润再投资比例为 38.8%，而高创新率地区的小微企业的利润再投资比例为 39.8%。

表 10-11　地区创新率与企业再投资　　　单位 /%

地区	利润再投资比例
低创新率地区	38.8
中等创新率地区	37.2
高创新率地区	39.8

附录　起征点变化与企业死亡率

由于起征点的提高会降低小微企业的经营成本，因此，可以通过分析小微企业经营成本对企业生存的影响，计算出不同起征点下小微企业的死亡率。我们采用 CHFS2013 年与 2015 年的观测样本，构建如下 Probit 模型：

$$Y=\beta_0+\beta_1 lnc+\gamma X+\varepsilon \qquad （附1-1）$$

其中，被解释变量 Y 是小微企业是否持续经营的虚拟变量。若 CHFS2013 年和 2015 年观测到同一个家庭在不同年份都经营小微企业，则取 0；若 CHFS2013 年观测到该家庭经营小微企业，而 2015 年没有记录工商业生产经营，则认为该小微企业已经退出市场，则取 1。

解释变量 lnc 是小微企业经营成本（对数化处理）；X 为其他控制变量，包含小微企业的营业收入、规模（用资产表示）、成立年限、所在地人均生产总值、所在地是否农村的虚拟变量及行业虚拟变量。考虑到不同经营规模的小微企业成本变化对企业是否继续经营的影响可能存在差异，因此回归方程中加入生产成本和经营规模虚拟变量的交互项。

附表 1-1　经营成本对小微企业死亡率影响的回归结果

是否退出市场	系数	标准差	t	$P>t$
成本	0.031 3***	0.011 7	2.670 0	0.008
成本 2 万元以下	−0.018 6	0.012 7	−1.460 0	0.144
成本 2 万元 ~3 万元	−0.011 2	0.016 3	−0.690 0	0.490

续表

是否退出市场	系数	标准差	t	$P>t$
成本 3 万元 ~5 万元	−0.021 5	0.016 4	−1.310 0	0.191
成本 5 万元 ~10 万元	−0.022 1	0.015 0	−1.470 0	0.141
成本 10 万元 ~20 万元	−0.016 6	0.017 0	−0.980 0	0.329
营业收入	−0.027 7***	0.005 5	−5.050 0	0.000
资产	−0.026 2***	0.004 1	−6.420 0	0.000
成立年限	−0.010 1***	0.001 8	−5.510 0	0.000
成立年限的平方	0.000 2***	0.000 0	4.350 0	0.000
所在市县人均生产总值	0.008 1	0.012 5	0.650 0	0.516
农村	0.090 6***	0.020 5	4.410 0	0.000
行业	控制			
常数项	0.497 0***	0.176 0	2.820 0	0.005
R^2	0.086 0			
观测值	2 847			

注：***、** 和 * 分别代表在 1%、5%、10% 水平上显著。

回归结果（见附表 1–1）表明，在控制其他影响因素的情况下，不同经营规模的小微企业成本对是否持续经营的影响没有显著差异。从表中可以看出，小微企业经营成本每增加 1%，死亡可能性增加 0.031 3%，由此可以推算出不同起征点下小微企业的死亡率。

参 考 文 献

著作

［1］任兴磊，李献平，杲传勇主编.分析与展望：中国中小微企业生存与发展报告（2017—2018）［M］.北京：中国经济出版社，2018.

［2］邢乐成.金融错配与中小企业融资［M］.济南：山东人民出版社，2017.

［3］赵玉珍.中小企业信贷融资研究：基于共生理论的视角［M］.北京：经济管理出版社，2014.

期刊

［1］林毅夫，姜烨.经济结构、银行业结构与经济发展——基于分省面板数据的实证分析［J］.金融研究，2006（1）.

［2］林毅夫，孙希芳.信息、非正规金融与中小企业融资［J］.经济研究，2005（7）.

［3］罗荷花，李明贤.小微企业融资需求及其融资可获得性的影响因素分析［J］.经济与管理研究，2016（2）.

［4］申玉姣.完善中小微企业财税扶持政策的重要意义［J］.金融经济，2017（6）.

［5］徐全红.政府金融环境供给与小微企业融资模式创新［J］.上海金融，2016（6）.

［6］赵鹏程.我国金融体系与小微企业融资关系探析［J］.金融与经济，2016（9）.

索　引

（词条后页码为该词在书中首次出现的页码）